高速铁路
与中国区域经济发展

HIGH-SPEED RAIL
DEVELOPMENT IN CHINA

张 帆 姚树洁 著

社会科学文献出版社
SOCIAL SCIENCES ACADEMIC PRESS (CHINA)

前　言

过去十年，中国高速铁路迅速发展，对中国经济社会产生了巨大的促进作用。高速铁路通过压缩时空、加速人口流动促进了生产要素的流动，提高了整个社会的生产效率，在经济"新常态"下，是维持中国经济"稳中有进、稳中向好"发展的重要物质基础，但目前还鲜有研究系统地关注这一重要经济现象。本书运用内生经济增长理论解释为何高速铁路建设不仅可以推动中国城市的经济增长，还能缩小落后城市和发达城市之间的差距，从而推动中国经济长期可持续发展。

区域经济增长不平衡一直是我国经济政策的主要关注点之一。近年来特别是世界金融危机之后，中国将发展战略从以外贸、外商直接投资为主转向以内需、结构转型、产业升级和创新为重点，对基础设施特别是高速铁路系统进行了大量投资，以促进中部、西部和东北部的经济发展。由于这些努力，区域经济开始出现明显的趋同现象。区域不平等问题的缓解与中国的三大事件同时发生：世界金融危机严重冲击了中国沿海城市的出口加工业；基础设施特别是高速铁路的建设加快了内陆地区的经济增长；结构变化和产业升级促进区域经济趋同发展。

高速铁路是 20 世纪 60 年代西欧和日本交通运输行业的重大技术突破。作为高速铁路发展的后来者，中国通过引进、吸收、再创新，推进了高速铁路技术迅速发展，同时还具有人多地广的独特优势。自 2008 年京津城际铁路开通运行以来，中国迅速建立了"四纵四横"的高速铁路网络，并开始向"八纵八横"高速铁路网络时代迈进。城市之间的现代交通基础设施

投资为中国的经济增长注入了新的活力，抵消了世界金融危机之后出口增长速度下降给经济增长带来的下行压力。高速铁路的开通加速了要素和资源的流动，拓展了市场半径，使区域经济更加一体化，为缩小区域差距创造了有利的条件。另外，高速铁路发展还提升了沿线城市的可达性，强化了城市集群之间的联系和要素流通。

本书共分十一章，系统论述了中国高速铁路对区域经济发展的影响。第一章为绪论。第二章为文献综述。第三章详细梳理中国高速铁路发展历程及现状。第四章建立理论分析框架来解释高速铁路的经济外部性。第五章至第十章为实证分析，分别从投资、人口迁移、环境污染、绿色全要素生产率、房价、贸易开放六个方面进行深入探究。第十一章进行总结与展望。

本书的主要创新点和贡献表现在以下几个方面。

首先，用实证模型和地级及以上城市层面的数据，通过理论及实证模型，描述中国区域经济增长及趋同发展的现象。现有关于中国区域经济增长的实证研究，大多采用全国省级跨时间的面板数据，本书认为有必要利用全国地区级城市跨时间的面板数据，构建一个各地城市你追我赶、区域均衡增长的实证模型。

其次，对高速铁路的经济外部性进行全面系统的分析。高速铁路的外部性主要表现为高速铁路对经济增长的乘数效应，及其降低传统交通系统运输压力的间接作用。在现有的文献中，很少把高速铁路作为一个提高交通效率的变量，并将其植入动态的内生经济增长模型中去研究区域经济增长和趋同发展。本书创新性地把城市间高速铁路和传统铁路的运行时间作为影响城市间交通效率的变量，并考虑这个变量对传统交通基础设施的外部性，同时假设这些变量能够帮助打破发达地区与欠发达地区之间经济增长溢出的障碍，因而弱化甚至消除区域经济增长的差异性，推动中国区域经济均衡发展，为发达地区拉动落后地区共同跨越"中等收入陷阱"创造必要的前提条件。

最后，已有文献研究高速铁路的作用时，主要集中在可达性提升带来的同城效应或重要城市极化发展等方面，关于高速铁路对经济影响的传导

机制研究乏善可陈。本书深入探究高速铁路对经济增长及收敛的影响因素和传导机制，不仅丰富了高速铁路经济学的研究，还增进了对高速铁路作用机制的理解。

本书把理论研究与实证研究有机结合起来，不仅在研究方法上有新的突破，在实证研究的手段方面也有独到之处。在实证方面，用双重差分法、倾向得分匹配法等研究手段，对同一个理论问题从不同的视角进行分析。这样的研究结果，不仅具有科学性，更具有综合性。

本书有些章节的主要内容已经发表在国内外知名期刊上，包括《经济研究》、《世界经济评论》、《武汉大学学报（社科版）》、*Applied Economics*、*China & World Economy*、*Journal of Chinese Economic and Business Studies* 等。感谢有关期刊及合作者的支持，感谢他们同意把已经发表的文章作为本书的一个组成部分。同时感谢国家自然科学基金面上项目（71673033）和国家社会科学基金重大项目（18ZDA005）的资金支撑。作者对本书所有不足之处或差误负有全部责任。

目　录

| 第一章 |

绪　论

第一节　选题与研究意义

1978 年改革开放以来，中国经济持续增长，创造了世界经济发展史上一个伟大的奇迹。然而，2012 年以后经济增长速度明显下降，国内外许多学者开始怀疑中国能否保持一个比较高而稳健的发展速度，并顺利实现跨越"中等收入陷阱"的发展目标。本书通过探讨高速铁路建设对中国城市经济发展的影响，从两个维度检验以下理论假设：①高速铁路建设促进城市经济发展；②高速铁路运行促进区域经济均衡发展。如果这两个假设成立，就可以认为中国独一无二的高速铁路建设必将加快其跨越"中等收入陷阱"的步伐，为实现"两个一百年"目标奠定牢固的基础。

区域经济增长不平衡一直是政策的主要关注点之一（Piketty，Qian，2009；Liu，2013）。许多研究讨论了中国区域发展的发散现象（沈坤荣、马俊，2002；Yao，Zhang，2001a；Bhalla et al.，2003；Herrerias，Ordoñez，2012）。Jian 等（1996）和 Tsui（1996）的研究显示，中国区域发展不平衡的现象在不同时期呈现不同的趋势。

近年来，特别是世界金融危机之后，中国将发展战略从以外贸、外商直接投资为主转向以内需、结构转型、产业升级和创新为重点，对基础设施特别是高速铁路系统进行了大量投资，以促进中部、西部和东北的经济

发展。由于这些努力，区域经济开始出现明显的趋同现象（Ho，Li，2008；Jiang，2012；Lemoine et al.，2015；Barro，2016；姚树洁，2015，2018）。许多沿海企业设立了子公司，甚至将其整个业务转移到土地和劳动力成本更便宜的内陆地区。此外，技术进步、人口和领土优势，以及信息通信技术的日益成熟及广泛应用，都有利于推动区域经济的趋同发展（姚树洁等，2016）。而迄今为止，中国特有的最令人惊叹的发展领域是高速铁路建设。在后世界金融危机时期，在全球其他经济体经济增长普遍乏力的情形下，中国还能够保持稳健的经济增长，基础设施建设尤其是高速铁路建设起到了非常明显的作用，这是中国跨越"中等收入陷阱"不可或缺的助推器。

如图 1 - 1 所示，衡量中国 285 个地级及以上城市劳均 GDP 不均衡程度的基尼系数呈现倒 U 形的发展趋势，表明区域发展不均衡程度在 2000 ~ 2007 年迅速上升，但在世界金融危机之后稳步下降。

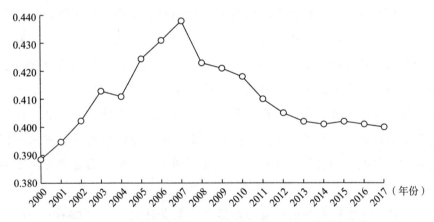

图 1 - 1 中国 285 个地级及以上城市劳均 GDP 的基尼系数

资料来源：《中国城市统计年鉴》（2001 ~ 2018 年）。

区域发展不均衡问题的缓解，与三大事件同时发生：世界金融危机严重冲击了中国沿海城市的出口加工业；基础设施特别是高速铁路的建设，加快了内陆地区的经济增长；结构变化和产业升级促进区域经济趋同发展。

党的十九大报告指出，"解放和发展社会生产力，是社会主义的本质

要求",将实施区域协调发展战略作为贯彻新发展理念、建设现代化经济体系的重要内容。中国新时代高质量的区域协调发展,不是片面地让落后地区追赶发达地区,而是基于生产要素的优化配置和双向流动,提升落后地区的全要素生产率,优化发达地区的经济结构,实现全面建成小康社会的宏伟目标。

中国特色社会主义进入新时代,铁路在交通强国建设中发挥了重要作用。2008 年,中国第一条高速铁路——京津城际铁路开通运营。与图 1-1 所示的基尼系数开始下降的时间点相对应。因此,了解高速铁路是否可能推动中国经济总体增长和缩小区域发展差距,具有非常重要的理论和实践意义。

高速铁路是 20 世纪 60 年代西欧和日本交通运输行业的重大技术突破。作为高速铁路发展的后来者,中国一方面通过引进、吸收、再创新,推进高速铁路技术迅速发展,另一方面还具有人多地广的独特优势。从 20 世纪 90 年代开始,为了适应经济社会快速发展的需要,中国集中科研力量,展开了广泛而深入的高速铁路基础理论和建造技术研究。勘察设计、土木建筑、机车车辆、运营管理、通信信号等多个技术平台一体化,形成了高速铁路建设体系的"中国模式"。2005 年,高速铁路正式开工兴建。短短几年,中国高速铁路走过了许多发达国家几十年的发展路程。

中国成功引进并革新了西欧和日本开发的先进技术,2017 年 6 月"复兴号"开始投入使用,标志着中国高速铁路发展已经进入了一个拥有全部自主知识产权并且引领全球高速铁路最高标准的新时代。自 2008 年京津城际铁路开通运行至 2017 年底,中国在 9 年时间里迅速建立了"四纵四横"的高速铁路网络,并开始向"八纵八横"高速铁路网络时代迈进。2017 年 6 月西成(西安—成都)和宝兰(宝鸡—兰州)两条铁路同时建成,不仅增加了 1100 多公里的高速铁路里程,更体现了中国铁路桥隧建设技术的重大突破。截至 2020 年 2 月,中国已建成高速铁路里程超过 3.5 万公里,占全球高速铁路总里程的 2/3(见表 1-1)。

表 1-1 主要国家的高速铁路发展 (截至 2020 年 2 月)

国家	开通年份	最高行驶速度（公里/小时）	已建成里程（公里）	建设中里程（公里）	计划建设里程（公里）
日本	1964	320	3041	402	194
法国	1981	320	2734	—	1725
德国	1988	300	1571	81	210
西班牙	1992	300	3330	1293	676
美国	2000	240	735	763	1659
中国	2008	350	35388	5250	1071
全球	—	—	52484	11960	11383

资料来源：国际铁路联盟，https：//uic. org/IMG/pdf/20200227_high_speed_lines_in_the_ world. pdf.

相较于高速公路、航空等交通基础设施，高速铁路具有高速、大容量、通勤化的特征，更加适合中国幅员辽阔、人口众多的国情，能够有效提高中国城市间人员流动的效率，同时大大减轻了航空、普通铁路和公路的客货运输压力。2015 年 7 月，习近平总书记在考察中国中车长春轨道客车股份有限公司时指出："高铁动车体现了中国装备制造业水平，在'走出去'、'一带一路'建设方面也是'抢手货'，是一张亮丽的名片。"[①]根据国务院批准的《中长期铁路网规划》，到 2025 年中国高速铁路的运营长度将达到 3.8 万公里，覆盖全国所有大城市。到 2030 年，"八纵八横"的高速铁路及城际铁路网将建成，打造各大城市及其相邻大中城市 1~4 小时的交通圈和主要城市群的 0.5~2 小时交通圈。

根据近几年的发展情况，中国实际建成的高速铁路里程，连续突破了前期的规划。同时，为了应对 2020 年新冠肺炎疫情给经济发展带来的突然冲击，中国必将加快高速铁路建设，以推动国内经济的持续发展。估计到 2025 年，中国高速铁路"八纵八横"的建设规划将会提前完成，并持续向纵深发展。

在美国历史上，铁路被认为是推动 19 世纪人口迁移和经济发展的主要因素，由此引发了许多关于铁路建设和美国经济增长的研究（Fogel，

---

① 《习近平长春考察聚焦国有企业》，新华网，2015 年 7 月 17 日。

1964；Fishlow，1965）。Donaldson 和 Hornbeck（2016）的研究结果表明，早在 1890 年，美国铁路就对市场可达性产生了显著影响，从而使美国各县农地的平均价值大约提升了 60%。Donaldson（2018）用类似的一般均衡贸易方法，研究了 1853~1930 年英国在印度所建设的 6.8 万多公里铁路对当时印度社会经济的巨大影响，证实了铁路建设对降低货物贸易成本、增加区域之间贸易量和提高人民收入水平都有非常显著的正向影响。Atack 等（2009）用一个新开发的 GIS 运输数据库，讨论了铁路和经济发展的因果关系。他们用双重差分法（DID）估计和工具变量（IV）稳健性检验表明，19 世纪 50 年代，铁路建设加快了美国中西部的城市化发展。

20 世纪 60 年代，西欧和日本开始了现代高速铁路的发展（Campos，Rus，2009）。Sánchez-Mateos 和 Givoni（2012）将伦敦的旅行时间作为衡量铁路网络上一个车站可达性的主要基准，明确了建设新高速铁路可能带来的利弊。Chen 和 Hall（2011）观察到，高速铁路对当地经济实力的提升和知识密集型产业的发展有广泛的空间影响，特别是对伦敦两小时旅行区域有明显影响。Willigers 和 Wee（2011）发现，高速铁路提升了在荷兰设立办公地点的吸引力，但由于欧洲各国地域面积较小，高速铁路与位置选择的相关性较弱。

城市之间的现代交通基础设施投资为中国的经济增长注入了新的活力，抵消了世界金融危机之后出口增长速度下降给经济增长带来的下行压力。高速铁路的开通，加快了要素和资源的流动，拓展了市场半径，区域经济更加一体化，为缩小区域差别创造了有利的条件（周孝文，2010；Chen，2012；Zheng，Kahn，2013）。另外，高速铁路发展还改善了沿线城市的可达性，强化了城市集群之间的联系和要素流通（Cheng et al.，2015；覃成林等，2015）。

受益于高速铁路建设，城市地区可以提高经济发展效率。高速铁路还可以加速经济增长中心（通常是大城市）对周边地区（通常是小城镇和农村）的经济溢出，促进区域均衡发展。由于劳动力和资本从后者向前者的流动更快，高速铁路也可能产生发散效应。然而，这种发散效应可能出现在局部地区或某一个时段，当高速铁路从经济发达的东部地区向经济相对

落后的中西部地区延伸以后，全国各大区域之间的趋同发展就可能成为一种趋势。

基础设施建设投资不仅需要考虑直接的经济回报，还要考虑社会效益，也就是所谓的经济外部性。评价高速铁路的直接经济效益，一般是考察某一条高速铁路开通以后的直接经济收入是否能够抵消运行成本、折旧及其他费用，并产生适当的利润。如果按照这样的计算方式，到目前为止，除了京沪高速铁路及其他少数高速铁路线路能够盈利以外，全国大多数高速铁路线路还处于亏损状态。这种直接核算经济利益的方法，很难证明为什么中国要在这么短的时间内修建如此庞大的高速铁路网络。但是，如果考虑到高速铁路的经济外部性，这个问题就不难回答。中国政府在修建高速铁路的时候，不仅考虑直接的经济收入，还考虑经济收入以外的社会效益，高速铁路的社会效益可以归纳为以下几个方面。

第一，高速铁路的开通及运行可以缩短边远城市通达中心城市的时间，大幅提高中心城市对周边中小城市和农村的辐射效率及范围，这对广大中小城市和农村的发展起到非常积极的促进作用。虽然高速铁路的服务对象是旅客，但是旅客能快速而方便地通行有利于促进城市之间的贸易、投资和信息传递，从而有利于发达城市与欠发达城市之间的经济趋同发展，也就是说，高速铁路可以促进更大范围内生产率的提高。

第二，高速铁路的发展，特别是对高速铁路及其关联产业的大规模投资，不仅可以催生崭新的产业链条，还可以促进整个社会的技术进步，因为高速铁路建设涉及的产业部门众多，所要解决的技术问题复杂，一条高速铁路的建成往往可以带来许多关键技术的重大突破。高速铁路的开通还有利于中心城市的资本向周边城市和农村扩散，根据资本边际报酬递减的经济规律，中心发达城市的资本比较丰富，但是劳动力及土地成本比较高，造成资本回报率递减，为了获取更高的回报率，许多企业向外扩张，从而拉动其他城市或地区的经济快速发展，高速铁路的开通可以加快扩散速度，华为总部的部分功能从深圳转移到东莞就是一个典型的例子。

第三，有了高速铁路以后，劳动力在不同城市之间的流动将更加快速和方便，工作在中心城市的部分劳动者可以生活在成本比较低的周边城

市，这不仅可以减轻中心城市的生活及环境压力，还有利于周边城市的经济社会发展。

第四，高速铁路的出现使传统的铁路运输压力大大减轻，其他交通系统的运输压力也大大减轻。不仅如此，高速铁路的出现还促进了各种运输方式之间的互补及竞争，提升了全社会的运输能力和效率，对整个国民经济的发展起到了非常重要的推动作用。

高速铁路悄然影响着每一个中国人的生活，也在悄然改变着整个中国。党的十九大报告中，将高速铁路与载人航天、探月工程、载人深潜及超级计算机并列为创新型国家建设的重大突破。李克强在十三届全国人大一次会议上做的政府工作报告中指出，我国高速铁路网络、电子商务、移动支付和共享经济引领世界潮流。显然，高速铁路建设对中国经济发展和技术进步的贡献已经非常明显，高速铁路的运行不仅解决了我国长期以来交通难的问题，而且产生了巨大的经济外部性。高速铁路的出现，明显提升了整个铁路系统的现代化水平和交通效率，降低了其他交通系统的运行压力，提升了各种交通系统的竞争力和运行效率，拓展了中心城市的经济腹地，加速了城市集群的形成，加快了城市集群之间的要素流动速度，释放了更加广泛地区的生产潜能（Spiekermann，Wegener，1994；周浩、郑筱婷，2012；Donaldson，Hornbeck，2016；姚树洁，2018）。

与其他运输方式相比，高速铁路具有高速、大容量、集约型、通勤化的特征，在中等距离的出行上具备极强的竞争力，在与城市中心的互通性上相较于传统铁路有无可匹敌的优势（Gleave，2004）。高速铁路从无到有的十几年，也是中国城镇化快速发展的十几年，无数大、中、小城市因高速铁路而串联，人、财、物在城市之间、地区之间的流动更加便捷高效。高速铁路网络正以前所未有的速度改变着中国城市的格局，借力高速铁路，一座座城市正在崛起，许多原来边远不可达的地方，成为重要的旅游景点和投资热土。

例如，贵广高速铁路（贵阳—广州高速铁路，线路全长857千米）于2014年开通以后，贵州省旅游人数和收入出现了"井喷"式增长。开通当年，贵州旅游人数增长20%，多达3.21亿人次，旅游收入增长23%，高

达 2896 亿元（何进，2015）。到 2017 年，贵州旅游总人数增长至 7.44 亿人次（其中省外 3.27 亿人次），旅游收入增长至 7117 亿元，分别比上年增长 40% 和 42%（贵州省政府网站，2018）。根据多彩贵州网 2019 年 1 月 23 日发布的消息，2018 年贵州旅游总人数达 9.69 亿人次，比上年增长 30.2%，旅游总收入达 9471 亿元，比上年增长 33.1%。2020 年 7 月 16 日，"贵州省 2019 年上半年主要统计数据" 新闻发布会透露，贵州 2019 年上半年旅游总人数达 5.72 亿人次，同比增长 21.6%，旅游总收入达 5741 亿元，同比增长 31%。多年来，贵州经济增长一直领跑全国，而旅游业的迅猛发展，是贵州经济高速增长的重要推动力，高速铁路建设成为贵州旅游快速发展不可或缺的动力源泉。

然而，学术界对高速铁路的作用仍然有很大争议。交通基础设施的改善带来的效应除中心城市对其他城市经济发展产生的正向溢出效应外，还存在着中心城市通过汲取非中心城市的可移动要素不断扩大城市规模，造成经济落后地区进一步落后的负向溢出效应（Sánchez-Mateos, Givoni, 2012；Monzón et al., 2013；王雨飞、倪鹏飞，2016）。在英国，高速铁路对距离伦敦两小时火车车程内的城市产生了积极的空间经济影响，反映在服务业快速发展，特别是知识密集型行业快速发展。然而，对两小时火车车程外城市的影响比较弱（Chen, Hall, 2011）。在日本，高速铁路导致不同城市的不同部门出现两极分化，服务业趋于集聚，而制造业则趋于分散（Li, Xu, 2016）。

根据以上分析和判断，本书从全国宏观层面出发，考察高速铁路是否促进了全国城市的整体经济增长，也考察在全国经济增长的过程中，城市之间是否因为高速铁路的出现而产生了趋同（或更加趋同）的经济增长态势。从这两个维度验证上文提出的两个理论假设，具有一定的学术价值及应用价值。

作为国家发展战略重要组成部分的高速铁路网建设，并不是一项单纯的商业投资。依托高速铁路网整合国内市场，带动高速铁路沿线城市全要素生产率提升和经济增长，缩小中西部内陆地区、东北老工业基地与东部发达地区之间的经济发展差距，实施区域协调发展战略，是中国高速铁路

建设重要的政策出发点。因此，全面系统地研究"高速铁路通过经济外部性促进区域协调发展的作用机制是怎样的"这一学术问题，具有重大的现实意义。

　　本书实证分析部分的逻辑结构如图 1 - 2 所示。首先，高速铁路的开通促进了经济增长及趋同发展。其次，高速铁路的开通通过加速投资增长、促进人口迁移、抑制环境污染、提高绿色全要素生产率、影响房价、促进贸易开放，进而促进经济增长及趋同发展。

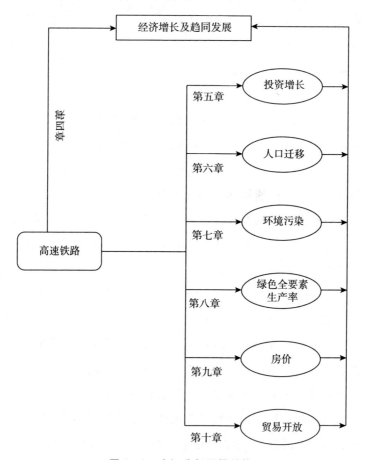

图 1 - 2　实证分析逻辑结构

　　从物质资本方面来看，根据高速铁路的造价估算，时至今日中国在高速铁路上的投资已经超过 4.7 万亿元，相当于整个科学研究、技术服务与地质勘测的固定资产投资总额，大大超过整个金融业或居民及其他服务业

的固定资产投资总额。虽然以京沪高速铁路为代表的中国东部高速铁路线路近年来相继实现了盈利，但中西部地区已经建成运营或计划中的新建高速铁路线路，受人口密度低、建设成本高等经济、地理客观因素制约，要实现商业上的不亏损仍然极具挑战性，这也引起了一些人对中国大规模基础设施投资能否持续的担忧。

目前少有研究讨论高速铁路建设是否挤占了其他行业和部门投资，以及如何拉动全社会投资等问题，对高速铁路的讨论主要集中在可达性提高带来的同城效应或重要城市极化发展等方面。本书第五章重点旨在填补此方面的空白，通过投资金额的变化量化分析了高速铁路对全社会固定资产投资的影响，丰富了高速铁路的经济学研究，增进了对高速铁路效应的理解。

从人力资本方面来看，中国高速铁路为客运列车专线铁路，对人流、信息流的影响巨大。中国高速铁路在短短几年内飞速发展，2018 年客运量达 20.5 亿人次，旅客周转量达 6872 亿人公里[1]，这无疑对人口迁移产生了巨大的推动作用。高速铁路沿线站点城市对人口的吸引效应非常明显，而且高速铁路站点地区的人口流入量普遍高于非站点地区。高速铁路带来的人口流动加快又会影响物质资本的流动并促进经济增长，从而使整个社会经济活动得以长期均衡且可持续发展。

人口迁移能够加快我国城镇化的步伐，并为人口过多的城市缓解人口压力及剩余劳动力问题。人口流入能给流入地区带来拥有一定知识技能的劳动力，在一定程度上满足地区产业对人才的需求，并且可能会带来资金、先进技术、知识信息或观念，提高当地的资源配置效率和劳动生产率。劳动力迁移对于消除要素禀赋差异的作用明显，劳动力的自由流动将使劳动边际报酬趋向均等化，最终有助于缩小地区间的劳动报酬差距和促进地区间收敛。随着社会经济的迅速发展和人口迁移及户籍政策的调整，人口迁移越来越活跃，对经济发展的影响越来越显著。

目前许多文献证实了中国人口迁移受到经济发展、空间距离、政治制

---

[1] 《中国统计年鉴》（2019）。

度等因素的影响，但少有研究讨论交通设施特别是高速铁路建设对中国人口迁移的影响，挑战可能来自缺乏可靠或完整的移民数据样本，尤其是城市级人口数据。本书第六章利用 1% 人口抽样调查数据和人口迁移的代理变量面板数据，分析了高速铁路对人口迁移的影响，进一步增进对高速铁路效应的理解。

目前中国许多城市正在遭受严重的环境污染。"污染防治"是十九大报告提出的全面建成小康社会决胜期要坚决打好的三大攻坚战之一。高速铁路作为绿色环保的交通方式，符合中国经济发展的现实需要。虽然有些文献探讨了交通基础设施对环境的影响，但有关高速铁路对环境影响的文献还很少，探究其传导机制的研究更少。本书第七章构建了新的高速铁路与环境污染系统分析框架，对高速铁路与环境污染之间的关系进行理论及实证分析，为我国未来建设高速铁路、治理污染以及实现绿色发展提供有力的理论支撑并提出相关政策建议。

从资源消耗和时间成本角度来看，高速铁路运送旅客的单位能源效率更高。同时，高速铁路对要素自由流动、资源优化配置、地区产业升级、市场集聚和规模扩张，都起到了有力的促进作用。本书第八章使用随机前沿生产函数模型与 Malmquist 指数相结合的方法，通过引入工业企业用电量、工业二氧化硫排放量等能源与环境因素，测算了我国 285 个地级及以上城市 2005 ~ 2016 年的绿色全要素生产率，揭示了各城市地区在环境友好状态下，真正由技术进步和科技创新所引领的经济可持续增长情况。随后，基于近年来高速铁路大范围密集开通运营的背景，以 2010 ~ 2016 年作为总体实验窗口期，通过双重差分方法实证分析了高速铁路开通事件对城市绿色全要素生产率提升的冲击效应。

过去十年，中国主要城市的房价大幅上涨，在带来许多家庭资产激增的同时，也引发了人们对房地产价格泡沫和住房承受能力的担忧。总体而言，由于迄今为止的实证研究有限，因此尚不清楚高速铁路的发展与全国城市级房地产市场的繁荣之间是否存在联系。本书第九章建立了具有综合数据集的固定效应模型，扩展了现有研究视角，对基础设施投资的外部性进行了更深入的讨论，根据房地产市场的反应对基础设施投资的外部性进

行定量计算，加深了对高速铁路及区域经济发展的理解。

虽然高速铁路表面上只与旅客运输有关，与货物运输并没有直接关系，但是高速铁路对货运铁路所产生的外部性，提高了中国整个铁路运输系统的效率。具体表现为高速铁路吸引了许多原来选择普通列车的乘客，释放出交通资源用于货物运输，使普通铁路的货运压力大大降低，从而解决了以前铁路运输难的问题，提高了传统铁路运输的时效性（Combes，2011；Cheng et al.，2015；Redding，2016）。在贸易开放背景下，高速铁路的开通能够缩短进口商品进入当地消费市场的时间，降低从进口边境到达消费者手中的贸易成本，提高进口商品的市场竞争能力，增强关税下降对消费市场的冲击，从而更大限度地影响当地消费市场的价格（Tierney，2012；Vickerman，2015）。反之，在非高速铁路地区，大量的客运需求挤占了货物运输资源，导致运输成本居高不下，进口商品的竞争能力相对较弱，关税下降对当地消费品价格的影响较小。所以，高速铁路开通与否，对不同消费市场运输成本的作用有较大差异，从而能够影响关税传导机制的实际发挥效果。

本书第十章立足运输成本，从高速铁路建设视角解读贸易开放政策对不同地区消费品价格的差异性影响。一方面，通过构建结构性理论模型解释进口关税下降对国内零售市场商品价格的作用机制，在考虑国内运输成本的基础上，分析高速铁路建设如何通过降低进口商品进入当地消费市场的运输成本，从而影响国内商品价格的下降幅度。此外，模型中还将考虑商品自身物理特征对高速铁路建设"释放效应"的影响。另一方面，首次将中国进口关税与国内市场零售价格匹配，基于高速铁路沿线城市信息，运用双重差分法深入探讨进口关税下降对国内不同零售市场的差异性影响，实证检验高速铁路建设对关税传导的影响大小，并通过区分商品对铁路运输的依赖程度，验证高速铁路建设对不同商品的关税传导存在差异性促进作用。

与发展中国家相比，发达国家往往拥有更好的基础设施，基础设施投资与经济发展的关系是发展经济学长期关注的话题。高速铁路在极短的时间内改变了中国区域之间的空间地理关系，为现代化基础设施投资和经济

发展之间关系的理论创新提供了难得的研究素材和对象。虽然目前已经存在一些关于中国高速铁路经济影响的研究，但由于理论框架和实证研究方法选择上存在差异，关于高速铁路对区域经济发展的影响机制尚存较大的学术争议。本书全面系统地研究高速铁路对区域经济发展的作用机制，有助于为基础设施投资与经济发展之间关系的研究提供新的中国经验和证据。

中国特色社会主义进入新时代，对区域协调发展提出了更高的要求。中国高速铁路通过促进统一、高效的国内要素市场的形成，实现生产要素的优化配置和双向流动，能够有效促进各地区第二、第三产业发展和全要素生产率提升，并使不同区域按照自身比较优势协调发展。本书构建理论和实证模型，从高速铁路发展对城市经济增长及趋同发展、对投资增长、对人口迁移、对环境污染、对绿色全要素生产率、对房价及对贸易开放的影响7个维度，研究中国大规模高速铁路网建设背景下的区域经济发展机制问题，分析"四纵四横"高速铁路网全面建成条件下高速铁路经济外部性的影响范围和大小，有助于科学合理地制订下一步高速铁路建设布局规划和进度安排，探索以现代化基础设施投资建设带动新时代高质量区域协调发展的实现路径。

中国高速铁路通过引进吸收西方发达国家的先进技术，依托广阔的国内市场，坚持自主创新，是发展中国家利用后发优势实现经济赶超的成功案例。中国在高速铁路建设领域的成功经验可以作为在国际上加强"南南合作"，帮助其他发展中国家加快基础设施建设，融入全球贸易版图，进而实现与中国优势互补、合作共赢的经济政策参考。党的十九大报告指出中国将继续发挥负责任大国的作用，积极参与全球治理体系改革和建设，不断贡献中国智慧和力量。通过研究高速铁路对区域经济发展的作用机制，为广大发展中国家的现代化基础设施建设提供理论支持，在国际市场上打造中国制造、中国标准的品牌，对于提高国家软实力、重塑全球治理体系意义重大。

第二节　研究内容及结构安排

本书系统梳理 2008 年中国第一条高速铁路开通运营至 2019 年"四纵

四横"高速铁路网全面建成的历史资料，结合新时代"八纵八横"高速铁路网宏大蓝图，引入内生经济增长理论框架，构建符合中国经济实际的高速铁路网对区域经济增长及趋同发展的影响机制的理论模型，研究中国大规模高速铁路网建设条件下的区域经济发展机制问题。为党的十九大报告提出的"决胜全面建成小康社会，开启全面建设社会主义现代化国家新征程"重大投资项目评估和科学决策提供理论依据。

从结构上看，本书的研究内容主要包括绪论、文献综述、高速铁路发展介绍、实证研究和结论，具体内容框架安排如下。

第一章为绪论，阐述研究背景及意义、目标及思路、假设及方法、特色及创新等。

第二章为文献综述，分别从中国地区经济增长及趋同发展、基础设施与经济发展、铁路与经济发展、高速铁路与经济发展4个方面，层层递进，全面地梳理了国内外的相关文献，为后续研究打下了良好的基础。

第三章介绍中国高速铁路的发展情况，梳理中国高速铁路的发展进程，以及重要线路的建设情况。

第四章为高速铁路与中国经济增长及趋同发展研究。首先，总结了高速铁路在4个方面所可能产生的经济社会外部性，分别为高速铁路扩展了城市经济腹地的范围、提升了城市之间的投资便利性、延长了工作地点和居住地之间的距离、缓解了其他交通系统的拥堵状况。其次，基于 Yao 和 Zhang（2001b）采用的内生经济增长模型，根据 Cobb-Douglas 生产函数构建中国高速铁路发展影响城市经济增长及趋同发展的模型，使分析更加严谨直观。借助内生经济增长的理论分析框架，讨论高速铁路如何通过压缩时空，加快人口及生产要素的流通速度，产生巨大和多样的经济外部性，促进全国所有城市的经济增长及趋同发展。通过简单的统计分析，尤其是通过样本城市劳均 GDP 的基尼系数，计算分析全国城市经济发展的趋同走向。再次，植入高速铁路变量、高速铁路与城市初始劳均 GDP 的交叉变量和工具变量以克服内生性问题，一步一步地分析高速铁路如何影响城市经济增长及城市之间经济发展的收敛速度，验证前文两个基本理论假设。实证结果显示，全样本的截面和面板数据回归都支持前文的理论假设。最

后，利用城市之间的铁路旅行时间数据，重点对京津冀、长三角及珠三角三大经济增长极通过铁路旅客运输对全国其他城市的辐射带动作用，以及铁路旅行时间缩短对这一溢出效应的影响进行定量研究，结果显示三大经济增长极的产出增长均对其经济腹地城市具有强烈的溢出效应。随着大规模的高速铁路建设，抵达北京或上海的铁路旅行时间缩短，经济增长极对腹地城市的溢出效应增大。本章研究结果对城市通过建设现代基础设施特别是高速铁路来促进经济增长与趋同发展有着重要的现实意义。

第五章为高速铁路与中国投资增长的实证分析。本章建立投资计量模型以估计高速铁路建设对全社会固定资产投资的影响，同时利用双重差分及倾向得分匹配法验证计量结果的可靠性。实证结果表明，高速铁路建设促进了我国全社会固定资产投资，为经济长期可持续发展奠定了物质基础，提升了全国整体技术水平；高速铁路投资没有挤占其他行业的投资，相反，高速铁路投资通过上下游漫长的产业链条促进了全国各行各业的投资增长。相对于没有开通高速铁路的城市，开通高速铁路的城市的社会固定资产投资率、吸引外资率、房地产投资率、排除掉房地产或交通邮政投资以后的其他社会固定资产投资率，都有显著提升。因为高速铁路的出现，全国、东部、中部及西部城市的投资增长率大大提升。

第六章为高速铁路与中国人口迁移的实证分析。高速铁路为客运专线铁路，因此必然影响人口流动。本章利用1%人口抽样调查数据，通过双重差分和倾向得分匹配法验证高速铁路的开通与人口迁移的因果关系。研究表明，高速铁路的开通显著加速了人口流动，使一些人口净迁入城市的人口开始流向其他城市，或使人口净迁出城市开始有迁移人群进入。

此外，通过高速铁路对人口迁移影响的代理变量，即城市的商品房销售面积，用更充足的连续年份面板数据做进一步的检验，以使结果更加稳健。结果显示，高速铁路的开通对商品房销售面积有显著的正向作用，间接证明高速铁路的开通对人口迁移具有促进作用。其中，对中部地区的影响最为明显，同时高速铁路对西部地区的影响也在逐渐扩大，甚至超越了全国平均水平。西部地区的高速铁路建设疏通了西部发展的主动脉，促进东、中、西部地区经济社会协调发展，而且将显著提升亚欧大陆桥铁路通

道的运输能力，对增强我国与中亚国家的互联互通、推动丝绸之路经济带建设具有重要意义。

第七章为高速铁路与环境污染的实证分析。首先，运用空间计量技术构造了基于全国 285 个城市的地理距离空间权重矩阵，使用广义空间二段最小二乘法考察了 2010～2016 年高速铁路可达性对雾霾污染的影响。其次，建立三重差分模型，加入城市人口数及产业结构因素，以得到更加稳健的估计结果。最后，利用中介效应模型深入研究高速铁路可达性对环境污染的影响机制。研究显示：全国及东、中部地区高速铁路的可达性提升以及平均旅行时间的缩短，提高了资源配置效率，促进了产业结构调整升级，提升了技术知识水平，进而有效抑制了雾霾污染。

第八章为高速铁路与绿色全要素生产率的实证分析。为了排除样本选择性偏差引致的内生性问题对实证结果的干扰，引入倾向得分匹配方法，将规模以上工业企业数量、一般财政支付、城市客运总量等 5 个具体指标作为计算各个城市成为"高速铁路城市"可能性的协变量，由此来选择与实验组城市得分相接近的城市作为对照组样本。实证结果显示，高速铁路建设显著促进了绿色全要素生产率的提升，此外，还得出了环境规制、科研和教育投入、金融与房地产业发展水平及社会服务质量，均会对城市绿色全要素生产率产生显著影响的结论。

第九章为高速铁路与中国房价的实证研究。利用 2009～2016 年全国 285 个地级及以上城市的高速铁路、房价、金融、人口和交通变量的面板数据，以高速铁路开通作为自然实验，检验高速铁路网络对城市房价的影响。为了评估不同城市的差异以及区域不平衡，我们还将城市和区域分类，设置哑元变量进行进一步的计量经济学回归。此外，对典型城市与周边城市的虹吸效应、扩散效应和协同效应等进行检验。

第十章为高速铁路与贸易开放的实证研究。先从理论上构建高速铁路建设能够加强进口关税下降对国内零售市场商品价格影响的模型，分析这种机制对不同性质商品价格在不同城市影响的差异。然后通过匹配中国进口商品关税与国内对应商品零售价格，获取了 139 个地级市和 75 种零售商品的有关数据，运用双重差分法进行实证检验，首次从最终零售价格角度

直接衡量了高速铁路的释放效应，深入探讨了高速铁路建设对关税传导的影响，以及这种影响在不同城市和不同性质商品之间的差异性。实证研究首先确定了关税传导过程和机制，证明了进口关税下降有助于降低进口商品价格，提高进口商品种类和数量，加强国内市场竞争，降低国内消费品零售价格。高速铁路建设对这种关税传导不仅存在显著的正向效应，而且对不同地区和不同产品的价格影响也存在明显的差异，相对易腐商品和内陆城市而言，高速铁路建设对关税传导的促进作用对不易腐商品和沿海港口城市表现得更加突出。

第十一章为结论与研究展望。整个研究的分析框架如图 1-3 所示。

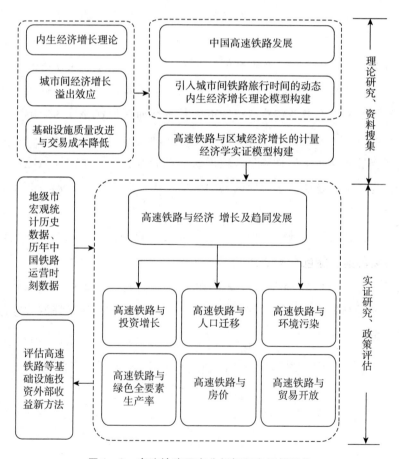

图 1-3 高速铁路研究分析框架和逻辑结构

第三节　创新点

本书的创新点突出表现在以下三个方面。

首先，用实证模型和地级城市层面的数据证明中国区域经济增长趋同的现象，尤其是通过理论及实证模型，同时证明了高速铁路建设对区域经济增长及趋同发展的影响。现有关于中国区域经济增长的实证研究，大多采用省一级跨时间的面板数据，本书认为有必要通过全国地区一级城市跨时间的面板数据，构建各城市均衡发展的实证模型。

其次，首次对高速铁路的经济外部性进行全面系统的分析。高速铁路的外部性主要表现为对经济增长的乘数效应，及其降低传统交通系统运输压力所带来的间接作用。在现有的文献中，很少把高速铁路作为一个提高交通效率的变量，并将其植入动态的内生经济增长模型去研究区域经济增长和趋同发展。本书创新性地把城市间是否开通高速铁路作为影响城市间交通效率的变量，并考虑这个变量对传统交通基础设施的外部性，同时假设这个变量能够弱化甚至消除区域增长的差异性，推动中国区域经济均衡发展，为发达地区拉动落后地区共同跨越"中等收入陷阱"创造必要的前提条件。

最后，在关注区域经济增长及趋同发展现象的同时，从投资、人口迁移、环境污染、绿色全要素生产率、房价、贸易开放六个方面深入探究了高速铁路通过经济外部性对区域经济发展的作用机制是如何产生和传导的，丰富了高速铁路经济学的研究，进一步增进了对高速铁路效应作用机制的理解。

第二章

文献综述

如何解释不同国家和不同地区之间经济发展水平的差异，即为什么有的地区人均产出水平远远高于其他地区，一直是发展经济学研究的一个重要课题。过去40年，经济体制改革和对外开放极大地释放了中国的潜在生产力，促进了经济持续快速增长，但这种增长在地区之间并不均衡，中西部地区经济发展水平远远落后于东部发达地区，不断扩大的地区差距是中国经济未来可持续发展的巨大挑战。国内外学者对中国地区的差异化发展进行了研究，并就中国经验对经济学理论研究的贡献展开了持续的争论。此外，大量实证研究讨论了基础设施、交通基础设施、铁路、高速铁路对生产率、资本存量、企业、房价、旅游业、地区经济协调发展、人口及就业分布等经济发展因素的影响。

第一节　中国地区经济增长及趋同发展

20世纪80年代和90年代，内生经济增长理论和实证研究取得了重大进展。Barro（1991）最早引入经济增长无条件和有条件收敛的概念，将人均GDP的增长率与初始水平的人均GDP联系起来。在此基础上，许多学者在经济增长理论和实证研究领域做了大量创新性的工作，尤其是使用跨国数据来证明经济增长的条件收敛理论取得了重大突破，通过控制各国不同的人口增长率、投资率和人力资本水平等因素，经济增长的条件收敛理论能够很好地解释各国经济发展差异（Barro，Sala-i-Martin，2003；Mankiw

et al.，1992；Barro，Sala-i-Martin，1992）。

一国内部，由于有统一的政治法律体系、统一的商品和生产要素市场，尤其是资本和劳动力能够自由流动，国内落后地区很容易从发达地区引进技术和资本，发挥本地的比较优势，从而获得较快的经济发展速度。Barro 和 Sala-i-Martin（2003）对美国各州、日本各县和欧洲各地区的实证分析均支持这一假设。然而，改革开放以后直至 21 世纪初，中国地区间的经济差距不断扩大（林毅夫等，1998）。即使考虑各地区在物质资本和人力资本上的差异，也无法解释中国各地区间的经济发展差距（王志刚，2004）。进一步的研究发现改革开放以来中国地区间的经济发展存在着明显的阶段性和区域性，按东、中、西部划分存在显著的"收敛俱乐部"特征，即各大区域内各省（市、自治区）之间的经济增长有趋同性，而东、中、西部之间的差距却不断扩大（Bhalla et al.，2003；Yao，Zhang，2001a；Zhang et al.，2001；蔡昉、都阳，2000；沈坤荣、马俊，2002）。

中国地区差距不断扩大的原因引起了研究者的广泛关注。Young（2000）认为在实施渐进式改革的中国，地方政府往往会为了追求自身利益而发展高回报的产业，地区间的竞争导致贸易保护和国内市场分割，并使地区的产业发展和本地企业的资源配置状况偏离自身的比较优势。

Yao 和 Zhang（2002）在研究中国地区间的经济发展差距时构建了一个"收敛俱乐部"模型，该模型假设经济增长中心（经济特区、沿海开放城市等）对周边地区的溢出效应随距离的增加而呈指数形式下降，从模型中可以预测中国的东、中、西部地区将收敛于不同的均衡解，如果经济结构不发生重大改变，中国的地区经济发展差距会持续扩大。他们认为产生区域差距的主要因素是东部集中了全国最主要的经济增长中心，这些增长中心无法拉动内陆地区的经济增长，是因为存在地区保护政策和交通距离太远。因此，为了缩小东、中、西部差距，就必须解决交通基础设施问题，同时要在中、西部地区培育一批经济增长中心（大城市或城市集群），并通过这些中心来拉动周边地区的经济快速发展。

Kanbur 和 Zhang（2005）的实证研究表明，财政分权政策和沿海偏向的开放政策，对中国经济体制改革之后地区间差距的扩大有很大的影响。

Lei 和 Yao（2009）使用中国省级面板数据，并加入澳门和香港两个特别行政区进行研究，结果证明，中国东、中、西部地区间的经济差距扩大现象依然存在，但是两个特别行政区与东部沿海开放地区存在经济增长收敛的现象。

林毅夫和刘培林（2003）认为中国各地区之间发展差距产生的主要原因在于，重工业优先发展的赶超战略下形成的生产要素存量配置结构与由要素禀赋结构决定的比较优势相违背，造成中、西部地区大量的赶超型企业缺乏自生能力。龚六堂和谢丹阳（2004）讨论了中国各省（市、自治区）之间生产要素配置的有效性问题，认为资本存量和劳动边际回报率差异是造成地区间经济差距的原因。沈坤荣和付文林（2005）重点考察了中国的财政分权制度对地区经济增长差距的影响，并将是否拥有对外开放优惠政策、市场化水平及地区虚拟变量纳入实证分析模型中。汪锋等（2006）通过考察非国有经济的发展和对外开放的深化在中国经济增长中的作用，发现渐进式市场化改革带来的制度差异，能够解释中国各省（市、自治区）之间经济发展差距扩大的原因。尹伟华和张焕明（2007）从短期性和长期性两个方面研究我国区域经济增长的收敛性，结果显示短期内我国区域经济增长呈现发散的态势，但采取适宜的政策措施后我国区域经济增长在长期将趋于收敛。

何一锋（2008）采用非线性时变因子模型，对转型经济下的中国地区经济趋同问题进行了研究，在拒绝了全国范围内经济趋同的假设之后，进一步利用聚类方法，找出了三个趋同俱乐部。周亚虹等（2009）的研究认为，富裕地区的经济增长向收敛状态过渡，而落后地区经济增长的发散现象明显。乔宁宁和王新雅（2010）利用系统 GMM 法研究西部大开发对我国区域经济收敛性的影响，发现中国区域经济发展存在条件 β 收敛。王焕英和石磊（2010）采用多水平模型分析中国区域经济增长的特性，结果表明我国区域经济增长的收敛性与城市初期发展水平有关，收入水平较低的区域内部存在显著的条件收敛。毛新雅和翟振武（2013）使用 1980~2010 年中国各省（市、自治区）经济增长的面板数据，考察了人口迁移对区域经济增长收敛性的影响。结果显示，这 30 年间中国区域人均 GDP 呈现显

著的条件收敛，人口净迁移起到促进作用。李敬等（2014）采用网络分析法和 QAP 方法，测度了 1978～2012 年中国区域经济增长的空间关联关系，发现发达地区板块有明显的溢出作用。孙向伟等（2017）采用动态空间杜宾模型法，考察中国五大区经济增长的收敛性，发现五大区都存在经济收敛情况，收敛速度由大到小依次为东部、西南、中部、东北和西北地区。

第二节　基础设施与经济发展

与发展中国家相比，发达国家往往拥有更好的基础设施。基础设施投资与经济增长和生产效率提高的关系是发展经济学领域长期关注的话题之一（Straszheim，1972；Barro，Sala-i-Martin，2003）。20 世纪 80 年代末，开始取得重大进展的内生经济增长理论通过放松新古典经济增长理论的研究假设，从理论上支持基础设施投资对经济增长的正外部性（Romer，1986；Lucas，1988；Barro，1991），并得到了大量关于基础设施投资对全要素生产率具有正向促进作用的实证研究支持（World Bank，1994；Hulten，Schwab，2000）。

Krugman（1994）指出东亚的经济增长主要依靠要素投入的增加，而美国的经济增长主要源于全要素生产率提升，在缺乏技术进步的背景下，要素投入的边际回报递减，因此东亚经济的增长不具有可持续性。这一论点的提出引起了学术界对东亚经济增长模式的广泛讨论。一些学者从全要素生产率和技术进步的概念、核算方法与数据等角度出发，对 Krugman（1994）的观点进行了讨论，指出全要素生产率测定的是不包括资本投入的技术进步，而与资本融合在一起的技术进步，通过资本积累在东亚经济和中国经济增长中起到了非常关键的作用（郑玉歆，1998，1999；Stiglitz，2001；林毅夫、任若恩，2007）。

既然政府主导的基础设施投资存在投资回报率低下的问题，这些基础设施投资是否存在有利于其他部门效率提升的外部性，就成为理解中国经济现状的关键点。Barro（1990）较早地通过内生经济增长模型讨论政府支出的作用，从理论上支持基础设施投资对经济增长存在正的外部性。世界

银行也在 1994 年的年度报告中详细阐述了基础设施投资对发展中国家经济发展所具有的规模效应和网络效应，认为有效的基础设施投资既可以通过提高产出效率促进经济增长，又可以通过提升发达地区对落后地区的溢出效应来促进经济增长（World Bank，1994）。

Aschauer（1989）发现街道、公共交通、供水系统等核心基础设施对生产力发展具有决定性作用，公共资本存量在过去 15 年中对生产率变化起到了重要作用。Duggal 等（1999）将基础设施作为技术约束因子纳入生产函数，研究发现基础设施建设发展通过提高全要素生产率影响经济长期增长。Hulten 等（2006）发现印度各州的基础设施产生了巨大的溢出效应。Demetriades 和 Mamuneas（2010）利用跨期优化框架研究了 12 个 OECD 国家基础设施对产出供给和投入需求的影响，发现基础设施对产出供给和投入需求都有积极的长期影响。Esfahani 和 RamíRez（2003）建立了基础设施和产出增长的结构模型，该模型的估计结果表明基础设施对 GDP 贡献极大。

Kune 和 Mulder（2000）估算了法国交通运输业的资本存量及生产率，并与德国、英国、美国进行比较。Cantos 等（2005）、Lopez 等（2008）通过测算西班牙的交通基础设施资本存量，分析交通基础设施对区域和部门经济增长的影响，结果表明交通基础设施具有非常大的溢出效应。目前，较多交通基础设施资本存量研究被嵌在公共资本存量研究中，综合研究公共资本对区域收敛的影响。Özlem（2010）考察了公共资本存量和交通基础设施资本存量对人均产出的动态影响，结果显示公共资本对土地产量的平均影响显著，部分区域呈现趋同趋势，而公共资本存量的交通运输部分对区域收敛却可能具有负面影响。

Holl（2010）研究了 1986～1997 年葡萄牙大规模高速公路网的发展对企业建立的影响。对大多数行业而言，高速公路的修建增加了靠近新基础设施位置的吸引力，使当地经济环境更加多样化，鼓励了新企业的诞生。Gutiérrez 和 Urbano（1996）评估了欧洲道路网络对可达性的影响，结果显示，新的道路网络明显改变了经济活动中心的可达性水平，从而使周边区域更接近中心区域。Boarnet（2010）探讨了公共基础设施建设产生负的溢

出效应的可能性，数据显示，加利福尼亚的产出变化与街道和公路资本的变化正相关，与其他地区的街道和公路资本负相关。

Baum-Snow（2007）研究发现，尽管大都市地区的人口增长率为72%，但美国中心城市的总人口下降了17%。实证估计结果表明，通过中心城市的新高速公路会使人口减少约18%，如果没有建造州际公路系统，中心城市人口将增长约8%。Ryan（1999）对交通基础设施与房地产价值间的关系进行了实证研究。他发现，使用旅行时间或旅行距离作为可达性的度量要素会导致研究结果不同。当使用旅行时间作为可达性的度量要素时，结果通常显示交通基础设施建设与房地产价值成反比；而当研究使用旅行距离作为可达性的度量要素时，交通基础设施对房地产价值显示出不同的效应，与所研究的区域相关。

Prideaux（2000）指出地区旅游业的发展活力，在很大程度上取决于交通情况。Khadaroo 和 Seetanah（2008）运用引力模型及标准旅游需求模型，加入交通基础建设资本总量作为自变量，研究交通基础建设如何影响毛里求斯的旅游业，发现交通基础建设会显著影响来自欧美和亚洲的旅客数量。Khadaroo 和 Seetana（2007）对 28 个国家的旅客数量进行分析，发现交通基础建设会显著影响旅客数量，特别是到亚洲和非洲的旅客数量。Algieri（2006）以飞机票价格反映交通成本，分析它对俄罗斯入境旅客数量的影响，结果显示交通成本上升会降低旅客到俄罗斯旅游的意愿。

在我国，基础设施尤其是交通基础设施，同样对经济发展起到了至关重要的作用。为了应对东、中、西部地区之间差距不断扩大带来的问题，中国政府制定了以"西部大开发""中部崛起""振兴东北"为代表的一系列国家战略，试图通过大规模的基础设施投资来拉动落后地区的经济增长。政府主导的投资项目是否能够有效缩小地区差距并促进中国经济可持续增长，引起了学术研究者的广泛讨论。通过测度基础设施投资对我国经济增长的产出弹性，相关实证研究印证了基础设施投资对我国经济增长的促进作用（Démurger，2001；Fan，Zhang，2004；王仁飞、王进杰，2007）。

范九利和白暴力（2004a）通过建立一个二级三要素 CES 生产函数，

研究了基础设施投资对经济增长的影响，他们认为盲目削减基础设施投资不利于经济增长，应当把基础设施建设作为各级政府重点发展的领域。张军等（2007）研究发现中国良好的基础设施支撑了直接生产性投资和经济增长。虽然沿海与内地之间的基础设施水平落差显著，但基础设施投资具有显著的追赶效应，预期相对差距会逐步缩小。范九利和白暴力（2004b）分析了基础设施对中国经济增长的产出弹性，他们发现无论是从全国还是区域层面来看，日益完善的基础设施都对经济增长起到了巨大的作用，尤其是在西部地区。

李泊溪和刘德顺（1995）认为我国各类基础设施对区域经济水平有重要作用，交通运输和通信设施尤为重要。我国各地区基础设施水平的差距与地区人均收入的差距在很大程度上吻合。唐娟莉（2017）研究了"一带一路"倡议下基础设施与经济增长之间的关系。结果表明，医疗、道路、通信等基础设施在推动全国经济增长过程中发挥了重要作用。郭劲光和高静美（2009）探讨了基础设施建设对我国农村人均收入和收入分配状况的影响。结果显示基础设施的增加及完善不仅能够减少贫困，还可以提高农村收入并改变收入构成。

万方全（2012）从年份资本理论视角讨论投资、折旧和资本积累，在此基础上重新估算得到一个明显低于已有结论的中国资本回报率，并由此质疑中国高投资驱动经济增长模式的可持续性。刘晓光和卢锋（2014）把劳动力转移和技术溢出效应结合起来，试图解释中国在保持高投资率的同时，资本回报率却呈现上升趋势的现象。上述对中国资本回报率的研究争论，主要源于中国固定资产投资中仍存在大量的非市场行为，特别是各级政府在基础设施上的巨额投资，使单纯依赖投资回报率来解释中国的高投资率存在不足。

张光南等（2010）研究发现，基础设施显著降低了 10 个制造行业的企业生产平均成本。蔡晓慧和茹玉骢（2016）发现基础设施改善有利于大企业进行研发，在长期随着基础设施资本存量增加，产品市场规模会扩大，企业研发投资的资本回报提高，从而激励企业投入研发。马淑琴和谢杰（2013）指出网络基础设施具有降低企业运营成本和提升出口产品技术

含量的作用，有助于促进出口产品技术含量升级。张睿等（2018）研究了基础设施与企业生产率的关系，结论显示基础设施总体上有利于提高企业生产率。一方面，促使企业"走出去"，扩大企业的市场规模；另一方面，鼓励企业"走进来"，加剧了市场竞争。赵静等（2018）发现基础设施的完善降低了所在地上市公司股价崩盘的风险，可以促进信息的跨区域流动，有利于上市公司治理环境的改善。

在各类基础设施当中，交通设施作为直接参与社会经济活动的重要公共基础设施，被认为对社会经济增长有着至关重要的作用。在对具体的基础设施投资领域和传导机制的分析中，刘生龙和胡鞍钢（2010）较早提出交通、能源和信息基础设施具有明显的规模经济效应和网络效应，对我国经济发展产生了正向的溢出效应。随后出现大量针对我国交通基础设施改善所带来经济效果的实证研究，无论从宏观统计数据还是从微观传导机制来看，均支持交通基础设施投资对我国经济发展具有促进作用（盛丹等，2011；张学良，2012；李煜伟、倪鹏飞，2013；李涵、唐丽淼，2015；高翔等，2015；欧阳艳艳、张光南，2016）。

张学良（2012）构建了一个交通基础设施对区域经济增长的空间溢出模型，利用中国省级面板数据和空间计量经济学的研究方法，发现中国交通基础设施对区域经济增长具有重要的作用，并存在显著的空间溢出效应。胡煜和李红昌（2015）采用空间杜宾模型，考察交通枢纽对城市经济的影响以及空间溢出效应。他们发现，交通枢纽城市对本地区及周围区域的经济产出有显著的正向作用，东、中、西部地区交通枢纽的空间溢出效应差异明显，东部和中部地区各类交通枢纽都有显著的正向空间溢出效应，作用大小按照全国性枢纽、区域性枢纽、地区性枢纽排序，西部地区则只有区域性交通枢纽有显著的正向空间溢出效应。Yao 和 Yang（2012）研究了我国机场建设与航空运输对地区经济增长的影响，他们发现机场建设的加强和航空运输能力的提高，有利于促进地方经济的发展，而机场分布的不均匀也是影响区域发展的重要因素。

李煜伟和倪鹏飞（2013）通过对交易费用的细分，构建了一个外部性和运输网络下的城市群经济增长模型，发现运输网络的改善能够加速中心

城市的要素集聚，降低非中心城市间的运输成本，有利于非中心城市对外部性的应用，并加速经济增长。杨帆和韩传峰（2011）分析得出 1952～2006 年我国交通基础设施与经济增长之间存在长期均衡关系，前者是后者的 Granger 原因，交通基础设施对经济增长具有显著的促进作用。张镝和吴利华（2008）、黄寿峰和王艺明（2012）认为交通基础设施与经济增长在短期内表现为动态均衡，两者之间是双向因果关系，相互影响、相辅相成。

Shirley 和 Winston（2004）研究发现，高速公路投资对企业的物流成本有一定的降低作用。同时，公路基础设施尤其是高等级公路基础设施，能够显著降低制造业企业的库存成本（李涵、黎志刚，2009）。更进一步，高翔等（2015）基于 2008 年第二次经济普查企业数据和县级高速公路数据，研究了交通基础设施对服务业企业劳动生产率的促进作用。结果表明，有高速公路连接的服务业企业的劳动生产率更高。张天华等（2017）考察了交通基础设施对企业资源配置效率的影响，研究发现，交通基础设施降低了同时使资本和劳动投入偏离的产出扭曲程度，使企业的实际规模与最优规模更为接近，提升了企业资源配置效率。Baum-Snow 等（2017）研究了城市铁路和高速公路配置对中国城市形态的影响。结果表明，每条径向高速公路至少会将城市人口的 5% 转移到周边地区，环形公路则转移了 20% 的城市人口；每条径向铁路会使中心城市的工业 GDP 减少 26%，而环形公路则会使之减少 50%。

第三节　铁路与经济发展

铁路系统作为非常重要的地面交通基础设施，在世界各国的工业化和城市化进程中扮演着重要的角色。在美国的经济发展史中，横跨美洲大陆、连接大西洋和太平洋沿岸的铁路系统，被认为是 19 世纪影响美国人口迁移和经济发展的决定性因素（Fogel，1964；Fishlow，1965）。使用最新的地理信息系统重新审视历史数据，Atack 等（2009）发现铁路在 19 世纪 50 年代美国中西部的城市化进程和人口增长过程中起到了决定性的作用。

Dan（2009）探讨了亚特兰大州一项环形铁路项目对房价的影响。研究发现，2003~2005 年，环形铁路南部低收入地区附近的房价大幅增加，环形铁路的规划引发了附近房地产的高档化。

作为幅员辽阔、人员物资运输量巨大的大国，中国的交通基础设施中铁路的作用巨大。中国的铁路建设始于清末，新中国成立之后为了适应工业化的发展，开始在全国规划建设铁路运输网络，并逐渐成为国内跨区域人员和货物运输的主要方式。周浩和郑筱婷（2012）将 1997 年以来中国实施的 6 次铁路提速视为交通基础设施质量改善的一次自然实验，选取京广线和京沪线作为铁路提速代表，构造了 1994~2006 年提速铁路线沿途站点和其他未提速站点相对应的城市一级面板数据，利用双重差分法系统考察了对经济增长的影响，研究发现相对于未提速站点，提速站点的人均GDP 增长率高出 3.7 个百分点。王志凌等（2017）以贵州省为例研究了1995~2014 年铁路建设和经济增长之间的动态关系，结果表明铁路建设发展会对宏观经济的增长产生长期稳定的动态影响。逯建等（2018）利用铁路时刻数据考察了中国 1970 年以来铁路运输时间变化对人均经济增长的影响，发现铁路运输时间每年每下降 1% 会带来城市人均 GDP 额外增长1.38%~2.19%，铁路发展带来的时间成本节省对中国经济增长有显著的正向作用。

徐宪详和李郁（2012）利用中国省际双边铁路货运贸易数据发现，1985~2008 年铁路货运占全国货运总量的 11%~18%，中国各省的铁路货运贸易以本省及周边市场为主，跨区域铁路货运以从内陆流向沿海为主，省内铁路货运贸易量是省际铁路货运贸易量的 9.7 倍。Xu（2016）讨论了陇海线和兰新线两条连接我国东部沿海与新疆的东西向铁路 2000 年提速和运力提升对出口的影响，发现作为"一带一路"倡议重要支撑的两条铁路线提速之后，我国对中亚地区的货运出口增长了近 30%。

金凤君和王姣娥（2004）研究发现，中国铁路交通网经过了 100 多年的优化发展，空间收敛效果显著，通达性大大提高，呈现通信圈层结构。中国铁路作为经济发展最重要的基础设施之一，对地区经济发展有持久而深远的推动作用。孟德友等（2010）探讨了我国第五和第六次铁路客运提

速前后，省际可达性的时空变化及空间格局。研究发现，虽然省际可达性水平表现出自东南沿海向西北内陆逐渐降低的圈层式阶梯状，但铁路客运提速后全国各地区的可达性均获得提升，尤其是我国西部地区。

铁路建设不仅可以改善企业的出口决策，还能够增加边远地区的出口数量（盛丹等，2011）。刘秉镰和刘玉海（2011）发现铁路路网密度与企业原材料库存成本之间呈现负相关关系，降低了企业库存成本。张光南和宋冉（2013）基于包含中间品要素的跨期利润函数及动态分析框架，分析了中国交通对制造业型生产要素投入的影响，发现中国铁路客运交通能显著降低劳动力流动成本，使厂商通过劳动密集型生产技术减少中间品和资本投入，而公路客运交通能产生规模效应，促进要素投入。但铁路货运的影响并不显著，公路货运对可变生产要素投入的影响为负。此外，"相邻经济"地区铁路客运导致本地要素转移的空间溢出竞争效应，而铁路货运和公路客运交通空间溢出则产生规模效应。

铁路建设改变了车站附近地块的区位条件，能够提升附近住宅的租金，因此间接引起房地产升值（陈峰、吴奇兵，2006）。杜瑞（2016）研究发现兰新铁路的开通对西北地区的经济社会发展具有里程碑式的意义。不仅使兰新铁路沿线运输能力大幅提高，催生西北城市的同城效应，还推动西北地区的旅游业大跨步发展。此外，有利于东部地区的产业转移，吸引更多投资，但兰新铁路的开通也可能会使西部地区的人才流向发达地区。

第四节　高速铁路与经济发展

随着铁路技术的不断进步，自20世纪60年代以来，铁路客运专线和高速铁路系统逐渐在英国、法国和日本等发达国家投入运营，深刻改变了这些发达国家城市之间的经济地理关系，引发了大量关于英国、法国、荷兰、德国等国高速铁路对经济发展影响的案例研究和学术讨论（Willigers，Wee，2011；Chen，Hall，2011；Sánchez-Mateos，Givoni，2012；Ahlfeldt，Feddersen，2017）。

　　Cheng 等（2015）通过对高速铁路建设带来的城市旅行便利程度变化和主要城市与其经济腹地专业分工变化的研究，分析了欧盟和中国的高速铁路系统对区域经济一体化的影响。里昂作为通过 TGV 列车与首都巴黎相连接的先锋欧洲城市，积极扩展与其他欧洲城市的 TGV 连接，成功走在法国众多城市的前列（Renaud，2010）。在德国，高速铁路的改善为周边经济带来了可观的外生变化，不仅对通勤和运输成本有直接影响，而且对生产效率、收入水平和房地产价格也有影响（Ahlfeldt，2011；2015）。Koba-yashi 和 Okumura（1997）通过构建一个资本和人口自由流动并由高速铁路系统连接的动态多区域增长模型发现，高速铁路为不同城市的知识生产提供了面对面交流的机会，高速铁路的地理和质量因素差异会影响区域经济发展。

　　Gutiérrez 等（1996）发现高速铁路会使周边地区与中心地区的联系更紧密，但也会增加中心城市与其腹地之间的不平衡。Ortega 等（2012）认为，高速铁路可以有效地互联经济中心，因此对地域凝聚力影响巨大。他们通过考察西班牙高速铁路投资对可达性和地域凝聚力的影响发现，高速铁路建设对整个国家层面具有积极的地域凝聚力效应，而在区域层面则出现极化效应。Kim（2000）通过 64 个区域的人口和就业数据，考察了高速铁路发展对韩国经济空间结构的影响。结果表明，高速铁路发展使人口向首尔及其附近城市持续集中，而就业分布则有分散趋势。Sasaki 等（1997）构建了一个供给导向的计量模型来考察新干线对经济活动和人口空间分散的影响，结果表明密集的新干线网络并不会导致经济活动和人口的空间分散。Ureña 等（2009）通过对高速铁路和城市发展的研究区分了高速铁路对小城市和大中型城市的影响，明确了高速铁路对大中城市的时间距离和可达性具有深远影响，为这些城市创造了新机遇。

　　由于高速铁路具备一定的独特性，能大大缩短交通时间，载客量亦较多，多被视为独特的交通因素进行研究。Cascetta 等（2011）发现连接意大利罗马及拿波里的高速铁路开通后能够吸引更多旅客游览拿波里。Mas-son 和 Petiot（2009）指出高速铁路可以降低交通成本及加强交通联系，可以作为发展旅游业的一种工具。但高速铁路会导致不同旅游点的竞争加

剧，作者以当时即将开通的南欧高速铁路法国佩皮尼昂到西班牙巴塞罗那段为案例，指出高速铁路会带来空间竞争，促使巴塞罗那周边的旅游活动进一步集聚并损害佩皮尼昂的旅游业。汪舟和汪明林（2013）对日本九州岛、秋田新干线的研究发现，新干线能够为沿线旅游业的发展带来新机遇，主要表现在客流量总体逐年上升、短期内商务旅客增幅较大、长期能够拉动非商务旅客增长等方面。另外，新干线的开通打破了原先的地理空间格局，拓宽了游客的选择范围，地理因素不再是限制游客选择目的地及住宿地的主要原因，会改变原有的旅游市场格局。

自2008年京津城际铁路开通运营以来，中国迅速建成了全球规模最大的高速铁路网络，到2019年底，在短短的11年间，全国高速铁路通车总里程达到3.5万公里，占全球高速铁路运营总里程的2/3以上。高速铁路深刻改变了中国人在城市之间旅行的方式，学术界就中国高速铁路建设能否促进区域均衡发展和经济转型升级展开研究，大多数研究支持高速铁路建设促进了地区经济发展，并缩小了沿线城市之间的经济发展差距（Amos et al.，2010；覃成林、刘万琪，2014；徐飞，2015；Chen et al.，2016；刘志红、王利辉，2017；Jia et al.，2017；Chen，Haynes，2017；Yao，et al.，2019；姚树洁，2018，2019）。

钟少颖和郭叶波（2013）研究发现，随着"四纵四横"高速铁路网的建设，全国城市间的通达性显著提高。冯长春等（2013）运用加权平均旅行时间研究了中国高速铁路对省际可达性的影响。结果表明，高速铁路建设不仅带来省际联系时间缩短、可达性最优区域大幅增加等效应，还促使省际可达性均衡化。贺剑锋（2011）通过对长三角高速铁路可达性的比较研究发现，高速铁路的开通显著提升了城市的外部可达性，但这种提升的地区分布不均衡，大城市和小城市的获益程度要明显高于中等城市。Mi（2018）发现2009~2013年，高速铁路开通显著提升了全国的通达性，并且使固定资产投资大幅增加。

谌丽等（2017）利用2010~2012年的城市数据检验了高速铁路对我国城市经济增长的影响，结果显示越早开通高速铁路站点的城市经济增长幅度越大，进一步，高速铁路建设能够促进大城市的空间溢出效应向邻近

城市扩散。王雨飞和倪鹏飞（2016）检验了交通对经济发展的增长效应和结构效应，发现高速铁路建设大大缩短了城市之间的时间距离，增强了城市经济产出的空间外溢效应，带来了城市经济增长。王春杨和吴小文（2018）研究了 2000～2014 年高速铁路建设对长江经济带 110 个地级市的创新空间结构的影响，结果显示高速铁路的开通显著缩短了各城市间的时空距离，对中西部城市创新产出的溢出效应尤其明显。

董艳梅和朱英明（2016a）基于就业、工资和经济增长的区域异质性视角，发现高速铁路建设直接或间接地影响了地区就业、工资和经济增长空间。王姣娥和丁金学（2011）研究了中国高速铁路网对城市空间结构的潜在影响，发现高速铁路网的空间格局与中国经济、人口分布特征一致，高速铁路建设产生的时空收敛效应能够推动生产要素进行重新配置，并引导人口和产业集聚。

来逢波等（2016）研究了高速铁路的开通运营能够促进落后地区与发达地区的信息与知识交流，实现区域产业向知识和技术密集型转型，有利于产业结构的转型升级，对三次产业均有正向影响，对第三产业的影响较为缓和且具有持续性特点。张俊（2017）使用匹配倍差法，利用卫星灯光数据考察了高速铁路建设对县域经济发展的影响。结果表明，高速铁路的开通对县级市经济增长的促进作用明显，贡献为 34.64%。此外，还促进了固定资产投资的增加，而对产业结构则没有显著影响。肖雁飞等（2013）构建了双对数模型，运用灰色预测和"有无对比法"研究武广高速铁路对湖南生产性服务业发展的影响，发现武广高速铁路的开通对湖南生产性服务业固定资产投资额、就业人数、服务业增加值、第三产业增加值的增长都有不同程度的贡献，并且随着高速铁路开通时间的延长，贡献不断增加。刘勇政和李岩（2017）研究了 2000～2013 年高速铁路开通对全国 280 个地级市经济增长的影响，发现高速铁路的开通不仅带来本地的经济增长，同时也促进相邻城市的经济增长，开通高速铁路的城市的经济增长速度高于未开通的城市。此外，高速铁路建设促进了城镇化及产业结构调整。

Zheng 和 Kahn（2013）的研究表明，高速铁路的开通将有助于我国各

城市之间的市场一体化，使部分选择在高速铁路沿线城市居住的居民，有可能在无须支付高昂的房屋租金和各种社会成本的情况之下，享受城市集聚效应带来的收益，有效促进了二、三线城市的发展。同时高速铁路可为家庭和企业提供更多可供选择的定居或入驻城市，从而有助于保护城市居民的生活质量。黄张凯等（2016）从 IPO 定价效率角度讨论了地理位置和高速铁路的修建对经济运行效率的影响，认为高速铁路带来的信息沟通便利弥补了地理位置对 IPO 定价的影响，提高了资本市场定价效率。龙玉等（2017）的研究发现，由于交通条件改善降低了投资人和创业者之间的信息不对称程度，高速铁路通车后，与非高速铁路城市比较，风险投资对高速铁路城市的新增投资显著增加。与此同时，高速铁路还扩大了风险投资中心城市的投资辐射范围。杜兴强和彭妙薇（2017）考察了高速铁路的开通对企业高级人才流动的影响，发现高速铁路的开通能够增加企业的数量和规模，并显著增加城市对高级人才的吸引力，有利于为中部和西部地区输送人才。

李松梁和张敬石（2017）发现，以高速铁路线路网建设为代表的基础设施完善程度已成为考察房地产市场发展的重要指标。2015 年下半年以来，房价上涨的二线城市基本为我国重要的区域性高速铁路枢纽城市。高速铁路作为中间变量，主要通过影响人口流入、产业转移、土地成本、物流成本等影响房价变动。Andersson 等（2010）研究表明，台湾地区开通高速铁路使旅客可以在不到一个小时的时间从台南到达台中，意味着通勤的空间范围扩大。但作者利用住宅市场的特征价格函数估算高速铁路可达性的特征价格时发现，高速铁路可达性对房价的影响很小。于涛等（2012）从出行的交通方式、频率、需求、时空分布及空间感知等方面分析高速铁路影响下的京津出行行为变化，结果显示高速铁路的开通扩大了人们的生活范围，并且使越来越多的人能够接受职住分离这种新的就业生活方式。

高速铁路的开通使航空旅行有了重要的替代方式，将众多城市连接在一起，从而形成一个整体经济走廊或一个扩张的功能区域（张楠楠、徐逸伦，2005）。丁金学等（2013）以京沪高速铁路沿途区域为例，通过对比

高速铁路与航空的经济效益、速度效益、舒适性效益、便捷性效益和综合效益发现，航空只对航线起讫点城市的发展产生积极影响，而高速铁路的影响要广泛得多，所有沿线设站城市均会因高速铁路的开通而受益，尤其是中小城市。此外，高速铁路与民航竞争的结果会导致空间结构发生改变，继而改变区域发展优势，最终促使区域发展更均衡。Rus 和 Inglada（1997）指出，高速铁路的出现使铁路能够在中距离模式下与公路和航空运输竞争。

Yan 等（2014）构建了标准需求模型，研究发现武广高速铁路有利于广东及湖南两地增加旅游收入，对湖北省旅游收入的影响则有限。Chen 和 Haynes（2015a）分析了高速铁路对我国入境旅客数量的影响，利用高速铁路哑元变量及高速铁路站数目，研究了 1997～2012 年来自 21 个国家的旅客数量是否受高速铁路开通及站点增加影响，结果显示高速铁路的开通对入境旅客数量有正面影响。Yu（2016）利用双重差分法及 2005～2013 年的面板数据，分析 2009 年开通的武广高速铁路对旅游经济带来的影响。在比较控制组和实验组在高速铁路开通前后所发生的变化后，发现有高速铁路连接的城市（实验组）在旅游收入及旅客人数上均出现明显上升趋势。总结上述对我国高速铁路的研究，交通基础设施建设（如高速铁路的开通）能够推动旅游业发展，刺激旅客数量增加。Gao 等（2019）指出高速铁路对旅游业的影响存在地区异质性，开通高速铁路使欠发达的中西部地区比东部地区吸引了更多游客，一些具有独特旅游资源的城市获得了更多旅游收入。

在高速铁路对我国旅游业空间分布的影响方面，Wen 和 Sinha（2009）在未考虑高速铁路的因素下，指出我国入境旅客分布存在空间差异并集中于沿海地区。随着我国旅游业的整体发展，空间差异开始慢慢减少并出现收敛。同样，在未考虑高速铁路的因素下，Yang 和 Wong（2013）发现我国旅游业在国内及入境旅客的空间分布上存在自相关的情形。旅客主要集中在特定区域（如 1999 年及 2006 年入境旅客集中在京津、长三角、福建沿岸及珠三角地区；2002 年及 2006 年国内旅客集中在上述四个地区及成都地区），旅客分布情况亦比较稳定。Wang 等（2012）指出高速铁路将促

使我国旅游市场做出重新分布及转型，竞争规模将扩大并同时出现旅游中心再分配的情况，即原来的旅游中心在高速铁路开通后可能会失去一定的竞争力。汪德根（2013）的研究显示高速铁路的开通延长了旅客市场的半径，使辐射范围扩大。同一时间高速铁路的开通使近程旅客所占比例下降，但远程旅客的比例上升。此外，高速铁路有利于提高旅游目的地对旅客的吸引力，特别是对距离较远旅客的吸引力。Wang 等（2014）对京沪高速铁路的研究指出高速铁路将带来"空间压缩效应"，大幅度减少旅客来源地与目的地的时间及空间距离，给区域旅游的交通选择带来重大影响，区域旅游资源的时间及空间分布将出现重大变化。汪德根等（2015）指出高速铁路开通前目的地和旅客来源地之间的距离是选择旅游目的地的重要影响因素，能够阻碍出游。高速铁路开通之后目的地和旅客来源地之间距离的影响将变小，而交通网络密度、旅游景点吸引力和旅游服务接待能力成为重要的影响因素。

由于我国大规模高速铁路的建设时间不长，基于有限的观测数据，有部分研究认为，从短期来看，尚未观察到高速铁路对经济增长的促进作用（王垚、年猛，2014）。新经济地理学认为区域间交通基础设施的改善在促进经济增长的同时，也会重塑经济要素在空间上的分布，高速铁路的开通可能会使沿途非区域中心城市的经济增长率降低，产生要素向大城市集聚的高速铁路"虹吸效应"（张克中、陶东杰，2016）。董艳梅和朱英明（2016b）发现高速铁路建设提升了我国东中部大型城市的就业水平，通过提升企业生产率对工资和经济增长均起到了促进作用，但对中西部中小型高速铁路城市的经济增长起到了抑制作用。由于高速铁路并不会在途经的所有地区开设站点，Qin（2017）的研究发现虽然高速铁路的发展提高了大城市之间旅客的出行便利性，但会使高速铁路不经停的县的经济产出和固定资产投资下降，进而重塑地区之间的经济地理关系。

Ke 等（2017）经评估发现，不同的高速铁路线在不同地区的作用不同，具有积极影响的高速铁路线只集中在东部沿海地区。卞元超等（2018）研究发现，高速铁路的开通通过促进劳动力等要素流动使得区域经济差距不断扩大，产生极化效应。鲁万波和贾婧（2018）认为高速铁路

对沿线站点城市不同分位点下经济发展的影响不同，高速铁路促进大型城市城乡收入差距的收敛，却拉大了中小型城市的城乡收入差距。

第五节　拟做贡献

上述文献综述首先详细梳理了关于中国经济增长及趋同（发散）发展的研究，其中大部分文献论证了中国地区间经济发展差距呈现扩大的趋势，一些文献表明中国经济增长出现了趋同现象，有文章指出中国经济增长在不同阶段表现出不同的发展趋势。然而，现有文献中讨论到的发散效应，很可能是出现在局部地区或某一个时段。在中国，当高速铁路从经济发达的东部地区向经济相对落后的中西部地区延伸以后，全国各大区域之间的趋同发展就可能成为一种必然趋势。

产生于局部或某一时段的发散现象，不能作为全面评价高速铁路建设对经济增长趋同作用的判断或结论。也许在区域城市化的初期阶段，城乡差距可能拉大，大、中、小城市的发展差距也可能拉大，但是到了城市化发展的中后期，这种现象就可能发生逆转，中心（大）城市的技术向中小城市加速转移，并推动后者的劳动生产率加速提升，从而形成一个整体趋同的发展格局。中国中长期"八纵八横"高速铁路网络的建设规划和实施，在很大程度上就是为了促进大区域之间、区域内部大中小城市之间的趋同发展。

本书没有针对微观区域的趋同或发散现象，而是从全国宏观层面考察高速铁路是否会促进全国城市的整体经济增长，也考察在全国经济增长的过程中，城市之间是否因为高速铁路的出现而产生一种趋同（或更加趋同）的经济增长态势。从这两个维度验证两个理论假设：①高速铁路建设促进城市经济发展；②高速铁路运行促进区域经济均衡发展。这类研究可以填补中国高速铁路经济发展研究的理论及实证空白。

现有关于中国区域经济增长的实证研究，大多采用全国省一级的面板数据，本书将利用全国地级及以上城市的面板数据，构建一个各地城市你追我赶、区域均衡增长的实证模型。

大量实证研究讨论了基础设施、交通基础设施、铁路及高速铁路对经济发展的影响。基础设施特别是交通基础设施对地区协调发展、全要素生产率提升、资本存量增长、企业发展、房价增长、旅游业发展和贸易发展都有正向影响。铁路发展能够促进地区经济增长和企业成本减少，还会引起房价的变化。更进一步，高速铁路的开通和发展深刻改变了地区间的经济地理关系，有利于区域经济一体化、生产效率提高、人口与就业分布趋于合理、旅游业发展、产业结构转型升级以及减轻其他交通方式的压力。但是，高速铁路的发展也可能带来虹吸效应和极化效应等消极影响。

在现有的文献中，很少把高速铁路作为一个提高交通效率的变量，并将其植入动态的内生经济增长模型中去研究区域经济增长和趋同发展的重要因素。本书将城市间高速铁路和传统铁路的运行时间作为影响城市间交通效率的变量，并考虑这个变量对传统交通基础设施的外部性，同时假设这些变量能够帮助打破发达地区与欠发达地区之间经济增长溢出的障碍，因而弱化甚至消除区域经济增长的差异性，推动中国区域经济均衡发展，为发达地区拉动落后地区共同跨越"中等收入陷阱"创造必要的前提条件。

前人在研究高速铁路作用时主要集中在可达性提高带来的同城效应或重要城市极化发展等方面，对高速铁路影响经济的传导机制的深入研究目前还比较少。本书从物质资本、人力资本、环境、绿色全要素生产率、房价、贸易开放六大方面，深入系统地探究高速铁路对经济增长及收敛的影响因素和传导机制，不仅丰富了高速铁路经济学的研究，还增进了对高速铁路效应作用机制的理解。

第三章

中国高速铁路发展

第一节　中国高速铁路的开通及飞速发展

中国的铁路建设从清末开始。到 1980 年，铁路运营总里程长达 5 万公里，形成了基本的国家铁路网。但由于现代化水平低，列车运行速度缓慢，铁路系统的运输能力及速度成为严重制约中国经济发展的瓶颈。2003年，铁道部提出推进"中国铁路跨越式发展"的中长期发展战略，旨在扩展现代化的铁路系统，以满足国民经济快速增长对铁路运输的需求。

2004 年国务院颁布了我国铁路史上具有里程碑意义的《中长期铁路网规划》，2008 年 10 月对其进行了修编及调整。规划提出，我国高速铁路发展以"四纵四横"为重点，加快构建快速客运网的主骨架。"四纵"分别为：京港客运专线，北京—武汉—广州—深圳（香港），连接华北、华中和华南地区；京沪客运专线，北京—上海（包括蚌埠—合肥、南京—杭州客运专线），连接环渤海和长三角东部沿海地区；京哈客运专线，北京—沈阳—哈尔滨（大连），连接东北和关内地区；杭福深客运专线，上海—杭州—宁波—福州—深圳，连接长三角、东南沿海、珠三角地区。"四横"分别为：徐兰客运专线，徐州—郑州—兰州，连接西北和华东地区；沪昆客运专线，上海—杭州—南昌—长沙—昆明，连接华中、华东和西南地区；青太客运专线，青岛—石家庄—太原，连接华北和华东地区；沪汉蓉客运专线，上海—南京—武汉—重庆—成都，连接西南和华东地区。从最

初设计到施工，对之前在高速铁路方面是空白的中国来说，经历了非常艰苦的一段过程。

2008 年 8 月 1 日，中国第一条具有完全自主知识产权、世界一流水平的高速铁路京津城际铁路通车运营。全长 120 公里，建造费用 215 亿元，设计最高时速为 350 公里。京津城际铁路自主设计开发了全新的客运服务系统，首次在铁路实现了客运生产组织自动化，有效提高了服务质量与客运生产组织效率。它拉近了北京、天津两个特大型城市的距离，深刻改变了两地人民的工作和生活观念，推动了交通运输方式的巨大变革。每隔 3 分钟就有一趟列车发出，北京、天津之间只需半小时即可到达。京津城际铁路开始运行的第一个月，天津零售业销售额达到 170 亿元，较上年同期增长 25%；旅游业收入增加 35%，90% 的旅游团来自北京。两地人民在居住、工作、上学甚至娱乐等方方面面都有了更多的选择，可以充分共享两地的文化和物质资源。北京、天津由于高速铁路实现了同城效应。截至 2018 年 8 月 1 日，京津城际铁路开通 10 周年，累计运送旅客 2.5 亿人次，减少二氧化碳排放 168.5 万吨。10 年来，按照"先进、成熟、经济、适用、可靠"的技术方针，我国系统掌握了集设计施工、装备制造、车辆控制、系统集成、运营管理于一体的高速铁路成套技术，显然已站在了世界前沿。从 2018 年 8 月 14 日起，这条繁忙铁路线上运行的列车全部更换为更先进、更舒适的"复兴号"中国标准动车组列车，时速提至 350 公里，全程运行时间进一步缩短。

2009 年 12 月 26 日，武广高速铁路开通，途径咸宁、长沙、衡阳、韶关等城市。铁路全长 1069 公里，建设成本 1166 亿元，最高时速 394 公里。从武汉到广州的旅行时间由 11 小时缩短到 3 小时 16 分钟，从长沙到广州的旅行时间由 8 小时缩短至 2 小时。武广高速铁路的开通，加快了湖北、湖南两省融入珠三角的步伐，有利于大区域经济发展。为满足日益增长的客运需求，武广高速铁路一年间进行了多次调整，开行密度不断增加，从开通初期日开 56 列动车组，调整到 2010 年春运日开 66 列，从 7 月 1 日起日开 126 列，再到 9 月 20 日日开最高达 160 列，广州至武汉区间平均每 15 分钟发车一趟，旅客购票、出行基本实现"公交化"。

2010 年，江苏、浙江、河南、湖北、湖南、广东、陕西、北京、天津和上海等地 25 个城市通过高速铁路相连。郑西高速铁路、沪宁高速铁路、沪杭高速铁路陆续开通运行，大大缩短了中国各大城市之间的旅行时间。郑西高速铁路是国家高速铁路网"四纵四横"之其中"一横"——"徐兰客运专线"最先开工建成通车的一段。全长 505 公里，设计时速 350 公里，是世界上首条修建在大面积湿陷性黄土地区的高速铁路。郑西高速铁路的通车运营，使郑州至西安列车的直达时间由 6 个多小时缩短至 2 小时以内。沪宁城际铁路是连接上海与江苏南京的城际铁路，运行最高时速 350 公里。2014 年"五一"小长假期间，沪宁城际铁路每天发送旅客 40 多万人次，是中国首条单日发送旅客总量超 40 万人次的高速铁路线路。沪宁城际铁路贯穿中国城市群最密集、生产力最发达、经济增长最强劲、发展最具活力的长三角核心区域，使上海、南京、苏州、无锡、常州、镇江等城市形成同城效应，成为助推长三角现代化建设的强大引擎。沪杭高速铁路是沪昆高速铁路中的上海到杭州段。2010 年 9 月 28 日，在沪杭段运行试验中，拥有自主知识产权的"和谐号"CRH308A 新一代高速列车动车组，最高时速达 416.6 公里，创世界运营铁路运行试验最高速度。沪杭高速铁路缩短的不仅是旅程时间，更是心理距离，长三角城市的概念可能扩充为"城市圈"，不管是买房、置业、求学还是旅游，人们的考虑与选择范围更大了。

2011 年，河北省、安徽省和山东省第一次开通了高速铁路。6 月 30 日，作为中国高速铁路典范的京沪高速铁路开始运行，总长 1318 公里，是当时世界上一次建成里程最长、标准最高的高速铁路。中国两个最大的城市和经济增长中心——上海和北京之间的旅行时间减少到 4 小时 48 分钟，而航空旅行的时间为 2 小时 15 分钟。考虑到乘车到机场的行驶时间和登机时间，就北京与上海之间的旅行时间而言，高速铁路已成为航空旅行非常现实的替代方式。京沪高速铁路全线共设 24 个车站，由北向南途径廊坊、天津、济南、徐州、南京、镇江、无锡、苏州等重要城市，所经区域是中国社会经济发展活跃的地区之一，也是中国客货运输繁忙、增长潜力巨大的区域。京沪高速铁路的工程技术、质量和管理等都达到了世界先进水

平，支撑了中国高速铁路的快速发展。

中国铁路设计集团有限公司的档案馆里，关于京沪高速铁路的设计资料有 2533 卷、4750 册，设计图纸 6.7 万余张，仅初步设计总说明书就有 400 多页，共计 40 多万字①。这些资料见证和记录着京沪高速铁路的诞生和成长，设计人员和工程人员在挑战中一点点填补着中国高速铁路的空白。根据中国铁路公司官方网站公布的数据，京沪高速铁路在开通运营半年内客运量为 2415 万人次。2015 年，客运量突破 1.3 亿人次，净利润为 66 亿元。"京沪高速铁路工程"项目荣获国家科技进步特等奖。据新华社发布的数据，截至 2018 年 6 月，京沪高速铁路累计开行列车 76.7 万趟，年均增长 21.3%；累计运送旅客突破 8.25 亿人次，年均增长 24.6%。2018 年 2 月 12 日，创日发送动车 532 列的历史新高；5 月 1 日，创造了 66.9 万人次的单日旅客发送量最高纪录。截至 2020 年 1 月 16 日，京沪高速铁路已经开通运行 8 周年，共发送旅客 11 亿人次。同日，京沪高速铁路股份有限公司在上海证券交易所主板挂牌上市，这是中国高速铁路第一家上市的公司。

2012 年 12 月 1 日，哈大高速铁路正式开通运营。它北起黑龙江省哈尔滨市，南抵辽宁省大连市，线路纵贯东北三省，途径 3 个省会城市（哈尔滨、长春、沈阳）、1 个计划单列市（大连）和 6 个地级市（营口、鞍山、辽阳、铁岭、四平、松原）及其所辖区县。全长 921 公里，设计时速 350 公里、营运时速 300 公里，沿途共设 23 个车站。从哈尔滨到大连仅需 3 小时。由于哈大高速铁路途径我国最寒冷的地区，在设计过程中开展了一系列防冻抗寒的课题研究。哈大高速铁路在建设和改造火车站时充分考虑了东北的地域气候特点，加强保温节能措施，减小玻璃幕墙的使用面积，增加石材墙体的比例，更为重要的是，8 座大型客站均以综合交通枢纽的定位建设，在设计中就已经纳入和预留了为旅客服务的地铁、公共交通等市政设施，旨在为旅客提供方便快捷的换乘条件。

2012 年 12 月 26 日，京广高速铁路全线开通，总里程 2298 公里，共

---

① 数据来源于网易新闻。

设 37 个车站，途径石家庄、郑州、武汉、长沙等重要城市，设计最高时速 350 公里，是中国《中长期铁路网规划》中"八纵八横"高速铁路网中的重要"一纵"，呈南北走向，被誉为世界上运营里程最长的高速铁路。这条高速铁路线是中国高速铁路发展的里程碑，它成为连接三个重要城市群（京津冀、华中、珠三角）的主要交通干线，这三个城市群所拥有人口占全国人口的近 1/3。从北京到广州的旅行时间由 20 小时缩短至不到 8 小时，连接 48 个城市，包括 5 个省和北京。京广高速铁路的辐射带动作用极强，将环渤海经济圈、中原城市群、关中城市群、武汉城市圈、长株潭城市群、长三角经济圈、珠三角经济圈等经济区紧密联系在一起，有效降低时间成本，给人员流动带来极大便利，对促进区域经济社会协调发展有巨大作用。京广高速铁路运营第一年发送旅客 9500 多万人次，从珠三角到武汉、长沙、郑州、石家庄、北京的游客比开通前增长 20% 以上。此外，京广高速铁路与京哈高速铁路相连，旅客可以从广州乘高速铁路到哈尔滨，总长 3500 公里，连接 9 个省份。这条高速铁路的修建面临重重难关，如经过黄龙寺隧道，地势险峻，诸多地段有落石风险，施工团队经过了艰苦卓绝的工程才建成这条高速铁路。随着京广高速铁路全线通车，我国高速铁路的"四纵"主骨架建成。

2013 年，全国新增 28 个高速铁路城市。7 月 1 日，宁杭高速铁路、杭甬高速铁路正式开通运营。宁杭高速铁路开通以后，杭州东至南京南之间的最快运行时间为 70 分钟，比原来缩短近一半。杭甬高速铁路开通后，杭州到宁波最快 40 分钟。宁杭高速铁路和杭甬高速铁路的开通运营标志着长三角地区的高速铁路网络初步形成，对于促进沿线城市经济社会发展、加快长三角地区城镇化和一体化步伐具有重要意义。12 月 1 日，津秦高速铁路正式开通运营，实现天津至秦皇岛近 1 小时通达。东可连接京哈线、哈大线，西可连接京津城际铁路，南接京沪高速铁路，形成贯通东北、华北、华东地区的一条快速客运通道。12 月 28 日，徐兰客运专线的西安—宝鸡段正式通车，宝鸡进入西安一小时经济圈，宝鸡到北京的最快铁路旅行时间由 14 小时 36 分钟压缩至 6 小时 55 分钟。这段高速铁路的开通，对提升东西通道能力、完善路网结构、强化路网主骨架建设、实现铁路跨越

式发展具有重要的意义和作用。

由于高速铁路的发展，从一些城市到最近的经济增长中心的旅行时间大大减少，使经济增长可以从经济中心溢出到更广阔的地理空间。例如，从地理角度来说，从西安到北京的距离要比到广州的距离短得多。2011 年之前，从西安到北京或广州都只有快车，到北京需要 11 小时 18 分。2012 年，西安至广州的高速铁路建成后，从西安到广州的旅行时间缩短为 8 小时 49 分钟，比去北京的时间更短，大家在选择出游地点时可能更倾向于能更快到达的广州。从西安到北京的高速铁路在 2013 年开始运行。从那时起，从西安到北京变为只需 5 小时 27 分钟。河南省许昌、漯河和信阳也出现类似情况。可以看出，提高列车运行速度和缩短旅行时间极大地改变了距离因素的影响，就经济溢出而言，使距离因素由固定的成为可变的。

2014 年，全国又有 24 个城市新开通高速铁路。大西高速铁路太原—西安段、武九高速铁路武汉—黄石段、沪昆高速铁路杭州—长沙段、沪昆高速铁路长沙—新晃段陆续开通。6 月 29 日，成绵乐高速铁路开通运营。这是西南地区首条客运专线，起于成都，向北经广汉、德阳、绵阳抵江油，与西成高速铁路相接可达西安。12 月 26 日，贵广高速铁路开通运营，全长 857 公里，是中国穿越喀斯特地貌最长的高速铁路。从贵阳到广州的旅行时间由 22 小时缩减至不到 5 小时。它是西南地区最便捷的出海大通道，是连接"一带一路"和实现珠江—西江经济带、中孟缅印经济走廊"互联互通"的高速通道，跨贵州、广西、广东三省区，大大缩短了西南地区与珠三角地区间的时空距离。2014 年，中国高速铁路网络的规模创下了新纪录。根据国际铁路联盟统计，中国高速铁路运行里程达到 16456 公里，占全球高速铁路总里程的 64%。同年，高速铁路客运量达到 8 亿人次，占全球高速铁路客运量总数的一半以上。

高速铁路列车上的变流器，相当于高速铁路的大脑，而变流器的核心是 IGBT 芯片。以前中国使用的 GBT 芯片全依赖进口，当时核心的制造技术仅掌握在美国和德国等少数几个国家手中，价格完全由卖方说了算，一片 IGBT 的价格折合人民币 1.5 万元，而且只卖成品，这样的技术是用多少钱都无法买到的。2014 年 6 月，经过 6 年的不懈努力，由我国自主研制

的具有完全知识产权的 8 英寸 IGBT 芯片成功下线，高速铁路拥有了第一颗"中国芯"。2015 年，由我国自主研发的 IGBT 变流器首次出口海外市场，获得了印度 100 辆机车的订单。中国 IGBT 芯片用不到 10 年的时间走完了国际巨头们 30 年的路，打破了发达国家的垄断局面。

截至 2015 年 10 月，全国共有 135 个城市开通了高速铁路。6 月 28 日，合福高速铁路正式开通，全程 852 公里，是沟通华中与华南地区的一条大能力客运通道，也是继京津、武广、郑西高速铁路之后，设计时速 300 公里的又一条双线电气化高速铁路。从合肥到福州的旅行时间从 8.5 小时缩短至 4 小时。通过合蚌高速铁路和京沪高速铁路，合福高速铁路可以直接连接北京。从福州到北京的旅行时间从 13 小时缩短至 7 小时。2015 年 12 月 26 日，成渝高速铁路开始运营。它是西南地区第一条时速达 300 公里的高速铁路线，在成渝之间构建起 1 小时快速交通圈，大大提高了在成都和重庆之间运输旅客的能力，充分发挥成都、重庆的辐射作用，带动沿线城市发展。成渝高速铁路的开通对西南地区乃至整个西部地区的发展都具有重要的战略意义。

2016 年，12 条高速铁路线开始建设，总里程为 3158 公里，总投资 5000 亿元。9 月 10 日，郑徐高速铁路开通运营，是徐兰客运专线东段的组成部分。郑徐高速铁路途经河南、安徽、江苏 3 个省份，全长 362 公里。郑徐高速铁路全程 70% 以上为高架桥，它连接了中国中部、东部两大高速铁路干线——京广高速铁路和京沪高速铁路。在徐州与京沪高速铁路共用徐州东站，从上海往郑州方向发出的高速铁路动车将比现有动车组节省一半时间。郑州、济南、南京、上海等大城市之间实现了 4 小时直达。从郑州到徐州的运行时间最短仅需 1 小时 30 分钟。郑州东站的枢纽区位优势越发凸显，在郑徐高速铁路开通前，该站日均发送旅客 3.5 万人次，目前日均发送旅客 6.2 万人次。中原经济区、东陇海地区与长三角经济区的联系得到极大加强。据《河南日报》报道，截至 2017 年 9 月 10 日，郑徐高速铁路一年累计发送旅客 395 万人次。

2016 年 12 月 28 日，沪昆高速铁路贵昆段开通运营，标志着沪昆高速铁路全线正式通车。列车从贵阳北出发，途经贵定、凯里、镇远、铜仁，

一路穿山过桥，运行时速一直保持在将近 300 公里。正式运营后，从贵阳到上海的运行时间压缩到 8 小时左右，从贵阳到北京的运行时间也压缩到 12 小时左右。从湖南怀化新晃西站到贵阳北站，全长虽然只有 286 公里，但从海拔不足 300 米跃升到 1400 多米，创下了我国高速铁路建设的新纪录。沪昆高速铁路是中国东西线路里程最长、速度等级最高、途径省份最多的高速铁路，包括上海、浙江、江西、湖南、贵州、云南。沪昆高速铁路连接了长江上游、中游、下游的经济圈，大大缩短了西南地区与华南、华东和中南地区的时空距离，对促进区域经济社会发展尤其是西南地区的经济社会发展有非常重要的意义。沪昆高速铁路穿越秦巴、武陵、六盘水山区等贫困地区，带动大山深处的百姓走出山区，寻求新发展。沪昆高速铁路浙江段的金华江特大桥集大跨、深水于一体，施工难度大，技术含量高，是同期国内在建高速铁路中跨度最长、连续跨数最多的连续梁，温度跨度[①] 378 米，为同期国内 CRTS Ⅱ 型板式无砟轨道温度跨度之最。2018 年被评为 2016~2017 年度"中国建设工程鲁班奖"，即全国建筑行业工程质量的最高荣誉。

2012~2016 年的 5 年间，我国中西部高速铁路营业里程从 0.3 万公里增加到 1.3 万公里，增加了 3 倍多。2016 年，中国高速铁路旅客发送量超 14.7 亿人次，从不足铁路旅客发送总量的 1/3 跃升为一半多，达到 52.3%，平均每天有 403 万名旅客乘坐高速铁路出行。从跨越大江大河到穿越山谷溶洞，从有砟到无砟，从有缝钢轨到无缝钢轨，从追求建设完美到兼顾生态及文物保护，中国已经积累了寒带、热带、大风、沙漠、冻土等不同气候和地质条件下高速铁路建设的丰富经验，能提供针对各种难题的、覆盖各种速度等级的、从勘察设计到建设运营的全产业链服务，是当之无愧的高速铁路建设强国。支撑如此大规模运输量的关键，是中国铁路令人惊叹的自主创新实力。

---

① 温度跨度系指桥跨结构受温度升降的影响而伸缩的区段长度，等于由一孔钢梁的固定支座至相邻钢梁固定支座或桥台挡砟墙间的距离。

第二节　中国向"八纵八横"高速铁路网时代迈进

2016年6月，国家发改委、交通运输部、中国铁路总公司修订了《中长期铁路网规划》，制定了目标，即到2020年，铁路网规模达到15万公里，其中高速铁路3万公里（注：2019年底，中国高速铁路总里程已经长达3.5万公里，大大超过3年以前的规划里程），覆盖80%以上的大城市，为完成"十三五"规划任务、实现全面建成小康社会目标提供有力支撑，同时勾画了新时期"八纵八横"高速铁路网的宏大蓝图。"八纵"通道包括如下八条。第一，沿海通道。大连（丹东）—秦皇岛—天津—东营—潍坊—青岛（烟台）—连云港—盐城—南通—上海—宁波—福州—厦门—深圳—湛江—北海（防城港）高速铁路（其中青岛至盐城段利用青连、连盐铁路，南通至上海段利用沪通铁路），连接东部沿海地区，贯通京津冀、辽中南、山东半岛、东陇海、长三角、海峡西岸、珠三角、北部湾等城市群。第二，京沪通道。北京—天津—济南—南京—上海（杭州）高速铁路，包括南京—杭州、蚌埠—合肥—杭州高速铁路，同时通过北京—天津—东营—潍坊—临沂—淮安—扬州—南通—上海高速铁路，连接华北、华东地区，贯通京津冀、长三角等城市群。第三，京港（台）通道。北京—衡水—菏泽—商丘—阜阳—合肥（黄冈）—九江—南昌—赣州—深圳—香港（九龙）高速铁路，另一支线为合肥—福州—台北高速铁路，包括南昌—福州（莆田）铁路。连接华北、华中、华东、华南地区，贯通京津冀、长江中游、海峡西岸、珠三角等城市群。第四，京哈—京港澳通道。哈尔滨—长春—沈阳—北京—石家庄—郑州—武汉—长沙—广州—深圳—香港高速铁路，包括广州—珠海—澳门高速铁路。连接东北、华北、华中、华南、港澳地区，贯通哈长、辽中南、京津冀、中原、长江中游、珠三角等城市群。第五，呼南通道。呼和浩特—大同—太原—郑州—襄阳—常德—益阳—邵阳—永州—桂林—南宁高速铁路。连接华北、中原、华中、华南地区，贯通呼包鄂榆、山西中部、中原、长江中游、北部湾等城市群。第六，京昆通道。北京—石家庄—太原—西安—成都（重庆）—昆

明高速铁路，包括北京—张家口—大同—太原高速铁路。连接华北、西北、西南地区，贯通京津冀、太原、关中平原、成渝、滇中等城市群。第七，包（银）海通道。包头—延安—西安—重庆—贵阳—南宁—湛江—海口（三亚）高速铁路，包括银川—西安以及海南环岛高速铁路。连接西北、西南、华南地区，贯通呼包鄂、宁夏沿黄、关中平原、成渝、黔中、北部湾等城市群。第八，兰（西）广通道。兰州（西宁）—成都（重庆）—贵阳—广州高速铁路。连接西北、西南、华南地区，贯通兰西、成渝、黔中、珠三角等城市群。

"八横"通道包括如下八条。第一，绥满通道。绥芬河—牡丹江—哈尔滨—齐齐哈尔—海拉尔—满洲里高速铁路。连接黑龙江及内蒙古东部地区。第二，京兰通道。北京—呼和浩特—银川—兰州高速铁路。连接华北、西北地区，贯通京津冀、呼包鄂、宁夏沿黄、兰西等城市群。第三，青银通道。青岛—济南—石家庄—太原—银川高速铁路（其中绥德至银川段利用太中银铁路）。连接华东、华北、西北地区，贯通山东半岛、京津冀、太原、宁夏沿黄等城市群。第四，陆桥通道。连云港—徐州—郑州—西安—兰州—西宁—乌鲁木齐高速铁路。连接华东、华中、西北地区，贯通东陇海、中原、关中平原、兰西、天山北坡等城市群。第五，沿江通道。上海—南京—合肥—武汉—重庆—成都高速铁路，包括南京—安庆—九江—武汉—宜昌—重庆、万州—达州—遂宁—成都高速铁路（其中成都至遂宁段利用达成铁路），连接华东、华中、西南地区，贯通长三角、长江中游、成渝等城市群。第六，沪昆通道。上海—杭州—南昌—长沙—贵阳—昆明高速铁路。连接华东、华中、西南地区，贯通长三角、长江中游、黔中、滇中等城市群。第七，厦渝通道。厦门—龙岩—赣州—长沙—常德—张家界—黔江—重庆高速铁路（其中厦门至赣州段利用龙厦铁路、赣龙铁路，常德至黔江段利用黔张常铁路）。连接海峡西岸、中南、西南地区，贯通海峡西岸、长江中游、成渝等城市群。第八，广昆通道。广州—南宁—昆明高速铁路。连接华南、西南地区，贯通珠三角、北部湾、滇中等城市群。

2017 年 7 月 9 日，宝兰高速铁路正式开通运营，全长 401 公里，运营

时速 250 公里，经过宝鸡、天水、定西、兰州等 8 个车站，主要承担甘肃、青海、新疆对外直通客流，兼顾沿线大中城市间的城际快速客流，是一条高标准、高密度、大能力的高速铁路，西北的甘肃、青海、新疆由此融入全国高速铁路大家庭。宝兰高速铁路通车后，兰州与西安之间的旅行时间由 6 小时缩短至 3 小时，兰州至北京 9 小时内可达。宝兰高速铁路的通车大大缩短了西北与东、中部地区的距离，疏通了西部发展的主动脉，形成一条"丝绸之路"上的快速铁路通道，对促进"丝绸之路经济带"建设、关中—天水经济区协同发展具有十分重要的意义，它的开通必然带动中国经济实现新的发展。无论是从地理优势、战略优势还是促进经济发展的优势来看，宝兰高速铁路都表现出无可替代的重要性。宝兰高速铁路自开通以来客流持续火爆，截至 8 月 9 日开通满月，累计发送旅客 58.5 万人次，日均近 2 万人次，"高速铁路丝路游"已经成为时下旅客出行的一大热点。宝兰高速铁路的开通标志着徐兰高速铁路全线贯通，徐兰高速铁路经过江苏、安徽、河南、陕西和甘肃 5 个省份，全长 1400 公里。徐兰高速铁路西接兰新高速铁路，中在郑州与京广高速铁路交会，东接徐连高速铁路，与京沪高速铁路交汇，是我国高速铁路的横向大动脉，对于提升陆桥通道运输能力，加强华东、华中、华北与西北各省份的联系具有重要的战略意义。

2017 年 8 月 29 日，中国航天科工公司宣布已启动时速 1000 公里的"高速飞行列车"研发项目，后续还将研制最高运行时速 2000 公里和 4000 公里的超级高速列车。2017 年 11 月，国家发改委发布《铁路"十三五"发展规划》并提出目标，到 2020 年，全国铁路营业里程达到 15 万公里，其中高速铁路 3 万公里，复线率和电气化率分别达到 60% 和 70% 左右，基本形成布局合理、覆盖广泛、层次分明、安全高效的铁路网络。截至目前，全国还有多条高速铁路线路正在建设中。例如，从商丘到杭州的商杭高速铁路、从西安到武汉的西武高速铁路、从郑州到济南的郑济高速铁路、从武汉到杭州的武杭高速铁路，预计 2020 年开通运营；从贵州到南宁的贵南高速铁路、从盐城到南通的盐通高速铁路、从北京到九龙的京九高速铁路，预计 2022 年建成通车。

2017 年底，西成高速铁路开通运营，这是 2016 年修订的《中长期铁路网规划》中"八纵八横"高速铁路网的主通道之一，拥有 11 座超过 10 公里的隧道，爬升坡度几乎接近设计极限，是中国首条穿越秦岭的高速铁路。从西安到成都，全长 658 公里。西成高速铁路的全线贯通进一步完善了中国西部的高速铁路网络，重庆、成都、西安三城之间的铁路行程被缩短到 1~5 小时。中国华北地区至西南地区又增加一条大能力、高密度的旅客运输主通道，对于加强关中—天水经济区与成渝经济区的交流合作、促进区域经济社会发展和提高人民群众的出行质量，具有十分重要的意义。

2018 年 9 月 23 日，广深港高速铁路香港段开通运营，标志着广深港高速铁路全线贯通，连接广州市、东莞市、深圳市和香港特别行政区。这意味着内地旅客可以从全国 44 个车站（包括北京、上海、昆明、桂林等地），直达香港同时也标志着内地高速铁路网延伸至香港，两地高速铁路实现互惠互通。从香港到深圳的最短运行时间为 14 分钟，到广州的最短时间为 47 分钟，到上海的运行时间为 8 小时 18 分钟，到北京的运行时间为 8 小时 58 分钟。9 月 23 日从深圳出发的首班列车车票销售火爆，发售不到 1 小时即售罄。广深港高速铁路狮子洋隧道项目建立了复合式盾构掘进技术体系，攻克了大直径盾构长距离连续穿越软土、砂层、软硬不均地层、岩石风化层、破碎带和硬岩地层的技术难题，实现了我国水下盾构隧道修建长度的大幅突破，其"大型及复杂水下隧道结构分析理论与设计关键技术"课题获得了国家科技进步二等奖。广深港高速铁路开通是内地以及香港共同的历史性时刻，不仅为两地市民带来更快、更方便的跨境交通模式，更使香港接通了 2.5 万公里的国家高速铁路网络，加强了香港与内地的交通、经贸以及人文交流，充分放大了粤港澳大湾区建设带来的协同效应。截至 2018 年底，全国铁路营业里程已达 13.1 万公里，其中高速铁路 2.9 万公里，高速铁路桥梁长度已突破 1.6 万公里[1]，均处于世界领先水平。

① 数据来源于中国高速铁路桥梁工程创新技术论坛。

2018 年 12 月 25 日，杭黄高速铁路开通运营。起自浙江省杭州市，经富阳，沿富春江南岸至桐庐后跨越富春江，经建德、淳安，向西北经安徽绩溪县至黄山北站，正线全长 287 公里。沿线穿越了大量的不良地质带、富水破碎带、极高地应力段等区域，地质条件复杂。杭黄高速铁路的开通运营结束了浙江西部不通高速铁路的历史，对改善沿线群众的出行条件、优化和完善区域快速路网布局等具有重要意义。同时，该线路将杭州、富春江、千岛湖、黄山等名城、名江、名湖、名山连接起来，有助于促进沿线旅游业开发和区域经济协调发展。

2018 年 12 月 25 日，哈牡高速铁路全线正式通车，这是中国黑龙江省境内一条连接哈尔滨市和牡丹江市的高速铁路，是中国"八纵八横"高速铁路网绥满通道的组成部分，也是黑龙江省"一轴两环一边"铁路网的组成部分。全线 293 公里，经过 39 座隧道，总投资 367 亿元。哈牡高速铁路的建成通车有利于释放哈牡铁路既有线路的运能，进一步畅通中国与俄罗斯、欧洲、日本、韩国等国家和地区的陆海连接，对于吸引人流、物流、资金流等经济要素向这一区域汇聚，承载中国国内外产业转移，构建发达的外向型产业体系，打造新的经济增长极，具有重大意义。

2018 年 12 月 26 日，济青高速铁路开通运营。列车使用复兴号 CR400AF 型电力动车组，车厢内座位前后均有 220V 标准插座，每 2 个座位间的插座中配备 USB 接口，座椅上方有阅读灯，座牌采用液晶显示；车厢内的照明有多种模式，冷暖光线可根据需要转化；空调系统针对减小车外压力波影响设计，通过隧道或列车交会时可缓解旅客耳部不适感；每个车厢实现免费 Wi-Fi 信号全覆盖。济青高速铁路是中国太青客运通道的重要组成部分，西连济南枢纽，与京沪、石济、石太等高速铁路相连；东接青岛枢纽，与青荣城际、青连铁路等衔接，构成了连接济南、青岛间多个中心城市和通达山东沿海烟台、威海和日照各中心城市的快速客运主通道，形成了山东省内的"2 小时交通圈"。济青高速铁路是中国"八纵八横"高速铁路网中青岛至银川通道的重要组成部分，为该通道最东端路段，为山东半岛新增一条高效便捷的大运力快速铁路通道，与胶济铁路、胶济客专在济南至青岛间形成"三线并行"的铁路交通运输格局；线路进

一步优化了区域高速铁路路网结构，方便沿线群众出行，对密切山东半岛与北京、上海、石家庄、太原等地的人员往来和经贸交流，促进区域经济社会发展等，具有十分重要的意义。

2018 年 12 月 29 日，新通高速铁路开通，自京沈高速铁路的新民北站引出，途经彰武、甘旗卡，引入既有的通辽站，全长 197 公里，是内蒙古自治区第一条接入全国高速铁路网的高速铁路，也是内蒙古东部地区到沈阳、北京及关内最便捷的快速客运通道。从通辽到沈阳的运行时间由 5 小时缩短至 1.5 小时，从通辽到北京的运行时间由 14 小时缩短至 3.5 小时。对加强内蒙古东部地区与环渤海地区经济社会交流，推进内蒙古东部地区和东北三省、京津冀地区协调发展起到积极作用。

2019 年 5 月 6 日，国内跨京沪高速铁路转体角度最大、吨位最重的转体梁——鲁南高速铁路高上 1 号特大桥转体梁在曲阜市鲁南高速铁路施工现场成功完成转体，鲁南高速铁路与京沪高速铁路实现互通。5 月 23 日，我国时速 600 公里的高速磁悬浮试验样车在青岛下线。这标志着我国在高速磁悬浮技术领域实现重大突破，对于完善我国立体高速客运交通网具有重大的技术和经济意义。经过近 3 年的技术攻关，高速磁悬浮交通系统课题团队成功突破了关键核心技术，自主掌握了高速磁悬浮设计、制造、调试和试验评估方法，形成了我国高速磁悬浮产业化能力。

2019 年全国开通多条高速铁路，10 月 11 日，梅汕高速铁路竣工运营。北起梅州，南至潮汕，全长 122 公里。梅汕高速铁路的开通运营，标志着梅州正式融入了全国高速铁路网络，进一步优化了广东省"外联内畅"的立体交通网络，促进了梅州加快融入粤港澳大湾区的"生活圈""经济圈"，吸引人流、物流、资金流、信息流的集聚，助力梅州、潮汕地区经济社会高质量发展。

2019 年 11 月 29 日，汉十高速铁路开通，全长 399 公里。这条武汉到十堰的双线高速铁路是京广高速铁路与沪汉蓉高速铁路的对接点，是武汉至西安高速铁路的重要组成部分，不仅是湖北省内连通武汉、襄阳、十堰的重要区域性快速铁路，也将是沟通华中与西北地区、东南沿海的国家战略大通道。崔家营汉江特大桥是汉十高速铁路跨越汉江的关键控制性工

程，全长 13013 米。这座大桥需跨越襄阳城区的饮用水源区，兼顾水质保护、通航行洪需求，建成后将成为世界上最大跨度连续钢构拱桥。

2019 年 12 月 1 日开通了多条高速铁路。首先，郑渝高速铁路郑襄段正式开通运营，最高运行时速为 310 公里。从郑州引出，向西南经许昌市、平顶山市、南阳市，进入湖北省境内终到襄阳市。豫西南地区将正式进入高速铁路时代，南阳、平顶山两座城市将结束无高速铁路通过史。郑州至重庆段也即将建成通车，将进一步完善中国西南地区的快速铁路网，极大地便利沿线群众出行，对推动三峡旅游资源开发、促进长江经济带建设具有重要意义。

其次，郑阜高速铁路也开通运营。郑阜高速铁路向东与开通运营的京港高速铁路商丘至合肥段相连，形成豫皖两省间互联互通的快速客运通道，并通过合肥连接合宁、合福高速铁路，将进一步密切我国中原地区与东南沿海地区的联系。郑阜高速铁路沿线的阜阳、周口是我国务工人员输出集中地区，也是脱贫攻坚主战场之一。郑阜高速铁路的开通，将极大地便利沿线旅客的出行，对促进区域经济社会发展、加快实现脱贫攻坚目标具有十分重要的意义。

同日，商杭高速铁路商合段开通运营。全长 400 公里，设 14 座车站，最高时速为 310 公里。商杭高速铁路是解决华东第一通道京沪铁路运输能力不足、实现繁忙干线客货分线运输的重要基础设施，是中国客运专线网的重要干线和华东地区南北向的第二客运通道，也是"华东第二通道"。对于安徽地区来说，该铁路建成后，将成为安徽省境内最长的南北通道，达 680 公里。不仅在安徽境内自南到北连成一线，同时将河南、安徽、浙江三省串联起来。

2019 年 12 月 16 日，成贵高速铁路全线建成通车。这是一条连接四川省成都市与贵州省贵阳市的高速铁路，是《中长期铁路网规划》（2016 年版）中"八纵八横"高速铁路主通道之一兰（西）广通道的重要组成部分。成贵高速铁路在极其特殊的山区场景中，发展和验证了中国高速铁路技术，涌现了多个世界级创新：铺设了中国具有完全自主知识产权的 CRTSⅢ型板式无砟轨道；"暗河改道，溶洞回填，桥梁跨越"破解了玉京

山隧道难题；建成了世界上最大跨径中承式钢混结合提篮拱桥——鸭池河双线特大桥；建成了中国国内首座分离式桥面的金沙江公铁两用特大桥；首座钢管混凝土转体拱桥——西溪河大桥，实现了双向空中转体。由于特殊的地貌和兼顾铁路周边环境保护的要求，成贵高速铁路的建设难度相当大。为了保护珍稀鱼类栖息地，在成贵高速铁路的修建中，不再使用河墩跨桥设计，除了跨越岷江、金沙江的大桥施工期有桥墩涉水外，成贵高速铁路其余跨越河段大桥桥墩均不涉水。成贵高速铁路作为四川省第一条南向快速客运铁路通道，其建成通车将形成四川省至粤港澳大湾区、北部湾经济区的高速大通道，沿途的川南宜宾、滇北昭通、黔西毕节等地区结束了没有高速铁路的历史，这对进一步缩短中国西南、西北地区与华东、华南地区的时空距离，助力区域脱贫攻坚，加快城市群建设，推动西部大开发等具有重要意义。

同日，徐盐高速铁路正式开通运营，这是一条连接江苏省徐州市与盐城市的高速铁路。徐盐高速铁路将作为江苏省构建"四纵四横"高速铁路网中横跨苏北腹地的重要"一横"，建成后将与京沪高速铁路、盐通高速铁路、连镇高速铁路相连，与连镇高速铁路形成徐宿淮扬镇铁路通道，与盐通高速铁路形成徐宿淮盐通沪通道，这些通道具有京沪高速铁路第二通道功能，减轻了京沪高速铁路最繁忙的南段的压力，也将大大缩短苏北城市居民的出行时间。徐盐高速铁路开通后，江苏北部的徐州、宿迁、淮安、盐城、连云港5个城市实现了高速铁路互联互通，这一区域正式接入全国高速铁路网。徐盐高速铁路的建成，有利于优化苏北乃至江苏省的铁路交通网络，对促进盐城、淮安、宿迁等地进入高速铁路直接辐射范围具有重要意义；建成后将缩短苏北到达南京、上海的时间，使苏北在真正意义上融入长三角经济圈，有助于推动区域城市功能重组和城市间的竞合发展，形成与核心城市的同城效应；有利于推动苏北区域的协调发展，不仅可以优化城际要素资源配置，满足区域经济及环境可持续发展的需要，而且可以进一步促进苏北、苏中、苏南优势互补、各展所长、共同发展。

2019年12月29日，银兰高速铁路银川至中卫段正式开通运营。银兰

高速铁路吴忠至中卫段位于宁夏"沿黄河经济带"重要经济发展轴上，不仅能有效缓解既有铁路运能紧张局面，同时，对于推进宁夏"五市同城化"进程、带动宁夏"沿黄河经济带"进一步发展、打造"丝绸之路经济带"支点都具有重要的作用。该工程建成后，宁夏实现高速铁路零的突破，宁夏600多万人民实现自己的"高速铁路梦"，为他们二次创业插上腾飞的翅膀，并将吴忠、中卫融入中国高速铁路网。

2019年12月30日，京张高速铁路开通，即京包客运专线京张段，全长174公里，是一条连接北京市与河北省张家口市的城际高速铁路，是《中长期铁路网规划》（2016年版）中"八纵八横"高速铁路主通道中京兰通道、京昆通道的重要组成部分，是2022年北京冬奥会的重要交通保障措施，是中国第一条采用自主研发的北斗卫星导航系统、最高设计时速350公里的智能化高速铁路，也是世界上第一条最高设计时速350公里的途经高寒、大风沙区域的高速铁路。

同日，张家口至呼和浩特的张呼高速铁路开通运营。张呼高速铁路与北京至张家口高速铁路、呼和浩特至鄂尔多斯快速客货混跑铁路等项目共同构成内蒙古中西部地区进京快速客运通道，该通道建成后，从呼和浩特、包头、鄂尔多斯至北京可实现1~2小时到达。张家口至呼和浩特的高速铁路不仅是内蒙古西部进京的快速客运通道，也是国家铁路网骨架中京包、包兰铁路通道的重要组成部分，还是西北、华北、东北"三北"地区联系的重要通道。建成通车后，可分流大量相关客流，提升既有货运通道能力，构建环渤海至内蒙古西部大能力货运通道，满足内蒙古西部地区煤炭外运的需要。此外，张呼高速铁路与京张高速铁路一起构成内蒙古西部地区进京快速客运通道，对加强内蒙古"呼包鄂经济圈"与京津冀都市圈的联系、满足区域间客流运输需求、实现区域经济社会又好又快发展具有十分重要的作用。

表3-1介绍了中国如何在仅仅11年由原有的普通铁路系统发展到如此庞大的高速铁路网络。截至2019年底，全国开通高速铁路的城市数量已增至183个，高速铁路总长度达3.5万公里。

表 3 - 1　2008 ~ 2019 年中国新建高速铁路线路

年份	新建高速铁路线路	里程（公里）	连接城市数（个）	普通列车旅行时间（分钟）	高速铁路旅行时间（分钟）
2008	京津城际铁路	118	2	146	30
2009	京广高速铁路（武汉—广州段）	1069	10	1056	221
2010	郑西高速铁路	482	5	671	108
	沪宁城际铁路	301	6	291	108
	沪杭高速铁路	147	3	202	45
2011	京沪高速铁路	1318	18	1348	258
	广深港高速铁路（广州—深圳段）	102	3	196	29
2012	京广高速铁路（郑州—武汉段）	536	7	477	103
	合蚌高速铁路	129	3	192	45
	哈大高速铁路	904	9	868	208
	京广高速铁路（北京—郑州段）	681	23	808	145
2013	杭甬高速铁路	159	3	187	49
	宁杭高速铁路	249	3	497	62
	津秦高速铁路	278	3	367	64
	盘营高速铁路	89	4	—	26
	西宝高速铁路	138	3	205	50
2014	大西高速铁路（太原—西安段）	567	6	719	175
	武石城际铁路	97	3	110	30
	沪昆高速铁路（杭州—长沙段）	933	11	830	218
	沪昆高速铁路（长沙—新晃段）	420	5	—	114
	成绵乐高速铁路	313	5	—	46
	贵广高速铁路	857	6	1261	254
2015	合福高速铁路	850	6	—	215
	沪昆高速铁路（新晃—贵阳段）	286	2	324	79
	成渝高速铁路	308	4	292	79
	宁安高速铁路	257	6	353	114
2016	郑徐高速铁路	362	4	344	90
	沪昆高速铁路（贵阳—昆明段）	475	5	653	119

年份	新建高速铁路线路	里程（公里）	连接城市数（个）	普通列车旅行时间（分钟）	高速铁路旅行时间（分钟）
2017	宝兰高速铁路	400	4	464	125
	武九高速铁路	224	5	324	75
	西成高速铁路	658	6	1102	188
2018	广深港高速铁路（香港段）	26	2	—	14
	杭黄高速铁路	287	3	206	85
	济青高速铁路	308	4	358	100
	哈牡高速铁路	293	2	379	105
	新通高速铁路	197	3	296	93
2019	梅汕高速铁路	122	3	134	40
	日兰高速铁路（日照—曲阜）	235	4	333	74
	商合杭高速铁路（商丘—合肥段）	400	5	352	135
	郑渝高速铁路（郑州—襄阳）	389	5	737	118
	郑阜高速铁路	276	5	348	111
	汉十高速铁路	399	5	446	117
	成贵高速铁路	648	6	482	193
	徐盐高速铁路	313	4	317	91
	银兰高速铁路（银川—中卫）	207	3	460	88
	京张高速铁路	174	2	204	55
	张呼高速铁路	287	3	416	80
2008~2019年		35000	183	—	—

资料来源：国家铁路局 http://www.nra.gov.cn/，中国铁路网 https://www.12306.cn/。

中国高速铁路建设创造了一个又一个辉煌纪录。2010 年，京沪高速铁路枣庄至蚌埠试验段创造了时速 485 公里的世界铁路运营第一高速。2011年，世界等级最高的高速铁路京沪高速铁路建成，它跨越海河、黄河、淮河、长江四大水系，辐射沿线 11 座人口超百万的城市。2012 年，世界第一条新建穿越高寒季节性冻土地区的高速铁路哈大高速铁路投入运营。同年，世界单条运营里程最长的高速铁路京广高速铁路全线开通。2014 年，全世界一次性建成里程最长的高速铁路兰新高速铁路全线贯通，它也是首条穿越沙漠大风区的高速铁路。2017 年，石济客运专线建成通车，标志着

中国"四纵四横"高速铁路网中的"四横"完美收官。到 2020 年底,中国客运专线网将覆盖 80% 以上的大城市,并向"八纵八横"的高速铁路网时代迈进。

第三节　中国高速铁路的特点及优势

为全面提升中国高速铁路动车组设计、软件开发、制造技术水平,打造适合中国国情、路情的高速动车组设计制造平台,实现中国高速铁路动车组自主化、标准化和系列化,促进动车组由中国制造到中国创造的跨越,由中国铁路总公司牵头组织研制出了具有完全自主知识产权、达到世界先进水平的中国标准动车组列车——"复兴号"动车组列车(CR)。2017 年 6 月 26 日,在京沪高速铁路正式双向首发。与"和谐号"动车组相比,"复兴号"动车组的安全保障技术更先进、乘坐体验更良好、Wi-Fi 网络全覆盖、感知系统更智能化、能耗和车内噪声都大大降低、寿命更长且容量更大。据中国铁路总公司公布的数据,截至 2018 年 6 月 26 日,"复兴号"动车组上线运营满 1 周年,累计发送旅客 4130 万人次。目前,全国铁路日均开行"复兴号"动车组列车 260.5 对,覆盖京沪、京广、沪昆等 25 条高速铁路线路,通达 23 个直辖市、省会城市和自治区首府。"复兴号"动车对于中国全面系统地掌握高速铁路的核心技术、加快高速铁路"走出去"具有重要战略意义。

随着"一带一路"倡议的提出和亚洲基础设施投资银行的建立,中国进一步推进与邻国的贸易往来,中国高速铁路成为中国与世界沟通的重要名片与通道。中国大力推行中国高速铁路"走出去"战略。李克强总理多次在国事访问中,大力推广中国高速铁路。2010 年 7 月,阿根廷总统到访中国期间,与中方签署金额高达 100 亿美元的多项铁道科技出口合约。2013 年 10 月,中泰签署了合作协议。11 月,与罗马尼亚宣布合作修建高速铁路。2014 年 6 月,中国南车与马其顿签署了中国高速列车出口协议。7 月,中国在海外参与修建的首条高速铁路——土耳其安卡拉到伊斯坦布尔的高速铁路通车。2015 年 4 月 22 日,习近平总书记会见了印度尼西亚

总统，签署了高速铁路建设合作协议。2015 年 11 月 25 日，李克强总理邀请中东欧 16 国的首脑共同乘坐了中国高速铁路。截至 2015 年底，全球约 50 个国家与中国铁路总公司建立了联系，20 多个国家积极拓展进一步的合作，包括美国、巴西、泰国、印度尼西亚、马来西亚、新加坡、罗马尼亚等。2017 年 6 月 20 日，中国中铁股份有限公司与俄罗斯签署了一项价值 25 亿美元的备忘录，在俄罗斯修建一条长约 200 公里的高速铁路。中国高速铁路"走出去"，不仅仅是产品、产业、技术和劳务输出，更是高端领域国际技术与产业的合作，是中国在新时期面向未来长远发展的全球布局和国家战略。

中国的区域经济协调发展，可以用"马阵跨阱"的经济发展理论来解释。所谓"马阵跨阱"，就是把中国的大型城市比作一匹匹骏马。跑在前面的城市是四大一线城市，紧跟其后的是 15 个副省级城市，第三梯队是长三角、珠三角、环渤海地区一大批中等城市。这些城市，有的已经跨过陷阱，有的正在跨过。跑在前面的骏马跨过陷阱，给其他城市带来示范效应，哪怕是在不增加新技术的情况下，依靠资本和人力资源的合理配置，就可以让这些落后的地区追赶发达地区，形成区域经济的大趋同。

最近几年，许多国家还继续受世界金融危机拖累，经济发展举步维艰。2020 年新冠肺炎疫情暴发，给世界经济包括国际供应链产生了巨大的破坏作用，给中国经济未来的发展，特别是对外贸易和跨境投资，带来了巨大的冲击和不确定性。因此，在下个阶段，只能通过中国内部的增长拉力来提升经济增长质量，并维持稳定的、中高水平的增长速度。在这个转变过程中，中国政府大力推进基础设施建设，特别是将高速铁路建设作为最重要的投资领域之一，也是促进中西部地区与东部地区经济趋同发展的重要举措（姚树洁，2018，2019）。

与其他国家不同，中国高速铁路的迅速发展得益于中国在供应和需求两个方面的特殊性，这些特殊性是其他国家很难复制的。

在供给方面，中国有如下优势和特点：①国家拥有土地所有权，有利于快速、低成本地征用高速铁路建设用地；②主要银行为国有，可以解决基础设施建设的融资问题；③在中国，基础设施建设的社会收益（社会外

部性）被作为工程评估的重要指标，而不仅仅是直接经济收益；④得益于规模效应，中国高速铁路建设在迅速发展的过程中，技术发展快、建设速度快、单位长度建设成本低、建设周期短。

在高速铁路需求方面，中国的优势更为明显。一个拥有14亿人口的国家，有3亿中产阶层的巨大消费人口，这一群体还以每年15%的速度在膨胀，这是高速铁路需求的基本保障。因为流动人口巨大，出行旅游的人口也在不断增长，对交通运输特别是高速铁路运输的需求量很大。全国最繁忙的京沪高速铁路开通8年来，客运总量已经超过11亿人次，变成中国盈利最大的高速铁路线路。实践证明，除了东部，内陆地区的高速铁路线路的乘客也是非常多的。大多数线路经常处于满载状态，这是中国能够在这么短的时间内建成"四纵四横"高速铁路网络的重要原因，也是中国全面开建"八纵八横"高速铁路网络的底气所在（姚树洁，2019）。

第四章

高速铁路与中国经济增长及趋同发展

第一节 高速铁路对经济增长及趋同发展
影响的理论分析

高速铁路的开通带来了一些前所未有的时空效应，潜在地增加了面对面交流的机会，从根本上改变了旧的经济地理格局。铁路行驶速度持续提升和行驶时间的缩短，极大地缓解了物理距离和其他地理因素在区域经济趋同发展过程中的阻碍作用，缩短了相对落后地区的追赶时间。这是因为高速铁路大大提高了旅客在大城市之间的旅行效率。然而，高速铁路对区域经济增长和收敛的影响不仅是通过缩短城市之间的出行时间和提高旅行效率来实现，还有一些其他影响。高速铁路可能在以下六个方面产生经济社会外部性。

第一，高速铁路扩展了城市经济腹地的范围。经济腹地是可以受益于经济增长中心溢出效应的国土范围，涉及人员交流、商品贸易、投资、土地及其他自然资源利用、信息流通、技术推广、管理和人文历史等可以影响经济社会发展的因素。高速铁路建设可以增加面对面交流的机会，从而扩大经济腹地的范围，促进增长趋同。

第二，高速铁路增加了城市之间的投资便利。与经济腹地相比，经济增长中心在资本、技术和人力资源方面相对丰富。根据边际资本回报递减的经济规律，经济增长中心的企业将更有动力投资于欠发达但劳动力相对

丰富的城市，以获得更高的资本回报，使后者能够逐步赶上前者的发展水平。高速铁路带来的旅行效率可以降低投资成本，提高企业决策效率，促进沿线城市投资。

第三，高速铁路扩展了工作地点和居住地之间的距离。为了平衡工作和生活，许多家庭选择在工作场所附近居住。因此，一些家庭成员被迫放弃了适合其技术和能力但办公地点离家太远的工作。通过减少通勤时间，高速铁路使乘客能够在更远的距离范围寻找合适的工作。例如，人们可以在当地经济中心工作，但住在相对远的卫星城市，其生活成本特别是住房价格大大低于经济中心。

第四，高速铁路减轻了其他交通系统的交通拥堵状况。虽然高速铁路仅用于客运，但高速铁路的运行可以减少负责货运和客运的传统铁路的压力，还可以减少对公路、水运和空运的需求压力。此外，高速铁路也可以增加不同交通工具之间的竞争，从而提高全国所有交通工具的效率。

高速铁路除了基于经济外部性和溢出效应对沿线城市的经济增长具有正面促进作用以外，也可能对途经地区的经济社会发展产生负面影响。

第五，优质要素资源向中心城市集聚的"虹吸效应"。中国城乡之间、地区之间的经济发展差距明显，在教育、医疗等公共服务领域存在很大差异。优质资源特别是高素质劳动力存在向大城市集聚的趋势。高速铁路的发展使人员流动更加便利，有可能进一步推动高素质劳动力向经济中心城市集聚，进而使高速铁路沿线中小城市的经济社会发展相对滞后。

第六，高速铁路可能重塑地区之间的经济地理关系。高速铁路并不会在途经的所有地区开设站点，历史上许多城市的兴盛依赖于交通运输业的发展，随着技术的进步，一些古代曾经繁荣的商路上的驿站、码头渐渐衰落。高速铁路在缩短大城市之间通勤时间的同时，也会使高速铁路运行列车车次偏少或不经停的沿线地区的经济产出减少，进而重塑地区之间的经济地理关系。

虽然高速铁路对经济增长和区域趋同发展有上述多方面的作用，但具

体的理论和实证模型很难对各个作用进行量化分析，我们只能考察高速铁路开通以后对经济增长和区域趋同发展的总体效应。

随着经济快速增长，人们的收入和生活水平提高，旅行的机会成本随时间而增加，因此旅行效率和时间变得越来越重要。如果到附近经济中心的距离相等，那么有高速铁路连接到经济中心的城市可以比没高速铁路的城市更快地发展。

基于上述讨论，本书将运输效率因素纳入已建立的经济增长理论模型，以检验这一因素如何促进经济增长和区域趋同发展。本书理论模型基于 Yao 和 Zhang（2001a）采用的内生经济增长模型。根据 Cobb-Douglas 生产函数，$y = Ak^\alpha e^\varepsilon$，$y$ 为劳均 GDP，A 为综合技术水平，k 为每个劳动力的资本。结合旅行效率，定义 A 为以下等式：

$$A = \begin{cases} e^{\beta_0 - \beta_1 K_{\min} - \beta_2 (K - K_{\min})^2} & K > K_{\min} \\ e^{\beta_0 - \beta_1 K} & 0 < K \leq K_{\min} \\ e^{\beta_0} & K = 0 \end{cases} \tag{4.1}$$

其中 K 表示阻碍经济中心到所研究城市经济溢出的交易成本。$K_{\min}$ 为最小成本阈值。当 $K < K_{\min}$ 时，从经济中心到该城市的溢出效应是线性的；否则，效应是非线性的。设 $K = D/S$，D 表示从该城市到经济中心的距离，S 表示运输效率，定义为乘火车从该城市到经济中心的平均速度。由此可得，$K = D/S = T$，T 为旅行时间。式（4.1）可以变形为：

$$y = Ak^\alpha e^\varepsilon, \quad A = \begin{cases} e^{\beta_0 - \beta_1 \frac{D}{S} - \beta_2 (\frac{D}{S} - T_{\min})^2} & \frac{D}{S} > T_{\min} \\ e^{\beta_0 - \beta_1 \frac{D}{S}} & 0 < \frac{D}{S} \leq T_{\min} \\ e^{\beta_0} & \frac{D}{S} = 0 \end{cases} \tag{4.2}$$

$T_{\min}$ 表示从该城市到经济中心的最小时间阈值。如果 $T < T\min$，经济中心对其影响是线性的；否则，影响是非线性的。若 $\frac{D}{S} = 0$ ，则 $A = e^{\beta_0}$；若 $0 < \frac{D}{S} \leq T_{\min}$ ，则 $A = e^{\beta_0 - \beta_1 \frac{D}{S}}$ 。一般来说，假设 T 对 y 的影响为负。

　　按照旅行时间的不同，根据与最近经济中心的距离将样本城市划分为三组。区域 C 代表经济中心，从区域 A 的城市到 C 的旅行时间小于等于 $T_{\min}$，而从区域 B 的城市到 C 的旅行时间大于 $T_{\min}$（见图 4 − 1）。

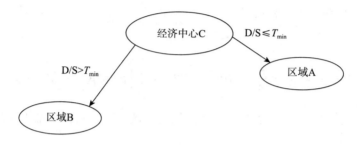

图 4 − 1　区域经济增长与其经济中心的关系

　　在式（4.2）中对 D 求偏导，可以得到每个区域由于距离产生的边际收益，表示为式（4.3）到式（4.5）。

$$MPD_C = \frac{\partial y}{\partial D} = 0 \tag{4.3}$$

$$MPD_A = \frac{\partial y}{\partial D} = -\frac{\beta_1}{S}y_A \tag{4.4}$$

$$MPD_B = \frac{\partial y}{\partial D} = -\frac{1}{S}\left[\beta_1 + 2\beta_2\left(\frac{D}{S} - T_{\min}\right)\right]y_B \tag{4.5}$$

　　y_A 和 y_B 分别是区域 A 和 B 的劳均 GDP（A 到 C 的距离比 B 到 C 近）。如果除了距离和旅行速度之外，其他生产条件保持不变，则 C 与 A、C 与 B 之间边际产出的差为：

$$\Delta MPD_{CA} = MPD_C - MPD_A = \frac{\beta_1}{S}y_A \tag{4.6}$$

$$\Delta MPD_{CB} = MPD_C - MPD_B = \frac{1}{S}\left[\beta_1 + 2\beta_2\left(\frac{D}{S} - T_{\min}\right)\right]y_B \tag{4.7}$$

　　由于距离效应，如果其他因素不变，区域 C 的经济增长速度快于区域 A，区域 A 又快于区域 B。然而，由于区域 C 为经济中心，其资本比区域 A 或 B 密集。令 k_C、k_A 和 k_B 分别表示区域 C、A 和 B 的资本与劳动力的比率，则 $k_C > k_A$，$k_C > k_B$。由新古典增长模型中的边际资本回报率递减规律可得，区域 C 的资本边际产出小于区域 A 或 B 的边际产出。

　　令 MPK_C、MPK_A 和 MPK_B 分别表示区域 C、A 和 B 的资本边际产出。

若 $MPK_C < MPK_A$ 或 $MPK_C < MPK_B$，资本边际产品的差异将对 C 和其他两个地区之间的经济增长产生收敛效应。这种收敛效应可能通过距离的发散效应而被抵消，因此，区域 A 或 B 是否能赶上区域 C 取决于这两种效应的比较，可能出现以下三种情况。

情况 1：

$$MPK_C - MPK_A < \frac{\beta_1}{S} y_A, MPK_C - MPK_B < \frac{1}{S} \left[\beta_1 + 2\beta_2 \left(\frac{D}{S} - T_{\min} \right) \right] y_B \quad (4.8)$$

在情况 1 下，资本的收敛效应小于距离的发散效应，A 和 B 都不能赶上 C。

情况 2：

$$MPK_C - MPK_A > \frac{\beta_1}{S} y_A, MPK_C - MPK_B < \frac{1}{S} \left[\beta_1 + 2\beta_2 \left(\frac{D}{S} - T_{\min} \right) \right] y_B \quad (4.9)$$

在情况 2 下，区域 A 的收敛效应大于发散效应，但区域 B 中的收敛效应小于发散效应。因此，区域 A 将逐渐赶上 C，而区域 B 不能。

情况 3：

$$MPK_C - MPK_A > \frac{\beta_1}{S} y_A, MPK_C - MPK_B > \frac{1}{S} \left[\beta_1 + 2\beta_2 \left(\frac{D}{S} - T_{\min} \right) \right] y_B \quad (4.10)$$

在情况 3 下，A 和 B 两个区域中的收敛效应都大于发散效应。因此，A 和 B 都将赶上 C，但是 B、C 之间的收敛速度可能与 A、C 之间的收敛速度存在差异。

如果 S 是固定的，这个模型预测不同地区的经济增长将会收敛在不同的水平，即存在"发散俱乐部"的现象。然而，如果 S 是可变的，地区之间的溢出效应所产生的成本将随着基础设施的改善而减少。交通速度越快，$1/S$ 越小，则 C 和 A 之间的经济发展差异将越小。虽然 C 和 A 之间的经济发展差异小于 C 和 B 之间的差异，并且存在经济溢出效应的阈值，但只要旅行速度继续加快，阈值的影响就会下降。它可以打破经济增长的"发散俱乐部"现象。随着高速铁路的建设，旅行时间 T 将不断缩短，未包括在溢出范围内的城市也将加入收敛的范围中，因此假定基础设施的完善对城市的经济增长有积极的影响。

第二节　实证模型

一　σ 收敛

σ 收敛表示区域间收入不均程度的下降。它可以用通过样本城市的实际人均 GDP 计算的基尼系数值来表示。基尼系数的值在 0 和 1 之间，值越接近 1，表示收入不均的程度越高。

我们依照 Yao (1999) 的基尼系数算法，将人口分为 n 组。令 w_i、m_i、p_i 分别表示第 i 组（这里指的是第 i 个城市）的收入份额、人均 GDP 和相对人口频率，并按人均 GDP 对抽样城市进行升序排列，得到：

$$G = 1 - \sum_{i=1}^{n} p_i (2Q_i - w_i) \tag{4.11}$$

其中，$Q_i = \sum_{k=1}^{i} w_k$，表示从第一组到第 i 组的累计收入（这里指的是 GDP）份额。G 是测量城市间收入不均的基尼系数，它可以被分解为以下三个部分，如等式（4.12）所示。

$$G = G_A + G_B + G_o \tag{4.12}$$

其中，G_A 表示组内差异，如果每个组内部都不存在收入不均，$G_A = 0$；G_B 为组间差异，如果所有组的平均收入相同，$G_B = 0$；G_0 为重叠项，如果低收入群体中最富有的城市，都比不上高收入群体中最贫穷的城市，$G_0 = 0$。在本研究中，所有城市被分为两组，即已开通高速铁路的城市和没开通高速铁路的城市。

由第一章的图 1 - 1 可知，2010 ~ 2016 年，衡量全国所有城市间不平等的基尼系数不断下降，反映了 σ 收敛。图 4 - 2 显示了同一基尼系数的分解。在 2010 年，G_A 在 G 中的占比超过 60%，是 G_B 的两倍多。然而，从 2010 年到 2016 年，它不断下降至 44%。这意味着两个组（开通高速铁路和没有开通高速铁路的城市）的组内收入差距先缩小（2010 ~ 2014 年），而后扩大（2014 ~ 2016 年）；而组间差距先扩大（2010 ~ 2014 年），而后缩小（2014 ~ 2016 年）。这个简单的基尼系数分解，很难得出开通高速铁

路城市的经济增长，一定能持续地高于没有开通高速铁路的城市的结论。当然，这个简单的分析，也不能得出高速铁路没有促进经济增长的结论。相反，我们可以这么解释：开通高速铁路不仅可以促进所有城市的经济增长，也可能促进没有开通高速铁路城市的经济增长及趋同发展。然而，需要后面更深一步的计量经济分析，才能得出比较肯定的结论。

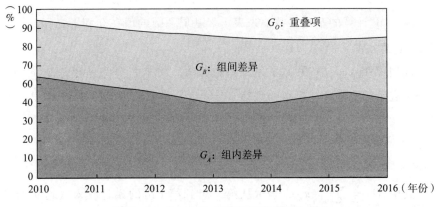

图 4 - 2　全国 285 个城市间基尼系数分解

重叠项 G_0 的比例从 6.9% 增加到 19.3%，这意味着两组城市之间的人均 GDP 差异没有出现单线的分离现象，而是出现比较强的趋同渗透。

然而，上述结果还不足以显示统计显著性。中国区域之间的收入不均程度是否确实下降，必须使用更稳健的参数方法进行检验，下文将对此进行讨论。

二　β 收敛

根据新古典增长理论，绝对 β 收敛意味着最初落后的城市将会比最初较富裕的城市增长得更快，使区域间发展（本节使用劳均 GDP）差距逐渐下降（Sala-i-Martin，1996；Gundlach，1997）。基本实证模型如式（4.13）所示：

$$\ln y_{it} - \ln y_{i0} = constant + \beta \ln y_{i0} + \varepsilon_i, \ \beta = -(1 - e^{-\lambda t}) \tag{4.13}$$

其中，y_{it}、y_{i0} 分别表示城市 i 初期和末期的实际劳均 GDP；t 是时间跨度；$\ln y_{it} - \ln y_{i0}$ 衡量实际劳均 GDP 的增长率。最初落后的城市和最初较富裕的城市之间是否存在经济收敛取决于 β 的符号。如果符号显著为负，意

味着最初较富裕城市的实际劳均 GDP 的增长速度慢于最初落后的城市，因而出现区域之间经济发展的收敛现象。如果 $\beta \geq 0$，就可能出现区域经济发展的发散现象。λ 的值是收敛（或发散）的速度。

公式（4.13）中的简单定义只能用于证明是否存在绝对收敛。在许多跨国或同一国家的跨地区研究中，没有找到绝对收敛的证据。一些学者认为，由于不同的人力资本禀赋和其他生产条件，如开放性、资源和有形基础设施，最初落后的地区（或国家）无法有效吸收流入的资本，来减少与最初较富裕的地区（或国家）之间的发展差距（Jiang，2012）。

在许多实证研究中使用条件收敛的概念，以便在估计中考虑上述条件。后期的条件收敛实证研究，还可以通过加入影响经济增长和收敛的相关解释变量，以检验它们对经济增长和趋同的影响。本章的实证模型就是沿着这样的思路来设计的。同时，在上述理论分析框架中，我们的关注点是高速铁路如何通过缩短城市之间的旅行时间，减少物理距离所导致的中心城市拉动周边城市经济发展的摩擦力，从而促进城市之间经济发展的趋同。

开创性研究之一 Barro（1991）认为人力资本、储蓄和人口增长是内生增长的重要因素。我们遵循并扩展 Barro 的模型，将高速铁路作为一个新的并且重要的生产要素放入模型中，如公式（4.14）所示：

$$\ln y_{it} - \ln y_{i0} = constant - (1 - e^{-\lambda t})\ln y_{i0} + \beta_2 HSR_i + \gamma X_i + \mu_i + \varepsilon_i \qquad (4.14)$$

y_{it} 和 y_{i0} 如上文定义。X_i 是控制变量集，包括除了代表高速铁路变量（HSR）以外一些能够影响经济增长的其他变量，u_i 是与城市 i 相关的误差项，ε_i 为白噪声。

我们分别用截面和面板数据对上述模型进行回归，后者有助于解决前者由于欠缺观测值而可能引起的统计检验问题。为了测量高速铁路发展对经济增长及趋同发展的作用，我们首先使用简单的虚拟变量 HSR。这主要是因为我们所用的样本城市中，已经出现了多个经济增长中心，也就是说，除了传统的北京、上海、广州等经济中心以外，在样本期间，中国中西部地区已经出现了如武汉、郑州、西安、重庆、成都等一批具有相当实

力的城市，可以影响或拉动它们周围城市的经济发展。这样一来，样本中285 个城市，到底以哪一个或哪一些中心城市作为对应的经济增长中心，就显得非常复杂和难以界定。一个简单而且可行的实证处理方式，就是用 *HSR* 这个哑元变量来取代。

在面板数据回归中，$HSR_{it} = 1$ 表示城市 i 在时间 t 已开通高速铁路，否则 $HSR_i = 0$。在截面回归中，HSR_i 表示从 2010 年到 2016 年，高速铁路在该城市运行了多少年。例如，若城市 i 在 2010 年开通高速铁路，则 $HSR_i = 6$。

考虑人力资本积累在经济增长中与物质资本积累具有相似的作用，将 Cobb-Douglas 生产函数 $y = Ak^\alpha e^\varepsilon$ 重新定义为：

$$Y_t = K_t^\alpha H_t^\beta (A_t L_t)^{1-\alpha-\beta} \quad 0 < \alpha,\beta < 1 \tag{4.15}$$

$$L_t = L_0 e^{nt} \tag{4.16}$$

$$A_t = A_0 e^{gt} e^{\theta \times HSR} \tag{4.17}$$

其中，Y 表示产出，H 为人力资本，L 为劳动力，A 为全要素生产率，A 可以通过更加高效的交通运输系统得到提升。上式所描述的生产函数定义了规模报酬不变和各项投入要素的边际收益递减。假设经济体中的劳动力数量和技术水平分别以外生的速率 n 和 g 增长，同时全要素生产率受到高速铁路运行的影响。

定义 AL 为有效劳动力，$y = Y/AL$，$k = K/AL$，$h = H/AL$ 分别为平均有效劳动力产出水平、平均有效劳动力物质资本存量和平均有效劳动力人力资本存量。

$$y_t = k_t^\alpha h_t^\beta \tag{4.18}$$

设 s_k 为物质资本投资率，s_h 为人力资本投资率，则物质资本和人力资本积累方程为：

$$\frac{dk_t}{dt} = s_k y_t - (n + g + \delta) k_t \tag{4.19}$$

$$\frac{dh_t}{dt} = s_h y_t - (n + g + \delta) h_t \tag{4.20}$$

其中，δ 为折旧率，则经济增长达到稳定状态时有：

$$k^* = \left(\frac{s_k^{1-\beta} s_h^{\beta}}{n + g + \delta} \right)^{\frac{1}{1-\alpha-\beta}} \qquad (4.21)$$

$$h^* = \left(\frac{s_k^{\alpha} s_h^{1-\alpha}}{n + g + \delta} \right)^{\frac{1}{1-\alpha-\beta}} \qquad (4.22)$$

将 k^* 和 h^* 代入生产函数并求导:

$$\ln(Y/L) = \ln A_0 + gt + \theta HSR + \frac{\alpha}{1-\alpha-\beta}\ln s_k + \frac{\beta}{1-\alpha-\beta}\ln s_h - \frac{\alpha+\beta}{1-\alpha-\beta}\ln(n+g+\delta)$$

$$(4.23)$$

此方程表示在经济增长达到稳态时,劳均产出取决于物资资本投资率、人力资本投资率、人口增加率、技术进步率以及高速铁路开通带来的全要素生产率差异。

设 y^* 为经济体达到稳态时的平均有效劳动产出水平,y_t 为 t 时刻的实际值,在稳态附近 k 和 h 的增长率为:

$$\gamma_k = \frac{\mathrm{d}k_t/\mathrm{d}t}{k_t} = \frac{s_k y_t}{k_t} - (n+g+\delta) = s_k k_t^{-(1-\alpha)} h_t^{\beta} - (n+g+\delta) \qquad (4.24)$$

$$\gamma_h = \frac{\mathrm{d}h_t/\mathrm{d}t}{h_t} = \frac{s_h y_t}{h_t} - (n+g+\delta) = s_h k_t^{\alpha} h_t^{-(1-\beta)} - (n+g+\delta) \qquad (4.25)$$

由 $y_t = k_t^{\alpha} h_t^{\beta}$,增长率可以表示为:

$$\gamma_y = \frac{\mathrm{d}y_t/\mathrm{d}t}{y_t} = \frac{\mathrm{d}(k_t^{\alpha} h_t^{\beta})/\mathrm{d}t}{k_t^{\alpha} h_t^{\beta}} = \alpha\gamma_k + \beta\gamma_h \qquad (4.26)$$

当经济体处于稳态附近时,$\ln k_t$ 和 $\ln h_t$ 的稳态一阶泰勒展开式为:

$$\ln k_t = \ln k^* + (k - k^*)/k^* \qquad (4.27)$$

$$\ln h_t = \ln h^* + (h - h^*)/h^* \qquad (4.28)$$

经济体在稳态附近的趋同过程可以表示为:

$$\gamma_{y_t} = \frac{\mathrm{d}\ln y_t}{\mathrm{d}t} \cong \lambda(\ln y^* - \ln y_t) \qquad (4.29)$$

其中,$\lambda = (n+g+\delta)(1-\alpha-\beta)$ 定义了趋同的速度。上式是一个关于 $\ln y_t$ 的微分方程,解该微分方程,从 t_1 时刻到 t_2 时刻有:

$$\ln y_{t2} = (1 - e^{-\lambda\tau})\ln y^* + e^{-\lambda\tau}\ln y_{t1} \qquad (4.30)$$

其中，y_{t1} 为期初的平均有效劳动力产出水平，y_{t2} 为期末的平均有效劳动力产出水平，$\tau = t2 - t1$ 为时间间隔。等式两边同时减去 $\ln y_{t1}$ 可得：

$$\ln y_{t2} - \ln y_{t1} = (1 - e^{-\lambda \tau})(\ln y^* - \ln y_{t1}) \tag{4.31}$$

将稳态的 y^* 表达式代入，可以得到经济增长过程中期末劳均产出与期初劳均产出的关系：

$$\ln(Y_{t2}/L_{t2}) = e^{-\lambda \tau}\ln(Y_{t1}/L_{t1}) + (1 - e^{-\lambda \tau})\frac{\alpha}{1 - \alpha - \beta}\ln s_k + (1 - e^{-\lambda \tau})\frac{\beta}{1 - \alpha - \beta}\ln s_h -$$
$$(1 - e^{-\lambda \tau})\frac{\alpha + \beta}{1 - \alpha - \beta}\ln(n + g + \delta) + \theta(1 - e^{-\lambda t})HSR + (1 - e^{-\lambda \tau})\ln A_0 +$$
$$g(t_2 - e^{-\lambda \tau}t_1) \tag{4.32}$$

在假设 $\lambda > 0$、$\alpha > 0$、$\beta > 0$、$\alpha + \beta < 1$ 成立的情况下，式（4.32）表明当有较低的人口增长率和折旧率，同时有较高的物质资本和人力资本投入时，经济发展初始水平高和资源禀赋好的地区就会取得更高的劳均产出水平。同样，当系数 θ 为正时，开通高速铁路会带来更高的城市运输效率和整体生产效率，从而使城市获得更高的劳均产出水平。在固定的时间间隔中，$\ln(Y_{t2}/L_{t2}) - \ln(Y_{t1}/L_{t1})$ 表示了劳均产出的增长速度，因此只要在实证研究中观测到 $e^{-\lambda \tau} < 1$，就可以认为观测到了经济增长趋同现象。

方程（4.14）中 HSR 哑元变量的参数估计，可以用来说明高速铁路建设能否促进经济增长，也就是说，如果该参数显著为正，可以验证本书提出的第一个理论假设，也就是高速铁路加速了中国城市的经济增长。但是，这个回归结果无法验证高速铁路能否促进城市之间的趋同发展。要回答这一问题，我们做以下处理，那就是在方程（4.14）中，加进一个高速铁路哑元变量和城市初始劳均 GDP 的交叉项，其表达形式如方程（4.33）所示：

$$\ln y_{it} - \ln y_{i0} = Constant + \beta_1 \ln y_{i0} + \beta_2 \ln y_{i0} \times HSR_i + \beta_3 HSR_i + \gamma X_i + u_i + \varepsilon_i \tag{4.33}$$

y_{it} 和 y_{i0} 如上文定义。对于有高速铁路的城市，$\ln y_{i0}$ 的估计系数为（$\beta_1 + \beta_2$）；对于没有高速铁路的城市，$\ln y_{i0}$ 的估计系数还是 β_1。这将导致不同的收敛速度 λ。如果 β_1 显著为负，表明全国城市经济增长收敛。若 β_2 的符号

也显著为负，并且 $|\beta_1 + \beta_2| > |\beta_1|$，则表明高速铁路提高了全国城市的经济增长收敛速度。

通过估计方程（4.33）可以同时检验本书的两个基本假设。如果 β_3 显著为正，说明高速铁路促进了全国城市整体的经济增长；如果 β_1 和 β_2 同时显著为负，不仅说明样本城市的经济发展存在趋同现象，而且说明高速铁路加速了这种趋同现象的发展。

三　工具变量检验

如前所述，似乎较富裕和人口密度较高的城市比较落后和人口密度较低的城市更优先建设高速铁路，这可能意味着"经济增长和人口稠密带来了高速铁路建设"。然而，我们假设高速铁路的发展可以促进经济增长，即使是在繁荣的、人口密度较高的城市。因此，我们必须检查在模型中包含高速铁路变量是否可能存在内生性问题。换言之，经济增长和高速铁路建设之间的因果关系可能是双向的。

两阶段最小二乘法（TSLS）有助于解决内生性问题。工具变量的选择影响 TSLS 估计的精确度。合适的 IV 应该具有两个关键属性：①相关性，与不能由其他工具变量解释的内生回归变量的高度相关性；②外生性，与因变量不相关。

本节使用 1949 年城市是否有铁路通达变量 $RW_{i,1949}$ 作为开通高速铁路变量 HSR_{it} 的第一个工具变量，以克服开通高速铁路与经济增长之间存在的内生性问题。1949 年之前中国是一个贫穷落后的农业国，中华人民共和国成立之初的经济中心城市与之后经历长期的计划经济建设形成的经济中心城市并不一一对应[1]。1949 年城市是否有铁路通达可以视为由修建铁路的

---

[1] 金凤君和王姣娥（2004）的研究指出，1911～1949 年中国的铁路建设充分反映了当时政治、军事、国土安全、资源开发与殖民控制等深刻内涵，到 1937 年东北地区铁路里程已突破 10000 公里，占全国的比重高达 45.9%，而广大的中南、西南、西北地区的铁路总里程只有 4630 公里。中华人民共和国成立之后到 20 世纪 90 年代初期，计划经济主导的资源开发、地区经济布局和国防安全成为铁路建设的主导因素，空间上不断向东南沿海、西南和西北扩大，全国平均每年新增铁路里程 770 公里，到 1990 年西北、西南地区的铁路里程已经占全国的 23%，中国铁路初步形成了比较完善的网络，2/3 的地域单元纳入了统一的铁路网络中。

工程设计要求和地形因素决定，并影响当地民众由历史形成的对铁路的认同感，与当前的高速铁路建设相关，可以解释新建高速铁路的线路选择，即 $RW_{i,1949}$ 与 HSR_{it} 相关。但修建铁路的工程、地形因素和对铁路的认同感除了影响新建高速铁路以外，不存在其他直接或间接影响当前经济增长的途径，$RW_{i,1949}$ 与当前的城市经济增长无关，可以作为 HSR_{it} 的工具变量估计其对城市经济增长的影响。李占才（1994）、林路（2009）详细描述了1876年以来的中国铁路发展史，为本书构建工具变量 $RW_{i,1949}$ 提供了数据来源。如果某城市1949年有铁路通达，则 $RW_{i,1949}=1$；若没有铁路通达，则 $RW_{i,1949}=0$。由于中华人民共和国成立之初城市是否有铁路通达变量 $RW_{i,1949}$ 作为工具变量不具有时间维度上的变异，无法用于面板数据 TSLS估计，因此本节选择中华人民共和国成立之初城市是否有铁路通达变量与外生的城市当年投资率的乘积 $RW_{i,1949} \times \ln s_k$ 作为 TSLS 模型估计中实际使用的工具变量。

　　本节为开通高速铁路哑元变量 HSR_{it} 选择的第二个工具变量是城市当年的户籍人口规模 $\ln pop$。城市户籍人口规模对应于铁路客运需求，是高速铁路线路选择的重要决策因素。在通常情况下，户籍人口多的城市会被优先纳入高速铁路网络。本节实证模型中的被解释变量 $\triangle \ln y_{it}$ 为通过城市人均GDP增长率衡量的经济增长速度，其与户籍人口规模之间没有经济理论上的必然联系。对于发展中国家来说，人口多而资本要素稀缺是普遍面临的经济发展初始条件，过多的人口带来的自然资源和环境容量不足甚至会使经济陷入崩溃之中，现阶段中国户籍人口规模大的城市在人均GDP增长上并不必然具有优势。在本节考察的样本区间内，中国各城市已基本完成了高速公路、机场等其他交通基础设施的布局和建设，城市户籍人口规模除了影响高速铁路线路选择以外，没有其他直接或间接影响当前城市经济增长的途径。因此，城市户籍人口规模也可以作为开通高速铁路变量 HSR_{it} 的外生工具变量。各城市户籍人口数据来源于历年《中国城市统计年鉴》。

第三节　变量及数据

图 4 - 3 展示了 2016 年样本城市的实际 GDP 和人口情况。

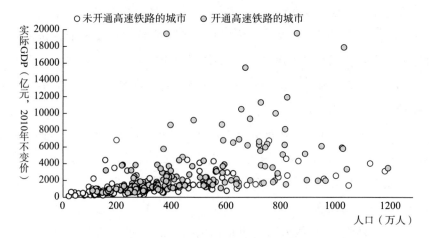

图 4 - 3　2016 年中国 281 个城市的实际 GDP 和人口

注：图中不包括重庆、上海、北京和成都 4 个人口超过 1300 万的城市。

资料来源：《中国城市统计年鉴》（2017 年）、《全国铁路旅客列车时刻表》（2016 年）。

我们遵循新古典增长模型，其中投资、劳动力人口增长和人力资本被认为是内生增长最基本的生产要素（Chi，2008；Fleisher et al.，2010；Kumar，Kober，2012）。其他相关因素对于特定经济体的生产效率也很重要，这些因素包括各项基础设施（公路、航空、邮电和高速铁路等）。在一些实证研究中，不同学者根据具体的经济体和时间段，以不同的方式定义交通基础设施（Ding et al.，2008；Röller，Waverman，2001；Démurger，2001；Fan，Zhang，2004；Yao，Yang，2012；Zhang et al.，2012）。在早期研究中，大多数学者只考虑将高速公路、水路、传统铁路和航空作为影响区域经济增长的有效方式。高速铁路是一种全新的现代交通方式，而且在中国会变得越来越重要，但有关高速铁路为何以及如何对区域经济增长产生重要影响的研究很少。下述实证模型不仅考虑了传统的交通工具，更重要的是将高速铁路作为一个可能有助于推动中国区域（城市）经济增长

的主要生产要素。

本节实证模型所涉及的变量及符号的定义及解释如下。

（1）y_{it}，实际劳均 GDP（2010 年价格）。

（2）s_k，固定资产投资占 GDP 的比重。

（3）n，劳动力增长率，$g + \delta$ 为资本折旧率和技术进步，$(n + g + \delta)$ 设为 5%，这是参照已有内生经济增长理论和实证研究文献而确定的，这种定义的理论依据可以参考 Sala-i-Martin（1996）。

（4）s_h，人力资本定义为：除了小学的所有在校生/（除了小学的所有在校生 + 劳动力人数）。

（5）$airport$，在面板数据分析中，$airport_{it} = 1$ 表示城市 i 在时间 t 有民用航空机场，否则，$airport_{it} = 0$。在截面数据分析中，它表示 2010～2016 年民用航空机场在城市 i 开设使用的年数。例如，如果城市 i 在 2010 年开设民用航空机场，则 $airport_i = 6$。

（6）$highway$，等级公路（包括高速公路、一级公路和二级公路）占行政区域面积的比例，也就是每 1000 平方公里的等级公路里程。由于公路最细化只有省级数据可以使用，所以该变量对于特定省份内的不同城市是不变的。

（7）$post\&tele$，邮政和电信服务收入占 GDP 的比例。

（8）f，金融发展，由金融机构年末存款余额占 GDP 的比例来衡量。

数据 y_{it}、s_k、n、s_h 及 f 来源于《中国城市统计年鉴》（2011～2017 年），$airport$ 数据来源于中国民航局公布的《全国机场生产统计公报》（2010～2016 年），$highway$ 数据来源于《中国统计年鉴》（2011～2017 年）。表 4－1 报告了上述这些变量的描述性统计。

表 4－1　变量描述性统计（2010～2016 年 285 个城市的面板数据）

变量	观测值	均值	标准差	最小值	最大值
$\ln y_{it}$	1995	12.77	0.38	10.36	14.47
HSR	1995	0.28	0.45	0	1
$\ln s_k$	1995	−0.32	0.38	−2.44	0.79
$\ln (n + g + \delta)$	1850	−2.56	0.92	−7.71	2.20

续表

变量	观测值	均值	标准差	最小值	最大值
lns_h	1995	-0.90	0.54	-4.53	-0.18
$airport$	1995	0.46	0.50	0	1
$lnhighway$	1995	-0.17	0.57	-1.58	1.90
$lnpost\&tele$	1984	-3.89	0.48	-6.06	-1.39
lnf	1995	0.21	0.39	-0.99	2.53

第四节　估计结果及分析

我们对经济增长收敛在国家和地区两个层面进行了检验。此外，本节还对东中、东西和中西部进行了成对分析（根据中国国家统计局划分习惯，把全国划分为东、中、西部三个地理区域）。由于高速铁路变量在截面和面板数据回归分析中的处理有所不同，在表 4-2 至表 4-4 的结果报告中，我们定义截面数据回归的高速铁路哑元变量用 $HSRc$ 表示，面板数据回归的高速铁路哑元变量用 $HSRp$ 表示。在截面数据回归中，我们还增加了 $HSRc^2$，以检验高速铁路对经济增长及趋同发展的非线性效应。根据 Hausman 测试的结果，我们在面板数据回归中选择了固定效应回归模型。

一　国家层面 β 收敛的估计结果

基于方程 4.13，即方程右侧仅包含 lny_{i0}，以检验绝对收敛。如表 4-2 的上半部分所示，两个回归结果都显示初始劳均产出的估计系数显著为负，验证了样本期间所有城市经济增长的绝对趋同现象。

表 4-2　2010~2016 年全国城市经济发展绝对收敛的回归分析

因变量：$lny_{it} - lny_{i0}$	截面数据分析	面板数据分析
lny_{i0}	$-0.361\ (0.04)$ ***	$-0.449\ (0.02)$ ***
截距项	$4.835\ (0.49)$ ***	$5.757\ (0.25)$ ***
adj. R^2	0.24	0.23

续表

因变量：$\ln y_{it} - \ln y_{i0}$	截面数据分析	面板数据分析
加入高速铁路变量		
$\ln y_{i0}$	−0.363 (0.04)***	−0.471 (0.02)***
$HSRc$	0.031 (0.03)	—
$HSRc^2$	−0.005 (0.03)	—
$HSRp$	—	0.078 (0.01)***
截距项	4.876 (0.49)***	6.017 (0.25)***
adj. R^2	0.24	0.25

注：括号中的统计量为标准误。*** 表示在 1% 的水平下显著。在截面数据分析中，y_{it} 和 y_{i0} 分别表示城市 i 在 2016 年和 2010 年的实际劳均 GDP；在面板数据分析中，它们表示现年与上年的实际劳均 GDP。

　　我们把高速铁路变量加入模型右侧，发现在面板数据回归中，高速铁路对经济增长有显著的积极影响，但是在截面数据回归中影响不显著，这可能与观察值太少有关，也可能因为这个模型遗漏了一些相关变量而导致估计结果有偏误。因此，下面的回归分析加入了其他相关变量（见表 4 − 3）。

表 4 − 3　全国城市条件收敛回归分析

因变量：$\ln y_{it} - \ln y_{i0}$	截面数据分析	面板数据分析
$\ln y_{i0}$	−0.160 (0.04)***	−0.192 (0.01)***
$\ln s_k$	0.050 (0.06)	0.013 (0.01)
$\ln (n + g + \delta)$	−0.599 (0.03)***	−0.169 (0.003)***
$\ln s_h$	0.037 (0.01)***	0.056 (0.003)***
截距项	4.866 (0.50)***	2.197 (0.17)***
λ	2.91%	3.55%
adj. R^2	0.27	0.65
加入高速铁路变量		
$\ln y_{i0}$	−0.167 (0.04)***	−0.211 (0.01)***
$HSRc$	0.040 (0.021)*	—
$HSRc^2$	−0.005 (0.003)*	—
$HSRp$	—	0.075 (0.01)***
$\ln s_k$	0.054 (0.06)	0.030 (0.02)*
$\ln (n + g + \delta)$	−0.621 (0.03)***	−0.151 (0.004)***

续表

因变量: $\ln y_{it} - \ln y_{i0}$	截面数据分析	面板数据分析
$\ln s_h$	0.038 (0.01) ***	0.064 (0.003) ***
截距项	4.872 (0.50) ***	2.486 (0.17) ***
λ	3.05%	3.95%
adj. R^2	0.28	0.65

注: 括号中的统计量为标准误。*** 和 * 分别表示在 1% 和 10% 的水平下显著。在截面数据分析中，y_{it} 和 y_{i0} 分别表示城市 i 在 2016 年和 2010 年的实际劳均 GDP；在面板数据分析中，它们表示现年与上年的实际劳均 GDP。

表 4-3 的回归分析加入了投资比例、有效人口增长率和人力资本三个基本因素。初始收入的估计系数在面板数据回归中仍具有统计显著性，表现出明显的区域经济增长收敛现象。新加入的三个解释变量的作用都显著，而且符号与理论预期相同。

高速铁路的估计系数在截面数据回归和面板数据回归中分别在 10% 和 1% 的水平下显著，说明高速铁路促进全国城市总体的经济增长。加入高速铁路变量，截面数据回归中的收敛速度提高了 0.14 个百分点，面板数据回归中的收敛速度提高了 0.4 个百分点。

对于条件收敛，第二步估计是将其他交通基础设施和金融发展都加入模型中，以检查上面的回归模型会不会因为遗漏了一些相关变量而导致有偏误的回归结果。回归结果如表 4-4 所示，在截面数据和面板数据回归中，条件收敛依然成立，尤其是面板数据的回归结果更加显著。高速公路参数的估计符号及显著性符合预期，但是，邮电和金融发展参数不显著。

加入高速铁路变量后，估计系数在截面数据和面板数据回归中在 10% 的水平下显著。高速铁路开通运行后，截面数据回归结果显示区域经济增长的收敛速度提高了 0.38 个百分点，而面板数据回归结果显示提高了 0.06 个百分点。

表 4-4　全国城市条件收敛回归的第二步分析

因变量: $\ln y_{it} - \ln y_{i0}$	截面数据分析	面板数据分析
$\ln y_{i0}$	-0.337 (0.04) ***	-0.439 (0.02) ***
$\ln s_k$	0.008 (0.06)	0.056 (0.02) **

续表

因变量：$\ln y_{it} - \ln y_{i0}$	截面数据分析	面板数据分析
$\ln(n+g+\delta)$	-0.566 (0.04) ***	-0.171 (0.01) ***
$\ln s_h$	0.038 (0.01) ***	0.043 (0.003) ***
$airport$	0.011 (0.004)	-0.034 (0.02)
$\ln highway$	0.009 (0.03) ***	0.120 (0.03) ***
$\ln post\&tele$	-0.695 (0.24) ***	-0.015 (0.01) *
$\ln f$	0.034 (0.03)	0.01 (0.01)
截距项	4.686 (0.49) ***	5.066 (0.19) ***
λ	6.85%	9.63%
adj. R^2	0.32	0.66
加入高速铁路变量		
$\ln y_{i0}$	-0.352 (0.04) ***	-0.441 (0.01) ***
$HSRc$	0.030 (0.02) *	—
$HSRc^2$	-0.005 (0.003) *	—
$HSRp$	—	0.011 (0.006) *
$\ln s_k$	0.003 (0.07)	0.054 (0.03) *
$\ln(n+g+\delta)$	-0.581 (0.04) ***	-0.171 (0.01) ***
$\ln s_h$	0.037 (0.01) ***	0.047 (0.002) ***
$airport$	0.010 (0.04)	-0.029 (0.02)
$\ln highway$	0.010 (0.03)	0.107 (0.03) ***
$\ln post\&tele$	-0.658 (0.24) ***	-0.015 (0.01) *
$\ln f$	0.030 (0.03)	0.001 (0.01)
截距项	4.713 (0.49) ***	3.488 (0.19) ***
λ	7.23%	9.69%
adj. R^2	0.33	0.66

注：括号中的统计量为标准误。***、** 和 * 分别表示在 1%、5% 和 10% 的水平下显著。在截面数据分析中，y_{it} 和 y_{i0} 分别表示城市 i 在 2016 年和 2010 年的实际劳均 GDP；在面板数据分析中，它们表示现年与上年的实际劳均 GDP。

二　全国层面加入高速铁路与初始劳均 GDP 的交叉项的回归结果

基于方程 4.33，全国层面的回归结果如表 4 - 5 所示。加入不同的控

制变量以后，高速铁路的估计系数总是显著为正，证明高速铁路对全国城市的经济增长有积极而显著的影响。$\ln y_{i,t-1}$ 和 $\ln y_{i,t-1} \times HSR_{i,t-1}$ 的估计系数均显著为负，表明样本城市经济发展存在明显的趋同现象，而且高速铁路提升了这一趋同现象的发展速度。本书的两个理论假设得到了有效的验证。根据 λ 的估计值，加入高速铁路变量以后，城市间的经济增长收敛速度，总是比没有加入高速铁路变量之前的收敛速度快。

表 4 – 5 全国层面交叉项方程回归（面板数据分析）

因变量：$\ln y_{it} - \ln y_{i,t-1}$	模型 1	模型 2	模型 3
$\ln y_{i,t-1}$	$-0.125\ (0.01)$ ***	$-0.043\ (0.007)$ ***	$-0.057\ (0.007)$ ***
$\ln y_{i,t-1} \times HSR_{i,t-1}$	$-0.045\ (0.025)$ *	$-0.024\ (0.013)$ *	$-0.024\ (0.014)$ *
$HSR_{i,t-1}$	$0.555\ (0.31)$ *	$0.293\ (0.17)$ *	$0.288\ (0.15)$ *
$\ln s_k$	—	$0.001\ (0.006)$	$0.003\ (0.006)$
$\ln (n + g + \delta)$	—	$-0.174\ (0.003)$ ***	$-0.174\ (0.003)$ ***
$\ln s_h$	—	$0.058\ (0.004)$ ***	$0.060\ (0.004)$ ***
$airport$	—	—	$0.004\ (0.005)$
$\ln highway$	—	—	$0.005\ (0.004)$
$\ln post\&tele$	—	—	$-0.023\ (0.005)$ ***
$\ln f$	—	—	$0.012\ (0.006)$ **
截距项	$1.634\ (0.14)$ ***	$0.292\ (0.09)$ ***	$0.373\ (0.09)$ ***
λ（有高速铁路城市）	3.11%	1.16%	1.41%
λ（无高速铁路城市）	2.23%	0.73%	0.98%
adj. R^2	0.23	0.63	0.66

注：括号中的统计量为标准误。 *** 、** 和 * 分别表示在 1% 、5% 和 10% 的水平下显著。

三 区域层面 β 收敛的估计结果

为了验证上述实证结果的可靠性，有必要做进一步的敏感性回归分析。首先把全国样本划分为三个大的经济区域（东部、中部、西部）子样本，再形成东中（EC）、东西（EW）和中西（CW）配对区域的三个子样本，然后用同样的实证模型进行回归检验。这种分区的回归分析可以排除区域之间的异质性，也可以考虑各个配对大区之间是否也存在着同样的经

济现象，也就是说，是否存在着高速铁路促进经济增长和区域经济趋同发展的现象。如果各个子样本的敏感性回归结果与全样本的回归结果没有本质差异，那么就可以得出肯定的实证结论。

表4-6显示了三个区域及三种区域组合的估计结果。模型包括本章涉及的所有变量。所有单一区域及区域组合的回归结果，都显示了各个子样本城市的经济增长现象，也就是说初始的劳均GDP系数显著为负。同时，高速铁路的估计系数都显著为正，也就是说，不管在哪个区域，还是哪个区域组合内部，有高速铁路的城市的经济增长速度，都显著高于没有高速铁路的城市。其他的控制变量如高速公路也对某些地区的经济发展有明显的促进作用，但是影响效果都不及高速铁路显著。

与表4-5有明显差异的，就是初始劳均GDP与高速铁路哑元变量交叉项的显著性。在全国数据回归分析中，这个变量是显著为负的，说明在全国范围内，高速铁路不仅促进经济增长，也明显促进了区域之间的趋同发展。分地区和地区组合的回归结果表明，虽然高速铁路依然对城市经济增长有明显的促进作用，但是对各个区域内城市之间的趋同作用不够显著，这可能是因为区域内城市之间本来已经有了趋同现象，或者高速铁路的出现对这种趋同的促进作用还没有在样本中显著呈现出来。但是，配对的区域面板数据回归的结果都非常显著，证明本章的实证结果是稳健的，所提出的两个理论假设都从不同的回归分析结果中得到了验证。

表4-6　各地区面板数据的收敛分析（$DV = \ln y_{i,t} - \ln y_{i,t-1}$）

	单一区域数据			成组区域数据		
	东部	中部	西部	东中部	东西部	中西部
$\ln y_{i,t-1}$	-0.380 ***	-0.363 ***	-0.161 ***	-0.349 ***	-0.334 ***	-0.272 ***
	(0.03)	(0.03)	(0.04)	(0.02)	(0.03)	(0.02)
$\ln y_{i,t-1} \times HSR_{it}$	-0.020 *	-0.007 *	-0.009 *	-0.009 **	-0.021 **	-0.006 ***
	(0.011)	(0.004)	(0.005)	(0.004)	(0.009)	(0.001)
HSR_{it}	0.254 *	0.094 *	0.116 **	0.113 **	0.280 ***	0.082 ***
	(0.15)	(0.05)	(0.06)	(0.05)	(0.11)	(0.02)
$\ln s_k$	0.089 ***	0.045 **	-0.004	0.056 ***	0.027 *	0.001
	(0.03)	(0.02)	(0.02)	(0.02)	(0.015)	(0.01)

续表

	单一区域数据			成组区域数据		
	东部	中部	西部	东中部	东西部	中西部
$\ln(n+g+\delta)$	-0.158 *** (0.01)	-0.128 *** (0.01)	-0.138 *** (0.01)	-0.146 *** (0.005)	-0.151 ** (0.005)	-0.132 *** (0.005)
$\ln s_h$	0.499 *** (0.03)	0.293 *** (0.03)	0.361 *** (0.04)	0.422 *** (0.02)	0.463 *** (0.02)	0.289 *** (0.03)
airport	0.037 * (0.02)	0.006 (0.03)	0.048 (0.04)	0.020 (0.02)	0.040 (0.03)	0.017 (0.02)
lnhighway	0.014 (0.06)	0.097 *** (0.03)	0.004 (0.04)	0.095 *** (0.03)	0.018 (0.04)	0.063 *** (0.02)
lnpost&tele	-0.045 (0.03)	-0.020 (0.02)	-0.015 (0.01)	-0.030 (0.02)	-0.034 * (0.02)	-0.019 * (0.01)
$\ln f$	0.018 * (0.01)	0.002 (0.01)	-0.001 (0.007)	0.010 * (0.006)	0.012 * (0.007)	0.003 (0.06)
截距项	4.876 *** (0.41)	4.200 *** (0.33)	1.953 *** (0.48)	4.134 *** (0.25)	4.166 *** (0.35)	3.110 *** (0.24)
λ（有高速铁路城市）	8.51%	7.70%	3.11%	7.39%	7.31%	5.43%
λ（无高速铁路城市）	7.97%	7.52%	2.93%	7.15%	6.77%	5.29%
adj. R^2	0.62	0.62	0.60	0.61	0.64	0.66

注：括号中的统计量为标准误。*** 、** 和 * 分别表示在 1%、5% 和 10% 的水平下显著。

四 国家层面 β 收敛的 TSLS 估计

表 4-7 报告了全国城市经济增长条件收敛的 TSLS 回归估计结果。

表 4-7 全国城市经济增长条件收敛的 TSLS 回归分析（面板数据分析）

A：第二阶段回归	因变量：$\ln y_{it} - \ln y_{i0}$	
$\ln y_{i0}$	-0.317 (0.04) ***	-0.334 (0.03) ***
HSRp	0.199 (0.09) **	0.198 (0.09) **
$\ln(n+g+\delta)$	-0.138 (0.01) ***	-0.134 (0.01) ***
$\ln s_h$	0.557 (0.06) ***	0.575 (0.05) ***
airport	—	0.039 (0.02) ***
lnhighway	—	0.070 (0.03) **
lnpost&tele	—	0.001 (0.01)

续表

B：第一阶段回归	内生变量：$HSRp$	
$\ln f$	—	0.002（0.01）
λ	9.53%	10.16%
adj. R^2	0.74	0.75
$RW_{i,1949} \times \ln s_k$	0.204（0.08）***	0.219（0.08）***
$\ln pop$	0.762（0.25）***	0.727（0.25）***
adj. R^2	0.13	0.14
弱识别检验	7.58	7.77
识别不足检验	15.029（0.0005）***	15.429（0.0004）***
过度识别检验	0.107（0.74）	0.037（0.85）

注：括号中的统计量为标准误。上标 ** 、 *** 分别表示在5% 、1% 的水平下显著。

在使用工具变量解决了内生性问题之后，仍然能够观测到中国城市趋同发展现象，且开通高速铁路哑元变量的系数 β_2 大于 0 且显著，进一步证实了开通高速铁路对沿线城市的经济增长具有正向的促进作用。

表 4-7 中以内生高速铁路变量为被解释变量的第一阶段回归估计结果显示，1949 年城市是否有铁路通达哑元变量与外生的城市当年投资率的乘积 $RW_{i,1949} \times \ln s_k$、城市当年的户籍人口规模 $\ln pop$ 两个工具变量和内生变量 HSR_{it} 正相关，在 1% 的水平下显著。弱识别检验（Weak Identification Test）的 F 统计量大于 7.5，说明基本不存在弱工具变量问题。识别不足检验（Underidentification Test）的原假设 H0 为第一阶段回归存在识别问题，本节估计结果中使用 Anderson Canonical Correlation LM 统计量得到接受 H0 的概率远低于 1%，说明模型不存在识别不足问题。过度识别检验（Overidentification Test）的原假设 H0 为所有工具变量都是外生的，本节估计的模型使用 Sargan 统计量得到接受 H0 的概率超过 74% 和 85%，可以接受 H0，说明模型使用的工具变量是严格外生的，与随机误差项无关。

为了验证本节的稳健性，我们还通过两阶段最小二乘法（TSLS），把 HSR 当成工具变量，然后进行两次回归。根据工具变量的选择原则，我们把人口密度（pd）、非农产业占 GDP 比重（urb）及政府支出占 GDP 比重（exp）作为是否开通高速铁路的解释变量，然后进行 Logit 回归，得出某一

个城市开通高速铁路的概率比值，从而形成一个介于 0 和 1 之间的连续性变量去替代高速铁路的哑元变量再进行回归。

第一阶段回归的公式如（4.34）所示，回归结果见表4-8。

$$Logit(HSR)_{it} = Constant + \gamma_1 \ln(pd)_{it} + \gamma_2 \ln(urb)_{it} + \gamma_3 \ln(exp)_{it} \qquad (4.34)$$

表4-8 Logit 回归结果

因变量：HSR	系数	标准误	P > | z |
lnpd	0.183 **	0.80	0.022
lnurb	29.833 ***	5.41	0.000
lnexp	0.920 ***	0.17	0.000
截距项	0.632	0.67	0.347

LR chi^2（3）= 123.16

Prob > chi^2 = 0.00

log likelihood = 644.29

注：*** 、** 分别表示在 1%、5% 的水平下显著。

统计检验值显示第一阶段的回归结果显著，根据表4-8的回归结果，我们计算 *HSR* 的工具变量估计值，再利用公式（4.14）进行二次回归。我们将截面数据回归中得出的工具变量记为 *HSRIVc*，面板数据回归中得出的工具变量记为 *HSRIVp*，其他变量的定义与表4-4相同。第二阶段的回归结果如表4-9所示。

表4-9 全国城市条件收敛的 TSLS 回归分析（第二阶段）

因变量：$\ln y_{it} - \ln y_{i0}$	截面数据分析	面板数据分析
$\ln y_{i0}$	-0.107（0.05）**	-0.299（0.02）***
HSRIVc	0.057（0.03）*	—
HSRIVc^2	-0.012（0.009）	—
HSRIVp	—	0.044（0.01）***
$\ln s_k$	0.054（0.07）	0.059（0.02）***
$\ln(n+g+\delta)$	-0.580（0.04）***	-0.097（0.004）***
$\ln s_h$	0.159（0.06）***	0.301（0.01）***
airport	0.009（0.03）	0.026（0.014）*
ln$highway$	-0.011（0.02）	0.069（0.03）**

因变量：$\ln y_{it} - \ln y_{i0}$	截面数据分析	面板数据分析
ln*post&tele*	− 0.083（0.07）	− 0.039（0.03）
ln *f*	− 0.008（0.59）	0.017（0.25）
截距项	0.329（0.59）	3.055（0.25）***
λ	2.83%	8.88%
adj. R^2	0.59	0.73

注：括号中的统计量为标准误。***、** 和 * 分别表示在 1%、5% 和 10% 的水平下显著。

表 4 - 9 和表 4 - 4 的回归结果没有明显差异，主要解释变量特别是高速铁路变量的符号和显著性没有发生改变。说明表 4 - 4 的回归结果并没有受到外生性问题的困扰，这主要是因为在全国的面板数据回归分析中，开通高速铁路的城市已经不限于少数经济发达城市，而是延伸到了全国各大经济区域范围内的城市。

五 京沪高速铁路开通后沿线城市经济增长及趋同发展的检验

为了进一步验证本章结论的稳健性，本节选择京沪高速铁路开通后沿线城市经济增长及趋同发展的情况进行分析。将京沪高速铁路开通之后的第一年（2012 年）作为 t_0，对沿线城市的经济增长收敛情况进行计量经济学实证检验，包括绝对趋同，以及加入所有控制变量的回归分析。如表 4 - 10 所示，结果是稳健的，表明京沪高速铁路开通对沿线城市有显著的积极影响。此外，DID 模型对京沪高速铁路对城市经济增长及趋同发展的影响进行实证研究。使用同一时间开通的一条高速铁路，可以在稳健性检验中有效处理高速铁路的时变特征。在 DID 模型中，实验组为京沪高速铁路沿线城市，控制组为京沪高速铁路途经省份（河北省、江苏省、安徽省、山东省）中没有高速铁路经过的城市，处理时间为京沪高速铁路开通运行的时间（2011 年）。

双重差分实证模型为：

$$\ln y_{it}\text{-}\ln y_{i0} = constant\text{-}\alpha \ln y_{i0} + \gamma_1 HSR \times after_{it} +$$
$$\gamma_2 year_t \times province_i + \gamma_3 city_i + \gamma_4 X_{it} + \varepsilon_i \qquad (4.35)$$

模型中，$HSR \times after_{it}$ 为关键变量，即是否开通高速铁路与开通前后的交互项。$year_t \times province_i$ 控制了时间趋势，$city_i$ 控制城市固定效应。X_{it} 为控制变量。模型中经济增长变量和其他控制变量与之前模型保持一致。

表 4 - 10 京沪高速铁路开通对沿线城市经济增长收敛的回归分析

因变量：$\ln y_{it} - \ln y_{i0}$	截面分析		DID 分析
$\ln y_{i0}$	- 0. 341 (0. 15) **	- 0. 448 (0. 12) ***	- 0. 053 (0. 027) **
$HSRc$	—	0. 122 (0. 07) *	—
$HSR \times after$		—	0. 029 (0. 018) *
$\ln s_k$	—	0. 201 (0. 143)	- 0. 012 (0. 029)
$\ln (n + g + \delta)$	—	- 0. 149 (0. 056) ***	- 0. 148 (0. 008) ***
$\ln s_h$	—	0. 058 (0. 082)	0. 072 (0. 016) ***
$airport$	—	0. 012 (0. 048)	0. 016 (0. 020)
$\ln highway$	—	0. 008 (0. 044)	0. 005 (0. 015)
$\ln post\&tele$	—	0. 014 (0. 124)	- 0. 051 (0. 021) **
$\ln f$	—	0. 188 (0. 140)	0. 040 (0. 019) **
截距项	5. 800 (1. 55) ***	4. 130 (1. 72) ***	0. 089 (0. 32)
$year \times province$	不控制	不控制	控制
$city$	不控制	不控制	控制
λ	10. 43%	14. 86%	1. 36%
adj. R^2	0. 22	0. 42	0. 70

注：括号中的统计量为标准误。 *** 、 ** 和 * 分别表示在1% 、5%和10%的水平下显著。

表 4 - 10 显示了京沪高速铁路开通对沿线城市经济增长收敛的截面分析以及 DID 分析。在截面分析中，初始的劳均 GDP 系数都显著为负，也就是说城市的经济发展存在绝对趋同现象。加入高速铁路及其他控制变量后，高速铁路的估计系数显著为正（0.122），表明京沪高速铁路的开通促进了沿线省份的经济增长趋同。在 DID 分析中，$HSR \times after$ 这一项的估计系数显著为正，为 0.029，进一步证实了京沪高速铁路开通对沿线城市经济增长趋同的作用。人力资本积累和金融发展也对经济增长趋同具有正向作用。

京沪高速铁路开通后，北京、上海两个中心城市与沿线其他非中心城

市的连通性极大增强。从表 4 – 11 可以看出，京沪高速铁路沿线新开通高速铁路站点城市到中心城市的时间距离随之大大缩短，比如山东枣庄，高速铁路开通之前，乘普通火车到最近经济中心北京的旅行时间为 573 分钟，而京沪高速铁路开通后，乘高速铁路到北京的旅行时间仅为 150 分钟。北京、上海对沿线其他城市的经济增长溢出效应受到铁路旅行时间的影响，旅行时间越短，溢出效应越大。通过大规模投资建设高速铁路，使抵达经济中心城市的铁路旅行时间缩短，能够增强经济中心城市对其经济腹地城市的经济增长溢出效应，促进经济腹地城市的经济增长，从而实现城市经济增长趋同。

表 4 – 11　京沪高速铁路开通对沿线城市铁路旅行时间的影响

省份	新开通高速铁路城市	最近经济中心	高速铁路开通前到最近经济中心普通火车旅行时间（分钟）	高速铁路旅行时间（分钟）
河北	廊坊	北京	55	20
	沧州	北京	90	78
江苏	徐州	上海	284	157
安徽	蚌埠	上海	213	117
	滁州	上海	174	101
	宿州	上海	272	137
山东	济南	北京	186	115
	德州	北京	130	72
	枣庄	北京	573	150
	泰安	北京	258	157

本节基于最新的高速铁路建设和运营资料的实证研究表明，在其他影响城市经济增长的因素不变的情况之下，现阶段中国城市开通高速铁路能够带来更快的经济增长速度和更高的人均产出水平，大规模的高速铁路建设缩小了中国城市间的经济发展差距，促进了不同地区之间的经济增长趋同。

其他控制变量的系数估计结果也与经济增长文献中的结论基本一致，人力资本积累对经济增长具有促进作用，而人口增长稀释了人均物质资

本，对经济增长有负向作用。物质资本投资率、城市所在省份公路密度、通信发展程度和金融发展程度的数据在本章研究的样本区间没有结构性的变化，对城市经济增长没有解释力，进一步凸显了现阶段开通高速铁路对城市经济增长具有稳健的促进作用。

第五节　铁路旅行时间与城市经济增长趋同的实证研究

为了讨论高速铁路发展对城市经济增长与趋同发展的作用机制，在高速铁路发展对城市经济趋同影响的理论模型基础上，本节将历年《全国铁路旅客列车时刻表》显示的城市之间铁路旅行时间数据作为城市间交通效率的代理变量，通过拓展经济增长溢出效应研究中经典的引力模型，重点对京津冀、长三角、珠三角三大经济增长极通过铁路旅客运输对全国其他城市的辐射带动作用，以及铁路旅行时间缩短对这一溢出效应的影响进行定量实证研究。式（4.36）为本节使用的修正引力模型：

$$\Delta \ln y_{it} = \beta_0 + \beta_1 \ln y_{i,t-1} + \beta_2 T_{it} Y_{Bt} D_B + \beta_3 Y_{Bt} D_B + \beta_4 T_{it} Y_{St} D_S + \beta_5 Y_{St} D_S +$$

$$\beta_6 T_{it} Y_{Gt} (1 - D_B - D_S) + \beta_7 Y_{Gt} (1 - D_B - D_S) + \beta_8 X_{it} + \mu_i + \varepsilon_{it} \quad (4.36)$$

其中，变量 T_{it} 为 t 年城市 i 距离最近经济增长极的铁路旅行时间，单位为分。本节研究中国的三大经济增长极，分别为京津冀经济增长极（代表城市北京市，B）、长三角经济增长极（代表城市上海市，S）和珠三角经济增长极（代表城市广州市，G）[①]。数据来源于手工整理历年《全国铁路旅客列车时刻表》得到的各城市到北京市、上海市和广州市的最短铁路旅行时间，这一旅行时间不区分新建的高速铁路和已有的普通铁路，关注铁路旅行时间对经济增长极溢出效应的影响，包括 2009～2016 年中国 285 个地级及以上城市。Taylor 和 Carl（2016）在研究美国阿巴拉契亚地区高速公路建设投资和交通成本降低对当地经济发展的影响时，采取了与本节

---

① 京津冀经济增长极包括北京、天津两个直辖市和河北省的石家庄、秦皇岛、唐山、廊坊、保定、沧州、张家口、承德 8 个地级市；长三角经济增长极包括上海市、江苏省、浙江省、安徽省，共计 41 个城市；珠三角经济增长极包括广东省的广州、深圳、清远、佛山、茂名、东莞、汕头、中山、揭阳、珠海、汕尾、江门、肇庆、阳江、惠州 15 个城市。

类似的研究策略，将当地各县之间的公路旅行时间作为衡量贸易条件改善程度和市场准入程度的代理变量构建了类似的引力模型。

Y_{Bt}、Y_{St}、Y_{Gt}分别代表第 t 年京津冀、长三角和珠三角经济增长极的GDP总量，单位为万亿元。根据经济增长溢出效应的原理，经济中心的经济规模越大，溢出效应越强（见表 4 - 12）。虽然拉动城市经济增长的溢出效应可能发生在任意两个城市之间，但改革开放以来中国的经济增长存在明显的区域性和阶段性特征，东部沿海地区由南向北依次形成了珠三角、长三角和京津冀三大经济增长极，集聚了大量的物质资本和人力资本，地区生产总值占全国国内生产总值的比重高达 40% 以上，对中国其他城市的经济发展起到了重要的带动作用，因此本节将上述三大经济增长极作为研究的焦点。

表 4 - 12　珠三角、长三角和京津冀三大经济增长极在中国经济中的地位

地区	地区生产总值 （亿元，2010 年不变价）				占全国国内生产总值的比重 （%）			
	2010 年	2012 年	2014 年	2016 年	2010 年	2012 年	2014 年	2016 年
京津冀	39599	48669	57081	65985	9.68	10.09	10.19	8.90
长三角	98200	120209	143352	167895	24.02	24.92	26.60	22.65
珠三角	43577	53097	64957	76235	10.66	11.01	11.60	10.29
合计	181376	221975	265390	310115	44.36	46.02	47.39	41.84

资料来源：《中国城市统计年鉴》（2011～2017 年）。

本节通过哑元变量区分三大经济增长极各自的经济腹地城市。当某城市铁路旅行时间最短的经济中心城市为北京市时，$D_B = 1$，该城市为京津冀经济增长极溢出效应发挥作用的经济腹地城市，其他情况 $D_B = 0$；当某城市铁路旅行时间最短的经济中心城市为上海市时，$D_S = 1$，其他情况 $D_S = 0$；当 $D_B = 0$、$D_S = 0$ 时，$D_G = 1 - D_B - D_S = 1$ 代表某城市铁路旅行时间最短的经济中心为广州市。以京津冀经济增长极的经济腹地城市为例，当 $D_B = 1$ 时，式（4.36）可以改写为：

$$\Delta \ln y_{it} = \beta_0 + \beta_1 \ln y_{i,t-1} + \beta_2 T_{it} Y_{Bt} + \beta_3 Y_{Bt} + \beta_4 X_{it} + \mu_i + \varepsilon_{it} \qquad (4.37)$$

如果 β_2、β_3 在统计意义上等于 0，则京津冀经济增长极经济规模的增大

对其经济腹地城市的经济增长没有溢出效应，经济中心城市与其经济腹地之间的经济发展差距会进一步拉大。如果 $\beta_2 < 0$、$\beta_3 > 0$，则存在京津冀经济增长极对周边城市的经济增长溢出效应，经济中心城市将带动其他城市经济发展，从而实现城市经济增长趋同。经济中心城市溢出效应的大小定义为 $\partial \Delta \ln y_{it} / \partial Y_{Bt} = \beta_2 T_{it} + \beta_3$，如果 $\beta_2 < 0$，则表明经济中心城市对其他城市的溢出效应受到铁路旅行时间的影响，距离越远、旅行时间越长，溢出效应越小。铁路旅行时间缩短对经济增长的促进作用为 $-\partial \Delta \ln y_{it} / \partial T_{it} = -\beta_2 Y_{Bt}$，即通过大规模投资建设高速铁路，使抵达经济中心城市的铁路旅行时间 T 缩短，增强经济中心城市对其经济腹地城市的经济增长溢出效应，促进经济腹地城市的经济增长，从而实现城市经济增长趋同。同理，通过分析式（4.36）中系数 β_4、β_5、β_6、β_7 的显著性和正负符号，可以分别估计出长三角和珠三角经济增长极对各自经济腹地城市的溢出效应大小，以及高速铁路建设和铁路旅行时间缩短对经济增长溢出效应的作用。

表 4-13 报告了使用面板数据固定效应模型对式（4.36）的模型估计结果，为了更好地区分京津冀、长三角和珠三角经济增长极对各自经济腹地的经济溢出效应，表 4-13 首先报告只含某一经济增长极哑元变量的模型估计结果。

表 4-13　铁路旅行时间、经济溢出效应与城市经济增长趋同的固定效应模型估计结果

因变量：$\Delta \ln y_{it}$	京津冀经济腹地城市	长三角经济腹地城市	珠三角经济腹地城市	全国
$\ln y_{i,t-1}$	-0.197 *** (0.019)	-0.183 *** (0.018)	-0.178 *** (0.019)	-0.250 *** (0.020)
$T_{Bt} \times Y_{Bt} \times D_B$	-0.00000692 * (0.00000419)	—	—	-0.00000798 * (0.00000446)
$Y_{Bt} \times D_B$	0.017 *** (0.005)	—	—	0.042 *** (0.006)
$T_{St} \times Y_{St} \times D_S$	—	-0.00000659 ** (0.00000336)	—	-0.00000301 (0.00000359)
$Y_{St} \times D_S$	—	0.009 *** (0.003)	—	0.015 *** (0.003)

续表

因变量：$\Delta \ln y_{it}$	京津冀经济腹地城市	长三角经济腹地城市	珠三角经济腹地城市	全国
$T_{Gt} \times Y_{Gt} \times D_G$	—	—	-0.00000400 (0.0000805)	0.00000367 (0.00000800)
$Y_{Gt} \times D_G$	—	—	0.002 (0.006)	0.024^{***} (0.006)
$\ln s_k$	0.044^{***} (0.016)	0.046^{***} (0.016)	0.049^{***} (0.016)	0.026^{*} (0.016)
$\ln (n + g + \delta)$	-0.105^{***} (0.004)	-0.106^{***} (0.004)	-0.107^{***} (0.004)	-0.097^{***} (0.004)
$\ln s_h$	0.243^{***} (0.012)	0.243^{***} (0.012)	0.231^{***} (0.011)	0.300^{***} (0.014)
$airport$	0.019 (0.016)	0.020 (0.016)	0.020 (0.016)	0.017 (0.015)
$\ln highway$	0.053^{**} (0.026)	0.066^{***} (0.026)	0.059^{**} (0.026)	0.037 (0.026)
$\ln f$	0.018^{**} (0.008)	0.019^{**} (0.008)	0.019^{**} (0.008)	0.016^{**} (0.008)
截距项	1.803^{***} (0.223)	1.607^{***} (0.214)	1.573^{***} (0.216)	2.421^{***} (0.238)
adj. R^2	0.69	0.69	0.69	0.70

注：括号中的统计量为标准误。*、**、***分别表示在10%、5%、1%的水平下显著。

在表4-13中，除只含珠三角经济增长极哑元变量的估计结果以外，其他所有模型的估计结果中经济增长极经济规模变量的系数 β_3、β_5 和 β_7 均大于零且显著，表明中国东部沿海地区的京津冀、长三角和珠三角三大经济增长极的产出增长均带动了其经济腹地城市的经济增长，具有明显的经济溢出效应。

京津冀经济腹地城市和长三角经济腹地城市的估计结果显示系数 β_2 和 β_4 小于零且显著，表明这两个经济增长极的经济腹地城市，随着大规模的高速铁路建设，抵达北京或上海的铁路旅行时间缩短，经济增长极对其的经济溢出效应增大。对京津冀经济腹地城市的估计结果显示，铁路旅行时间减少60分钟，按京津冀2016年的经济规模，将使其经济腹地城市的经济增长速度提高0.24%。长三角经济腹地城市的估计结果显示，铁路旅行

时间减少 60 分钟，按长三角 2016 年的经济规模，将使其经济腹地城市的经济增长速度提高 0.57%。

表 4-13 的估计结果中，$T_{Gt} \times Y_{Gt} \times D_G$ 的系数 β_6 不显著，表明珠三角经济增长极对周边城市的经济溢出效应不受铁路旅行时间长短的影响。在本章观测的时间段内，新建高速铁路缩短了抵达广州的铁路旅行时间，但不会使珠三角的经济溢出效应发挥更大的作用。与京津冀和长三角相比，作为中国最早对外开放的区域，珠三角地区的经济发展模式以外向型经济为主，传统上主要依靠出口加工贸易，这一经济发展初始条件有可能削弱了在实证研究中观测到珠三角经济增长极通过高速铁路建设带动其经济腹地城市经济增长的可能性。

第六节　本章小结

近年来以高速铁路为代表的大规模基础设施建设，极大地减少了地区之间人员和商品流动的时间和成本。本章的研究表明高速铁路建设通过减少中国城市间旅行时间、提高交通效率，使东部沿海发达地区已经跨越"中等收入陷阱"的城市拉动中西部欠发达地区城市的经济发展，建立统一、高效的国内消费市场和要素市场，在消除贫困、全面建成小康社会的过程中起到了积极的作用。

本章首先建立了一个内生经济增长的理论分析框架，从理论上讨论高速铁路如何通过压缩时空，加速生产要素流通速度，产生巨大和多样的经济外部性，实现对全国所有城市经济增长的促进作用，同时对城市之间的趋同发展产生促进作用。其次，通过简单的统计分析，尤其是通过样本城市劳均 GDP 的基尼系数计算分析全国城市经济发展的趋同走向。最后，建立适合中国城市内生经济增长的理论模型，植入高速铁路变量，同时植入高速铁路与城市初始劳均 GDP 的交叉变量，一步一步地分析高速铁路如何影响城市经济增长及城市之间经济发展的收敛速度，结果证实了我们的两个基本理论假设。

使用 2010~2016 年《全国铁路旅客列车时刻表》所提供的铁路旅行

时间数据，利用中华人民共和国成立之初是否有铁路通达作为城市开通高速铁路哑元变量的工具变量，使用两阶段最小二乘法克服变量内生性问题，实证研究证明，开通高速铁路有效地促进了沿线城市的经济增长。此外，分区域的回归以及京沪高速铁路对沿线城市经济增长及收敛的回归结果都表明，我们的实证模型是可靠的，回归结果是稳健的。

进一步基于城市间铁路旅行时间和经济溢出效应讨论开通高速铁路对沿线城市经济增长的作用机制，研究发现，经济增长极对其经济腹地城市的经济溢出效应是高速铁路建设在沿线城市经济增长中发挥积极作用的重要传导机制。京津冀、长三角经济增长极通过铁路系统对其经济腹地城市的经济增长产生明显的辐射带动作用，铁路旅行时间减少60分钟，分别能使其经济腹地城市的经济增长速度提高0.24%和0.57%。大规模建设高速铁路带来的城市间交通效率提高和旅行时间缩短，促进了高速铁路沿线经济腹地城市的经济增长，但珠三角经济增长极对其经济腹地城市的经济溢出效应尚未通过铁路旅行时间的缩短表现出来。

第五章

高速铁路与投资增长

从 2012 年开始，中国经济发展进入了新常态，从高速增长转向中高速增长，经济发展方式从规模速度型粗放增长转向质量效率型集约增长，经济结构发生了从增量扩张为主，转向调整存量、做优增量并存的深刻变化。在新常态下，经济结构将发生全面而根本的调整，如城乡差距将逐步缩小、人民收入占国民经济比重将逐渐增大等。同时，我们也应该清醒地认识到，在这个过程中也出现了一些新问题和新矛盾。比如，楼市不理性发展、区域发展不均衡、地方政府债务风险提高、制造业增长减慢等。这些问题的发生及解决都与国家的投资政策和投资方向有关，而高速铁路的出现及迅速发展，对全社会固定资产投资，进而对国民经济长期可持续发展具有非常深刻的影响。因此，研究高速铁路建设对全社会固定资产投资影响的理论机制及实践路径，具有非常重要的现实意义。

过去，中国一直通过高投资率来驱动经济快速增长（Krugman，1980；Kwan et al. 1999；Qin，2017；Chow，1993；王绍光、胡鞍钢，1999）。如图 5 - 1 所示，2012 年之前，中国资本形成率以及资本形成总额对 GDP 增长的贡献率一直较高并整体呈上涨趋势。2012 年以后，资本形成总额对 GDP 增长的贡献率却出现了明显的下降。过低的投资率会引起长期经济增长不可持续，只有维持较高的投资比例，才能支撑较高的经济增长水平（罗默等，1998）。2018 年消费、投资和国际贸易对中国 GDP 增长的贡献率分别为 76.2%、32.4% 和 - 8.6%。说明原来靠"三驾马车"拉动 GDP 增长的方式，因为外贸格局的变化而受到了严峻的考验，也就是说，这一

年的 GDP 增长只能依靠投资和消费，国际贸易的影响成了负面的。

提高人民的消费和生活水平是经济发展的主要目的，虽然短期内增加消费也能促进经济增长，但经济持续增长的驱动力是投资而不是消费。原因在于消费的持续增长必须以收入增长为前提，而后者却有赖于劳动生产率水平的不断提高，劳动生产率水平的提高来源于技术创新和产业升级，两者都必须以投资为载体（林毅夫，2014）。

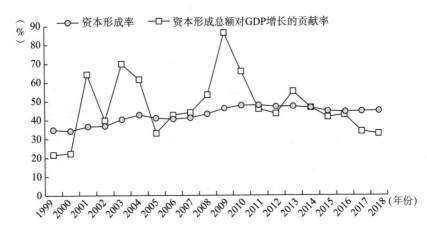

图 5 - 1　中国 1999～2018 年资本形成率及资本形成总额对 GDP 增长的贡献率
资料来源：《中国统计年鉴》（2000～2019 年）

中央经济工作会议中提出，要实现内部增长，可以在扩大总需求的同时，推进供给侧结构性改革中的补短板。扩大总需求包括扩大消费和投资需求，把扩大投资需求跟补短板结合在一起，有利于促进过剩产业转型升级、基础设施建设、技术创新、成本节约、环境改善及城镇化发展。

在新的发展阶段，中国急需寻找新的投资突破点，比如基础设施、战略性新兴产业、环境、教育等行业的投资。如何把握局势、抓住机遇进行投资，对经济增长有着重要的作用和意义。在当前经济下行压力增大、传统产业产能过剩的情形下，大力建设基础设施有利于创造新就业岗位，形成有效资产，增加政府税收，进而提高经济增长率。其中，高速铁路"八纵八横"网络的战略规划和投资，已经成为而且将继续成为推动中国经济朝着"稳中有进、稳中向好"方向前进的重要投资领域，这是中国新时代经济可持续增长的重要战略举措，也是中国经济有别于其他国家经济的独

特发展机遇。

第一节　高速铁路对投资增长作用的理论分析

运输时间或成本减少，使企业和居民可以在其他城市进行贸易或投资，有利于细分市场，提高分工水平和专业化水平，扩大经营规模，从而提高全要素生产率（Krugman，1980；1991；Limão，Venables，2001；Duranton，2013）。邻近交通网络对要素流动性提升和人均 GDP 增长都有正向效应（Banerjee，2012）。双边贸易随着城市之间运输距离的缩短而增加，运输能力的提升能够提高国民经济生产效率（Carlino，Mills，1987；Carlino，Voith，1992）。城市内部的交通也会影响贸易、服务和制造业（Rephann，Isserman，1994）。

刘生龙和胡鞍钢（2011）利用 2008 年中国交通部省际货物运输周转量的普查数据，在引力方程的基础之上引入交通变量，验证了交通基础设施对中国区域经济一体化的影响，他们的研究发现交通基础设施的改善对中国区域贸易产生了显著的正向影响，促进了省际贸易增加和区域经济一体化。李涵和唐丽淼（2015）讨论了交通基础设施影响经济增长的微观渠道，利用中国制造业企业面板数据来估计省级公路设施建设对企业库存的空间溢出效应，并通过一个准自然实验对这一效应背后的因果关系进行了识别，发现中国省级公路设施对企业库存具有显著的空间溢出效应。

高速铁路对投资的作用机制主要有以下几个方面。

高速铁路本身作为一项投资，有巨大的乘数效应。高速铁路投资对国民收入有加倍扩大的作用，促进下一轮消费增长，使 GDP 进一步增长，从而产生宏观经济的扩张效应。

高速铁路的开通缩短了旅行时间，使经济中心的经济腹地范围扩大，投资便利性增强。根据资本边际报酬递减理论，经济中心城市的企业有向要素稀缺的城市投资以获得更多收益的冲动。通过投资带动高速铁路沿线城市的经济增长，促进区域城市集群的形成，产生更大的城市及工业集聚效应，降低企业生产和流通成本。各类人力、物力资源在交通节点、交通

干线、交通圈内重新分配，且随着高速铁路影响半径的延长，区域内的经济联系更加密切。

高速铁路建设过程涉及勘察设计、隧道施工、轨道铺设、运输生产、人员技能培训等一系列环节，相关行业包括建筑钢铁业、电子信息业、精密设备制造业、轨道交通装备制造业、新材料制造业、新能源产业、商业服务业、旅游餐饮业等。在投资的同时，能够促进全社会各行业的就业。同时，高速铁路投资支出也转化为其他产业的收入，这些部门把得到的收入扣除储蓄后用于消费或投资，又会转化为另一些产业的收入。如此循环下去，不仅促进其他产业的发展，还带来了国民收入以投资的倍数递增。

高速铁路建设促进全社会的技术进步，为中国经济社会可持续发展提供后续的技术力量。例如，高速铁路建设需要建造各种桥梁和隧道，建造这些桥梁和隧道要面对各种不同的地质和气候条件，不仅对铁路建设技术是一种挑战，对建筑材料、建设通信设备等也是一种挑战。在一条条高速铁路建成开通以后，与高速铁路建设有关的行业的技术水平，都会得到进一步的提升，这些技术在其他行业的应用，必然会产生巨大、广泛、长期的社会经济效益。例如，京沪高速铁路建设期间，日投资 1.9 亿元。铁路投资与相关投资比例为 1∶10，共耗费 470 多万吨钢材、2700 多万吨水泥、1.2 亿吨砂石料，消耗的混凝土足够浇筑 4 座三峡大坝。为让京沪高速铁路跨越长江，建造了当今世界上跨度最大的铁路钢铁拱桥——大胜关长江大桥，全长 9273 米，共 6 条轨道，并研发出一种高强度、高韧性、焊接性能良好的新钢种。

高速铁路的开通增加了面对面交流以获得信息的便利性（Petersen，Rajan，2002；Loughran，2008），节约了投资成本。研究表明，现代通信手段不能完全取代面对面交流（Fritsch，Schilder，2008）。一些投资者和创业者在社交场合的互动与投资业绩是正相关的（Clercq，Sapienza，2006）。高速铁路开通后，投资者可以方便快捷地去往高速铁路开通城市的企业直接交流，便于实地考察和了解投资环境，以及监督项目的进展和执行情况。

高速铁路开通带来的经济效率如图 5－2 所示，K 轴表示资本，L 轴表示劳动力，生产函数为 $Q = A(t) \cdot f(K, L)$，其中 $A(t)$ 为综合技术水平，t 为时间。图中，高速铁路开通前，生产的等成本线为 AB，当产出 $Q = 1$ 时，需要的资本为 K，劳动力为 L。高速铁路开通后，时空压缩效应促进了区域一体化，带来更大的投资市场，能够促进全行业进步和社会经济发展。此时，等产量曲线向左下方移动至 $A'B'$，在产出不变的情况下，$Q' = Q = 1$，需要的资本和劳动力都有一定程度的减少，分别为 K' 和 L'，即相同的产出只需要较少的人力和物质资本投入，尤其是较少的人力投入。综合技术水平 $A(t)' = Q'/f(K', L')$ 及劳均资本量 (K'/L') 显著提升。高速铁路结合了新的科学、技术、材料和工艺，是现代技术进步的重要体现，高速铁路投资将对我国长期的经济增长产生巨大的影响。

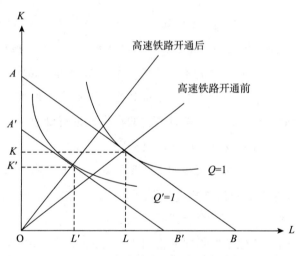

图 5－2　高速铁路开通的经济效率

第二节　实证模型

本节实证部分将聚焦高速铁路对全社会固定资产投资的促进作用，我们先提出以下两个理论假设：高速铁路开通能够带来更多的社会固定资产投资；高速铁路投资不仅对其他行业投资没有替代作用，而且会促进其他行业的投资增长。

　　为了证明这两个理论假设，本节采用多种实证方法，多维度解释同一个经济现象：高速铁路建设与开通促进整个社会固定资产投资增长。我们的方法包括：采用基本 OLS 回归模型检验高速铁路开通对社会固定资产投资率提升的影响；构建双重差分模型验证高速铁路开通与投资增长的因果关系；进一步采用倾向得分匹配双重差分法（PSM-DID）来减少有关偏差和混杂变量的影响。

一　高速铁路对投资增长影响的基本模型

　　我们设定高速铁路开通对社会固定资产投资率（简称投资率）提升的影响的基本模型为：

$$\ln I_{it} - \ln I_{i,t-1} = constant + \alpha \ln I_{i,t-1} + \gamma_1 HSR_{it} + \gamma_2 X_{it} + u_i + \varepsilon_{it} \qquad (5.1)$$

　　式中，$i = 1, \cdots, N$ 代表不同城市；$t = 1, \cdots, T$ 代表不同的年份；u_i 为与第 i 个城市特征相关的误差项；ε_{it} 为随机误差项。I_{it} 为城市 i 在 t 年的投资率，$I_{i,t-1}$ 为前一年的投资率，两者自然对数之差 $\triangle \ln I_{it}$ 衡量投资率提升速度。在这里，I_{it} 可以表示全社会固定资产投资率，也可以表示其他特别定义的投资率。在实证中，我们也尝试将投资进行细致的分类来进行研究，如加入了外商直接投资和房地产投资变量。

　　HSR_{it} 为开通高速铁路哑元变量，当所在城市开通了高速铁路，$HSR_{it} = 1$；当所在城市未开通高速铁路，$HSR_{it} = 0$。在式（5.1）的计量经济实证模型中，高速铁路开通是否会促进投资增长取决于 γ_1 的符号，如果 $\gamma_1 > 0$ 且显著，则说明在其他条件相同的情况下，开通高速铁路的城市的投资增长会更快。X 为其他控制变量。

　　在选择其他控制变量时，我们首先考虑将航空（*airport*）和公路（*highway*）作为与高速铁路相对的不同交通方式纳入模型（Démurger, 2001；Fan, Zhang, 2004；Yao, Yang, 2012）。有文献表明，经济发展水平（人均 GDP）和政府财政收支比会影响投资增加（Hartman, 1985；Alesina et al., 2008），因此将这两个因素加入模型中，分别记为 *gdp* 和 *gov*。城镇化（*urb*）也是吸引投资的重要因素，特别是吸引外商直接投资（FDI）和房地产投资（Cheng, Yan, 2003；Dasgupta et al., 2014）。此

外，投资水平还会根据收入（*income*）而发生变化（Cummins et al.，1995；Mooij，Ederveen，2001）。在实际回归中，公式（5.1）可写为：

$$\ln I_{it} - \ln I_{i,t-1} = constant + \alpha \ln I_{i,t-1} + \gamma_1 HSR_{it} + \gamma_2 airport_{it} + \gamma_3 \ln highway_{it} +$$
$$\gamma_4 \ln gdp_{it} + \gamma_5 \ln gov_{it} + \gamma_6 \ln urb_{it} + \gamma_7 \ln income_{it} + u_i + \varepsilon_{it} \qquad (5.2)$$

二　双重差分（DID）模型

为了避免内生性问题，继续构建双重差分模型来验证高速铁路开通与投资增长的因果关系，即在控制其他因素的基础上，检验高速铁路开通后，高速铁路开通城市与非高速铁路开通城市的投资率增长是否具有显著差异。根据双重差分法的基本原理有：

$$\beta_{DID} = E(I^1_{i,after} - I^1_{i,before} \mid HSR = 1) - E(I^0_{i,after} - I^0_{i,before} \mid HSR = 0) \qquad (5.3)$$

其中，*HSR* 为高速铁路开通的虚拟变量，设定开通高速铁路的城市为实验组，未开通高速铁路的城市为控制组，即 *HSR* = 1 设为实验组，*HSR* = 0 设为控制组。"*after*"表示实验之后，"*before*"表示实验之前。*I* 为投资率。式（5.3）右边两项分别是实验组和控制组自身的一次差分，从而消除自身的变化趋势，而这两者之间再次取差分，就得到高速铁路开通对投资率提升的净效应。

$$\hat{\beta}_{DID} = (\bar{I}^{treatment,after} - \bar{I}^{treatment,before}) - (\bar{I}^{control,after} - \bar{I}^{control,before})$$
$$= \Delta \bar{I}^{treatment} - \Delta \bar{I}^{control} \qquad (5.4)$$

HSR 对社会固定资产投资的双重差分效果如图 5 - 3 所示。首先，假设在没有开通高速铁路之前，实验组的投资率比控制组高（$I_{tb} > I_{cb}$）。开通高速铁路以后，实验组的投资率受高速铁路影响而提升，因此实验组相对控制组的投资率差距拉大（$I_{ta} > > I_{ca}$），有了高速铁路以后拉大的那一部分才是高速铁路对投资率影响的净效应 $[(I_{ta} - I_{tb}) - (I_{ca} - I_{cb})]$。

本节设定的 DID 实证模型为：

$$\ln I_{it} - \ln I_{i,t-1} = constant + \alpha \ln I_{i,t-1} + \gamma_1 HSR_{it} \times after_{it} +$$
$$\gamma_2 year_t \times province_i + \gamma_3 city_i + \gamma_4 X_{it} + \varepsilon_{it} \qquad (5.5)$$

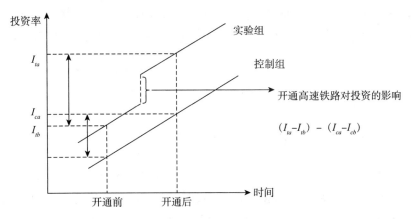

图 5 - 3　高速铁路开通对城市投资率提升的影响的双重差分模型分析原理

式中，$HSR \times after_{it}$ 为关键变量，即是否开通高速铁路与开通前后的交互项。$year_t \times province_i$ 控制了时间趋势，$city_i$ 控制城市固定效应。X_{it} 为控制变量。模型中的投资变量和其他控制变量与之前模型（式 5.2）保持一致。

2012 年 12 月 26 日，京广高速铁路开通，这是中国乃至世界最长的一条高速铁路线，总里程为 2298 公里，连接 36 座城市，是目前中国现有高速铁路线中最繁忙、盈利最多的线路之一。2012～2013 年开通高速铁路城市的增长率为 60.9%，为 2010～2016 年最高。因此我们将 2013 年设为 DID 实验的时间点，2013 年之后开通高速铁路的城市设为实验组，没开通的城市设为控制组。为防止样本受到其他高速铁路开通时间的污染，在 DID 分析中，将 2013 年之前开通高速铁路的城市从样本中删除。完成数据清理后，实验组共有 105 个样本城市，控制组共有 134 个样本城市。

三　倾向得分匹配双重差分（PSM-DID）模型

在双重差分模型中，由于实验组和控制组的分配非随机，因此混杂因子的存在可能使对实验组的效果估计有偏。Rosenbaum、Rubin（1983）首次提出倾向得分匹配法，并定义倾向得分为"个体在其特定的属性下接受某种干预的可能性"。倾向得分匹配法制造了一个"准随机试验"。倾向得分的主要用途是平衡实验组与控制组之间的协变量分布，对非随机化研究中的混杂因素进行类似随机化的均衡处理，其目的是减少选择性偏倚，基

本思想是找到与实验组所有相关的预处理特征类似的控制组。

国际上许多领域的观察性研究中早已开始使用倾向得分匹配法来减少选择性偏倚，涵盖了流行病学（Perkins et al, 2015）、劳动力市场（Bryson, 2002）、教育（Brand, Halaby, 2006）等领域。但倾向得分匹配法在国内研究的应用还很少，目前在医学（赵守军等，2003）、农业（陈玉萍等，2014）和经济（袁蓉丽等，2014；程子健、张俊瑞，2015）研究方面有一些成果。

本节中主要关注高速铁路开通 HSR 对投资率变化 I 的影响。

$$I_i = I_i(HSR_i) = \begin{cases} I_i(0), \text{if } HSR_i = 0 \\ I_i(1), \text{if } HSR_i = 1 \end{cases} \qquad (5.6)$$

$$I_i = (1 - HSR_i)I_i(0) + HSR_i I_i(1) \qquad (5.7)$$

倾向评分为个体在"预处理"之后，受某种变量影响的条件概率：

$$p(X) = \Pr(HSR = 1 \mid X) = E(HSR \mid X) \qquad (5.8)$$

X 为预处理的多维向量因子。当倾向评分 $p(X)$ 得出，个体在干预状态下的平均干预效应即表示个体在干预状态下的观测分结果与其反事实的差，其标准估计量可表示为：

$$ATT = E[I_i(1) - I_i(0) \mid HSR_i = 1] = E\{E[I_i(1) - I_i(0) \mid HSR_i = 1, p(X_i)]\}$$
$$= E\{E[I_i(1) \mid HSR_i = 1, p(X_i)] - E[I_i(0) \mid HSR_i = 0, p(X_i)] HSR_i = 1\}$$
$$\qquad (5.9)$$

本节假设，与控制组相比，实验组城市的投资增加是由于高速铁路开通。因此我们在控制组（未开通高速铁路）城市中寻找 $city_j$，与实验组（开通高速铁路）城市中 $city_i$ 的可观察变量尽可能相似。在进行 PMS 测试之前，需要通过比较实验组和控制组的人均 GDP、政府财政收支比、城市化水平、人均收入和行政区域面积来估计倾向得分。采用 Logit 回归，模型如下：

$$\text{Logit } HSR_i = Constant + \gamma_1 \ln gdp_i + \gamma_2 \ln gov_i + \gamma_3 \ln urb_i +$$
$$\gamma_4 \ln income_i + \gamma_5 \ln area_i \qquad (5.10)$$

式中 $income$ 表示人均收入，$area$ 表示行政区域面积，其他变量与之前模型定义一致。

本节运用最常用的最邻近匹配，即将控制组中找到的与实验组个体倾向得分差异最小的个体，作为自己的比较对象。基本原理是：

$$ATT_{PSM\_DID} = \frac{1}{N^T} \sum_{i \in i^T \cap S} \left[(I^T_{1i} - I^T_{0i}) - \sum_{i \in i^T \cap S} w(i,j)(I^C_{1j} - I^C_{0j}) \right] \qquad (5.11)$$

其中，i^T 是实验组中所有城市的集合，i^C 是控制组中所有城市的集合，S 是共同支撑域①，N^T 是在集合 $I^T \cap S$ 中城市的个数，$\omega(i,j)$ 是实验组中各城市的权重。

第三节 变量及数据

本章依旧使用全国 285 个城市的数据。图 5 - 4 显示了 2008 年及 2016 年中国东、中、西部样本城市实际人均 GDP 的对比。可以看到，2016 年实际人均 GDP 明显高于 2008 年，东部最高，西部最低。

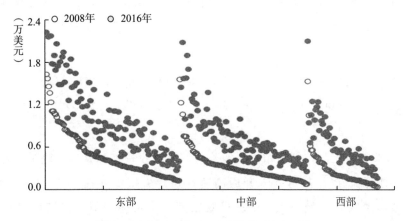

图 5 - 4 2008 年和 2016 年人均 GDP 对比

注：图中不包括鄂尔多斯（人均 GDP 3.3 万美元）及东营（人均 GDP 2.5 万美元）。

资料来源：《中国统计年鉴》（2009 年、2017 年）。

表 5 - 1 中列出了实证模型中涉及的所有变量。我们采用城市级面板数据。

---

① 在共同支撑域中，实验组中各城市倾向得分不高于（低于）控制组中各城市倾向得分的最大（小）值。

表 5 - 1　变量描述

变量	描述
I	投资率：投资占 GDP 的比重（%）
TFAI	全社会固定资产投资率。全社会固定资产投资占 GDP 的比重（%）
FDI	外商直接投资率。外商直接投资占 GDP 的比重（%）
est	房地产投资率。房地产投资占 GDP 的比重（%）
HSR	是否开通高速铁路。如果 $HSR_{it} = 1$，城市 i 在时间 t 已开通高速铁路；否则，$HSR_{it} = 0$
airport	$airport_{it} = 1$ 表示城市 i 在时间 t 有民用航空机场；否则，$airport_{it} = 0$
highway	等级公路（包括高速公路、一级公路和二级公路）总里程（公里）与行政区域面积（千平方公里）的比例。由于公路最细化只有省级数据可以使用，所以本研究中该变量对特定省份内的不同城市是不变的
gdp	实际人均 GDP（元，2010 年不变价格）
gov	政府财政收支比（%）
urb	城市化水平，用第二、第三产业就业人口占总就业人口的比例计算（%）
income	人均收入（元）
area	行政区域面积（平方公里）

TFAI、*FDI*、*est*、*gdp*、*gov*、*urb*、*income* 和 *area* 数据来源于《中国城市统计年鉴》（2010～2017 年），*highway* 数据来源于《中国统计年鉴》（2011～2017 年），*airport* 数据来源于中国民航局公布的《全国机场生产统计公报》（2010～2016 年）。表 5 - 2 报告了上述用于实证检验变量的描述性统计。

表 5 - 2　变量描述性统计（2010～2016 年，285 个城市的面板数据）

变量	观测数	平均值	标准差	最小值	最大值
ln*TFAI*	1995	-0.32	0.38	-2.44	0.79
ln*FDI*	1887	-4.48	1.19	-11.31	-2.03
ln*est*	1994	-2.37	0.61	-4.93	0.07
HSR	1995	0.28	0.45	0.00	1.00
airport	1995	0.46	0.50	0.00	1.00
ln*highway*	1995	-0.17	0.57	-1.58	1.90
Ln*gdp*	1995	12.77	0.38	10.36	14.47

变量	观测数	平均值	标准差	最小值	最大值
ln*gov*	1995	-0.85	0.53	-2.71	0.43
ln*urb*	1994	-0.03	0.10	-2.31	0.04
ln*income*	1992	10.67	0.30	8.51	12.68
ln*area*	1995	9.35	0.82	7.01	12.44

第四节　实证结果及分析

一　OLS 模型实证结果

本章从国家和地区层面检验高速铁路及其他相关因素对全国固定资产投资的影响。本节首先利用 OLS 模型进行实证分析。根据 Hausman 测试的结果，在数据分析中选择固定效应回归。表 5-3 结果根据式（5.2）所得。高速铁路开通对全国投资率提升的影响的估计值为 0.022，对东部、中部及西部的投资率提升的影响的估计值分别为 0.015、0.070 及 0.042，且在 10% 或 1% 的水平下显著，表明高速铁路开通对全国及东部、中部、西部各地区固定资产投资率提升有显著的积极影响，且对中部、西部的影响比对东部更大。从估计的结果看，相对于没有开通高速铁路的城市，全国开通高速铁路城市的投资率提升 2.2%，东部开通高速铁路城市的投资率提升 1.5%，中部开通高速铁路城市的投资率提升 7%，西部开通高速铁路城市的投资率提升 4.2%。

表 5-3　高速铁路对全社会固定资产投资率的影响（OLS 估计）（因变量：d ln*TFAI*）

变量	全国	东部	中部	西部
HSR	0.022 * (0.013)	0.015 * (0.008)	0.070 *** (0.02)	0.042 * (0.023)
airport	0.046 * (0.026)	0.084 (0.06)	0.105 *** (0.04)	-0.037 (0.05)
ln*highway*	0.180 *** (0.05)	0.298 ** (0.15)	0.189 ** (0.09)	0.374 *** (0.08)

续表

变量	全国	东部	中部	西部
$\ln gdp$	0.006 (0.02)	−0.033 * (0.02)	0.090 *** (0.035)	0.002 (0.05)
$\ln gov$	0.140 *** (0.02)	0.208 *** (0.04)	0.118 *** (0.03)	0.224 *** (0.06)
$\ln urb$	0.040 (0.06)	0.144 * (0.08)	0.040 (0.11)	−0.022 (0.08)
$\ln TFAI_{i0}$	−0.297 *** (0.02)	−0.127 *** (0.04)	−0.400 *** (0.03)	−0.469 *** (0.04)
截距项	−0.020 (0.29)	−0.130 (0.68)	−1.141 *** (0.46)	0.391 (0.67)
adj. R^2	0.12	0.09	0.22	0.10

注：d 代表一阶差分，所有连续型变量都取对数，变量定义见表 5 - 1。括号中的统计量为标准误。*** 、** 和 * 分别表示在 1%、5% 和 10% 的水平下显著。

我们进一步用公式（5.2）来检验高速铁路开通对全国层面其他投资的影响。首先考虑 FDI。1992 年以后，中国吸引外资的数量经历了 20 多年的快速增长。从 2012 年以后，外国资本流入开始进入缓慢增长时期（见图 5 - 5）。2016 年实际利用外资 1260 亿美元，比上年下降 0.21%。

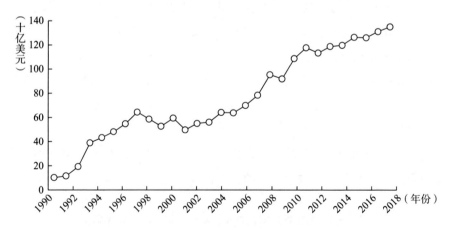

图 5 - 5　中国历年实际利用外资情况（1990 ~ 2018 年）

资料来源：《中国统计年鉴》（1991 ~ 2019 年）。

外资流入速度减缓，主要是受到世界金融危机的影响，以及国内经济结构调整，特别是针对外资的税收政策和产业政策发生了较大的变化。在

这样的背景下，高速铁路的开通能否增加沿线城市对外资的吸引力是本章关注的另一个焦点。也就是说，在国内外其他条件不太有利于吸引外资的情形下，如果高速铁路开通能够促进外资流入，说明高速铁路不仅有利于刺激国内投资者的热情，也有利于给外国投资者创造新的、更好的投资环境。

FDI 不仅代表外商直接投资本身，还代表市场化配置下的投资，而非政府和国企主导的投资，与固定资产投资高度相关（Borensztein et al.，1998；Wei et al.，2009）。

从表 5 - 4 中的结果可以看出，高速铁路开通对 FDI 增加的影响显著为正（0.192），说明高速铁路开通有利于吸引更多外资，相对于没有开通高速铁路的城市，开通高速铁路城市的外国投资率提升 19.2%，不仅说明高速铁路对吸引外资有明显影响，而且说明其影响力显著大于对国内投资的影响力。

中国高速铁路正在以前所未有的速度向海外发展，包括美国、巴西、俄罗斯、泰国、印度尼西亚、马来西亚、新加坡在内的许多国家也在寻求与中国在高速铁路上的合作。"一带一路"倡议和亚洲基础设施投资银行（AIIB）的建立，推动我国与周边国家基础设施的连接转向新的领域。双边贸易的进一步加强，不仅会增加投资数量，还会提高大型投资项目的质量。随着高速铁路的内在技术日趋成熟和经济外溢能力不断提高，中国的国际高速铁路建设必然将我国西部、东北、东南沿线城市与相邻国家和地区的城市打造为技术与经贸的利益分享共同体。不久的将来，高速铁路将会为我国与英国、俄罗斯、泰国、西欧等国家和地区的双边投资打开一条快速通道。这种对未来国际贸易发展的期望，也是外国跨国公司更加愿意在中国高速铁路开通的城市投资的主要因素之一。

表 5 - 4　高速铁路对其他投资增长的影响（全国层面）

变量	dln*FDI*	dln*est*	dln*TFAI-est*	dln*TFAI-trans*
HSR	0.192 ** （0.08）	0.046 * （0.026）	0.032 * （0.018）	0.029 ** （0.015）

续表

变量	dln*FDI*	dln*est*	dln*TFAI-est*	dln*TFAI-trans*
airport	0.272 (0.27)	0.071 * (0.04)	0.079 ** (0.04)	0.059 * (0.03)
ln*highway*	−0.221 (0.17)	0.063 (0.07)	0.430 *** (0.07)	0.248 *** (0.06)
ln*gdp*	0.074 (1.28)	−0.071 (0.05)	0.100 *** (0.03)	0.024 (0.03)
ln*gov*	−0.101 (0.33)	−0.050 (0.11)	0.144 *** (0.03)	0.163 *** (0.01)
ln*urb*	1.659 *** (0.55)	0.044 (0.11)	−0.044 (0.10)	0.007 (0.08)
lnFDI_{i0}	−0.821 *** (0.04)	—	—	—
lnest_{i0}	—	−0.609 *** (0.03)	—	—
ln$TFAI\text{-}est_{i0}$	—	—	−0.602 *** (0.02)	—
ln$TFAI\text{-}trans_{i0}$	—	—	—	−0.426 *** (0.02)
截距项	−0.790 *** (0.33)	−0.245 (0.61)	−1.389 *** (0.44)	−0.319 (0.34)
adj. R^2	0.25	0.32	0.27	0.18

注：d 代表一阶差分，*TFAI-est* = 社会固定资产总投资减去房地产投资，*TFAI-trans* = 社会固定资产总投资减去交通基础建设投资（包括高速铁路建设投资）。所有连续型变量都取对数，变量定义见表 5 - 1。括号中的统计量为标准误。 *** 、 ** 和 * 分别表示在 1% 、5% 和 10% 的水平下显著。

　　此外，学术上对资本回报率的争议主要源于中国固定资产投资中仍存在大量的非市场行为，比如可能存在价格泡沫的房地产业投资（Stiglitz，2001）。2016 年，中国房地产投资占固定资产投资的比重达到 22.7%，有证据显示，中国房地产投资每下降 1% 就会削减 GDP 约 0.1%。因此，讨论高速铁路对房地产业投资的影响也十分必要。表 5 - 4 第 3 列报告了各个解释变量对房地产业投资（*est*）影响的估计结果，其中高速铁路的估计值为 0.046，在 10% 的水平下显著，表明高速铁路的开通对房地产投资率

提升也有显著的正向作用。

由于其他行业投资金额的城市级数据缺失，我们无法准确观测高速铁路开通对其他行业的影响，因此使用全社会固定资产投资额减去房地产投资的部分（*TFAI-est*），将其他行业投资作为一个整体来测算。此外，固定资产投资中包括高速铁路投资，为了消除疑虑，我们同样需要去除这一部分投资来进行回归。由于城市级别数据缺失，我们计算出省级数据中交通与邮政投资这一部分的占比，用全社会固定资产投资减去这一部分来进行检验（*TFAI-trans*）。由表 5－4 的第 4 列和第 5 列可以看出，高速铁路的开通对去掉房地产或交通与邮政投资之后的其他部分投资，都具有显著的正向影响。表明高速铁路开通有利于调整相关产业的结构和空间布局，消化过剩产能，促进机械、建筑、电力、精密仪器、复合材料等相关产业协调发展。这些都证明了我们的假设：高速铁路开通不仅能为城市带来更多投资，而且对全行业投资起到了促进和推动作用。

二　DID 模型及 PSM-DID 模型实证结果

2013 年之前，西部 61 个城市中仅有 2 个城市开通了高速铁路，2014 年为 4 个城市，2016 年增至 12 个城市。倾向得分匹配之后，样本中只有 6 个西部城市。用如此少的样本量来解释高速铁路开通对整个西部投资的影响说服力不足，因此，在地区层面，本节只关注东部及中部。

由表 5－5 可以看到，全国、东部及中部 *HSR × after* 这一项的估计系数都显著为正，分别为 0.045、0.031 及 0.099，表明高速铁路开通是投资率提升的原因。从经济意义上看，该结果意味着，相对于未开通高速铁路的城市，全国、东部及中部开通高速铁路城市的投资率分别提升了 4.5%、3.1% 和 9.9%，十分可观。其中，高速铁路对投资率提升的影响在我国中部表现得最为明显，有利于我国中部崛起的战略目标实现。高速铁路开通降低了投资成本，提高了投资意愿，促进中部地区和东部地区的经济增长趋同，这些都肯定了前文的结论。

表 5 – 5　DID 检验结果（因变量：dln*TFAI*）

变量	全国	东部	中部
HSR × after	0.045（0.01）***	0.031（0.015）*	0.099（0.02）***
airport	0.085（0.03）***	0.094（0.52）*	0.108（0.04）***
ln*highway*	0.079（0.01）***	0.365（0.40）	0.469（0.16）***
ln*gdp*	0.127（0.24）	0.042（0.04）	0.110（0.04）***
ln*gov*	0.130（0.02）***	0.189（0.04）***	0.077（0.039）**
ln*urban*	0.019（0.06）	1.299（0.63）**	0.024（0.08）
ln*TFAI*$_{i0}$	− 0.336（0.02）***	− 0.138（0.04）***	− 0.446（0.04）***
截距项	− 0.520（0.31）*	0.215（0.47）	− 1.738（0.53）***
year × province 固定效应	控制	控制	控制
city 固定效应	控制	控制	控制
adj. R^2	0.18	0.18	0.28

注：d 表示一阶差分。所有连续型变量都取对数，变量定义见表 5 – 1。括号中的统计量为标准误。*** 、** 和 * 分别表示在 1% 、5% 和 10% 的水平下显著。

为了克服高速铁路开通对城市投资率提升的变动趋势存在的系统性差异，降低 DID 估计的偏误，我们进一步采用 PSM-DID 方法进行检验。在此之前，必须通过平衡性检验。

平衡性检验是指在条件外生的假设下，匹配后的协变量检验平衡才可以直接回归比较，即标准化的平均值、对数标准差比、倾向指数分布等是不是近似于随机化实验，如果是才可以做因果推断。表 5 – 6 给出了平衡性检验结果，可以看到，匹配前，实验组和控制组各协变量的差异大多在 10% 的水平下显著，而且实验组的协变量大多高于控制组。而匹配后，实验组和控制组的协变量基本平衡，没有显著差异，从而提高了实验组和控制组的可比程度。

表 5 – 6　协变量平衡性检验结果

变量	匹配前			匹配后		
	实验组	控制组	差异	实验组	控制组	差异
gdp	12.94	12.57	0.37*	12.94	12.86	0.08
gov	− 0.52	− 0.89	0.37***	− 0.57	− 0.60	0.03

续表

变量	匹配前			匹配后		
	实验组	控制组	差异	实验组	控制组	差异
urban	− 0.008	− 0.03	0.022 **	− 0.008	− 0.011	0.003
area	9.24	9.39	− 0.15 **	9.24	9.12	0.12
Income	10.70	10.58	0.12 ***	10.67	10.64	0.03

注：所有连续型变量都取对数，变量定义见表 5 - 1。 *、 ** 和 *** 分别表示在 10% 、5% 和 1% 的水平下显著。

倾向得分匹配后，有 28 对匹配成功的样本城市。此时实验组和控制组的城市特点和发展趋势相似，所以进一步进行 PSM - DID 检验。由表 5 - 7 可知，与 DID 检验结果一致，在开通高速铁路后，城市投资率显著提升，全国、东部及中部 $HSR \times after$ 这一项的估计系数都显著为正，系数分别为 0.039、0.030 及 0.110。PSM-DID 测试进一步证实了高速铁路开通在投资上的作用。

表 5 - 7　PSM-DID 检验结果（因变量：$\mathbf{dln}TFAI$）

变量	全国	东部	中部
$HSR \times after$	0.039 (0.02) *	0.030 (0.017) *	0.110 (0.02) ***
airport	− 0.044 (0.08)	0.064 (0.17)	0.108 (0.04) ***
ln*highway*	0.096 (0.02) ***	0.787 (0.37) **	0.469 (0.16) ***
ln*gdp*	0.001 (0.05)	0.115 (0.09)	0.110 (0.04) ***
ln*gov*	0.390 (0.07) ***	0.608 (0.10) ***	0.077 (0.039) **
ln*urban*	0.801 (0.72)	1.054 (0.80)	0.024 (0.11)
ln$TFAI_{i0}$	− 0.129 (0.056) ***	− 0.106 (0.03) ***	− 0.446 (0.04) ***
截距项	− 0.086 (0.66)	− 1.008 (2.14)	− 1.738 (0.53) ***
year × province 固定效应	控制	控制	控制
city 固定效应	控制	控制	控制
adj. R^2	0.22	0.32	0.28

注：d 表示一阶差分。括号中的统计量为标准误。 *** 、 ** 和 * 分别表示在 1% 、5% 和 10% 的水平下显著。

OLS 检验、DID 检验和 PSM - DID 检验的结果均显示，就高速铁路开通对投资增加的影响而言，对中部地区的影响比东部更大，说明原来

阻碍中部发展的主要因素包括交通便利性。高速铁路的出现，不仅促进全社会及各个行业投资率提升，还起到了缩小中、东部地区发展差距的作用，为中部提供了更广阔的发展空间，这是近年来中部地区发展速度快于东部地区的一个重要原因。

中部城市投资率对高速铁路开通的反应水平明显高于东部和全国的平均水平，一方面证明高速铁路不仅推动中部地区投资率提升，另一方面证明高速铁路促进了中部地区与东部地区的发展趋同，是缩小区域差距的有效推动力。

第五节　本章小结

本章系统研究了高速铁路开通对中国全社会固定资产投资增长的作用。定量分析了高速铁路对投资和经济溢出的影响和传导机制，增加了对高速铁路如何促进社会经济发展的认识。不管是采用简单的投资模型回归、双重差分法，还是倾向得分匹配双重差分法，实证结果都是一样的，本章提出的两个理论假设都得到了有效验证。一是高速铁路建设促进了我国全社会固定资产投资，从而为长期经济可持续发展奠定物质基础，提升了全国整体技术水平；二是高速铁路投资没有挤占其他行业的投资，相反，为高速铁路投资通过上下游漫长的产业链条促进了全国各行各业投资率的提升。

实证结果证明，相对于没有开通高速铁路的城市，开通高速铁路的城市的社会固定资产投资率、吸引外资率、房地产投资率、排除掉房地产或交通与邮政投资以后的其他社会固定资产投资率，都显著提升。因为高速铁路的出现，全国、东部、中部及西部城市的投资增长率每年平均分别提高2.2%、1.5%、7%和4.2%。高速铁路促进全社会固定资产投资率提升的程度是非常可观的，如果没有高速铁路建设，中国经济很难有如此持续稳定的增长。

中部城市投资率对高速铁路开通的反应水平明显高于东部和全国的平均水平，一方面证明高速铁路不仅推动中部地区投资率提升，另一方面证

明高速铁路促进了中部地区经济快速崛起，缩小了与东部地区经济的发展差距。

在世界金融危机之后，中国进入了一个新的时期，由于外部和内部压力上升，经济增长放缓。国家正在努力寻找新的经济刺激因素，以便维持相对较高的经济增长水平。高速铁路网络的扩展提供了这样的机会。对高速铁路的投资本身就是经济增长的重要来源，更重要的是，其对社会固定资产投资也有明显的促进作用。本章用不同的计量经济学方法及分区域数据都得出了类似的结论，提出的两个假设得到了证实。

本章的实证结果证明了高速铁路建设对推动整个社会固定资产投资的重要作用，从经济发展角度看，有效的投资增长是经济长期增长的重要保障。《党的十九大工作报告》和《第十三届全国人民代表大会政府工作报告》，都把高速铁路当成中国技术创新、引领世界经济发展潮流的重要利器，这与本章的研究结果非常吻合。在短短的十年时间里，中国建成了"四纵四横"高速铁路网络，并开始全面向"八纵八横"高速铁路网络建设迈进，说明中国政府正在把高速铁路当成促进中国经济长期可持续发展的重要手段。本章实证结果证明了高速铁路投资具有强大的外部性，从理论和实证两个方面有力支撑了中国政府的高速铁路建设政策，也丰富了高速铁路经济研究的内涵。

第六章

高速铁路与人口迁移

中国经济高速增长加快了城市发展的步伐，许多城市从小到大迅速发展，还有一些城市从以前的农村或小城镇发展起来，吸引大量农村人口，使之成为城市居民。按城镇常住人口占总人口比例计算，中国的城市化率从1978年的17.9%上升到2019的60.6%。

人口规模是衡量城市发展程度的重要指标，人口的自由流动是实现区域经济收敛的前提之一，也是经济发展和社会公平的基本要求（魏津生，1984；王桂新等，2005）。人口迁移一般是指人口在两个地区之间的空间移动，这种移动通常涉及人口居住地由迁出地到迁入地的永久性或长期性的改变（The United Nations，1982）。

《中国流动人口发展报告2018》数据显示，2017年，中国流动人口总量为2.44亿人，流动人口占总人口的比例为17.55%。第六次全国人口普查数据显示，大陆31个省、自治区、直辖市的人口中，居住地与户口登记地所在的乡镇街道不一致且离开户口登记地半年以上的人口为2.61亿人。同2000年第五次全国人口普查相比，居住地与户口登记地所在的乡镇街道不一致且离开户口登记地半年以上的人口增加1.17亿人，增长81.25%。

在关于中国人口迁移的研究中，一些文献论证了区域之间人口迁移受到经济发展（朱传耿等，2002；张敏、顾朝林，2002；Fan，2005）、空间距离（Li，2004；李扬等，2015）、社会制度（蔡建明，1990）、工资水平（董艳梅、朱英明，2016a）等因素的影响。刘生龙（2014）利

用扩展的引力模型考察中国跨省人口迁移的影响因素，结论显示人口迁移主要由迁出省份的"推力"、迁入省份的"拉力"、迁出省份的迁移能力以及迁移成本决定。王桂新（1993）发现距离是影响我国省际人口迁移的重要因素，但影响的大小大致以呼和浩特—南宁线为界形成明显的省际差异。鲍曙明等（2005）建立 Narayana 人口迁移修正模型研究了中国人口迁移的空间形态变化，他们提出中央政府和地方政府可以通过提供就业机会、制定鼓励理性人口迁移的相应政策等方式在人口迁移中发挥积极作用。蔡昉（1995）研究发现人口迁移和流动最根本的结构原因是农村劳动力大量剩余，其次是收入分配及地区发展不平衡。此外，乡镇企业吸引就业的能力减弱，从而使人口迁移规模扩大。

但是，有关交通基础设施，特别是近年来在中国迅速发展的高速铁路对城市人口迁移影响的研究目前还比较少，挑战可能来自缺乏可靠或完整的移民数据样本，或受限于户籍政策和统计方法。实际上，改革开放以来，伴随着中国进入经济黄金发展期，中国交通进入历史上发展最快的时期，中国已经跃居世界交通大国之列，这一过程堪称世界现代历史上的一次"交通革命"。

第一节 高速铁路发展对人口迁移的影响

利用 2005 年、2010 年及 2015 年全国人口普查数据以及 1% 人口抽样调查数据，观察高速铁路开通后高速铁路沿线的人口变化，我们发现，武广高速铁路沿线城市，包括咸宁市、长沙市、株洲市、衡阳市、岳阳市、郴州市、韶关市，2010 年常住人口数据对比 2005 年都为负增长，年均增长率分别为 -1.3% 、 -1.0% 、 -0.7% 、 -0.5% 、 -0.5% 、 -0.6% 和 -0.7% 。2009 年底武广高速铁路开通后，到 2015 年，上述七市的常住人口数据对比 2010 年都变为正增长，年均增长率分别变为 0.4% 、 3.0% 、 0.7% 、 0.1% 、 0.1% 、 0.6% 和 0.7% 。清远市的常住人口年均增长率也由 0.6% 提升至 0.7% 。高速铁路对人口流动的吸引效应非常明显。进一步对比武广高速铁路经过的湖北、湖南以及广东三省，高速铁

路站点城市和非站点城市的人口增长情况：武广高速铁路开通后，站点城市 2015 年常住人口对比 2010 年常住人口的年均增长率为 0.9%，而非站点城市的年均增长率为 0.5%，表明高速铁路站点城市的人口流入规模普遍大于非站点城市。

一些研究证明了交通基础设施建设对人口增长及迁移有一定的正向影响（Fogel，1964；Baum-Snow，2007；Atack，2009；Chi，2010），区域可达性与人口密度具有明显的相关性（王振波等，2010）。其中，火车交通时间缩短能够极大地影响人口的自由流动和最佳配置（Fishlow，1965；赵丹、张京祥，2012；李涛等，2012）。人口集聚会带来更高的工资水平，这对人口又产生了额外的影响（Puga，1999）。Kim（2000）发现高速铁路的发展使人口向中心城市及其附近城市持续集中，而就业分布则有分散趋势。Duranton 和 Turner（2012）发现，道路长度增加 10%，将促使就业人数增长 2%，而贫困家庭的比例则略有下降。王姣娥和丁金学（2011）的研究表明高速铁路建设产生的时空收敛效应能够推动生产要素进行重新配置，并引导人口和产业集聚。马伟等（2012）发现，火车提速 1% 将会促使跨省人口迁移增加约 0.8%。林晓言等（2015）发现，开通高速铁路的城市对人才的吸引力明显高于未开通高速铁路的城市。

中国高速铁路为客运列车专线铁路，对人流、信息流的影响巨大。自开通以来，短短几年间，高速铁路年客运量从 2008 年的 730 万人次增加至 2018 年的 20 亿人次，占铁路客运量的比重从 0.5% 提高至 60.9%（见表 6 - 1）。城市与城市之间的旅行时间一再缩短，极大地削弱了空间距离对人口流动的影响，这无疑对人口迁移产生了巨大的推动作用。

表 6 - 1　中国高速铁路客运量发展

年份	营业里程（公里）	占铁路营业里程比重（%）	客运量（百万人次）	占铁路客运量比重（%）
2008	672	0.8	7.3	0.5
2009	2699	3.2	46.5	3.1
2010	5133	5.6	133.2	8.0
2011	6601	7.1	285.5	15.8

年份	营业里程 （公里）	占铁路营业里程比重 （%）	客运量 （百万人次）	占铁路客运量比重 （%）
2012	9356	9.6	388.2	20.5
2013	11028	10.7	529.6	25.1
2014	16456	14.7	721.0	30.5
2015	19838	16.4	961.4	37.9
2016	22980	18.5	1221.3	43.4
2017	25164	19.8	1752.2	56.8
2018	29904	22.7	2054.3	60.9

资料来源：《中国统计年鉴》（2019）。

武广高速铁路开通仅一年内，发送旅客量就突破 1500 万人次[1]。2011 年 6 月京沪高速铁路开通至当年底，运送旅客 2445 万人次，次年达到 6507 万人次，同比增长 32.8%。2015 年，京沪高速铁路日均发送旅客 24.4 万人次。截至 2019 年底，京沪高速铁路共发送旅客 11 亿人次[2]。2018 年 5 月 1 日，京沪高速铁路创下了 66 万人次的单日旅客发送量最高纪录。2012 年 12 月 29 日，京广高速铁路开通当日发送旅客 24.5 万人次。截至 2017 年 10 月，京广高速铁路"复兴号"共计发送旅客 42 万人次，上座率达 100%[3]。郑徐高速铁路开通之后，郑州旅客发送人数频频刷新纪录，2016 年春运期间日均发送旅客 5.4 万人次，"五一"长假期间日均发送旅客 7.2 万人次[4]。根据《中长期铁路网规划》，沪昆高速铁路设计能力远景单项年输送旅客 6000 万人次。截至 2016 年 6 月，沪昆高速铁路贵州东段开通一周年累计发送旅客超过 570 万人次。据中国铁路总公司数据，截至 2018 年 9 月，中国高速铁路动车组累计发送旅客突破 70 亿人次，旅客发送量年均增长 35% 以上。

高速铁路的开通主要从以下几个方面影响人口流动。第一，提升通达

---

[1] 《武广高铁开通运营 230 天、安全运送旅客破 1500 万》，中国新闻网，2010 年 8 月 12 日。

[2] 澎湃新闻：《跑出大国"加速度"，中国高铁模式能否复制？》，2020 年 7 月 15 日。

[3] 《京广高铁"复兴号"发送旅客 42 万人次上座率 100%》，人民网，2017 年 10 月 21 日。

[4] 《郑徐高铁开通一周年累计发送旅客 395 万人次》，河南省人民政府网站，2017 年 9 月 11 日。

性及交通便利性,扩展了工作地点,人们有更多的选择,可以迁移到其他城市就业,寻找工资更高或更加适合他们技能的工作机会,随即带来居住地迁移及家属随迁。

数据显示,中国人口流动以跨省流动为主,省内跨市流动的比重有所上升,市内跨县流动则变动较小。2016年人口流动的主要原因是就业和增加收入,务工和经商占近2/3,家属随迁流动约占22.3%。从2016年流动人口的行业分布看,制造业、批发零售业、住宿餐饮业、社会服务业、建筑业五大实体产业吸纳了八成以上的流动人口,其中制造业是所有实体产业中吸纳流动人口最多的行业,占比接近30%。2011～2016年,从事批发零售业、社会服务业、住宿餐饮业的流动人口数量有所增加①。

第二,高速铁路的开通使通勤时间缩短,迁移成本降低,进而提高实际工资水平,或使土地租金得到调整。越来越多的人到高速铁路通达城市买房居住,或从中心城市迁移到周边城市。例如,京津城际铁路开通之后,商务出行占跨城出行的39%,回家约占16%(吴康等,2013)。"双城家庭"开始增加,许多相邻的城市在职住功能上进行了新的分工。

2015年广东依然是人口净流入的最主要省份,其次为浙江省、北京市和江苏省。人口净流出最多的省份为安徽省,其次为河南省、湖南省和四川省。迁移到广东省的人口,20.6%来自湖南省,19.1%来自广西壮族自治区,10.3%来自湖北省,8.7%来自四川省;迁移到浙江省的人口,24.7%来自安徽省,20.9%来自贵州省,17%来自江西省,9.1%来自江苏省;迁移到北京市的人口,21.7%来自河北省,11.7%来自河南省,8.7%来自山东省;迁移到江苏省的人口,25.2%来自安徽省,16.3%来自河南省,6.8%来自山东省②。2015年,湖南省至广东省、安徽省至浙江省、河北省至北京市、安徽省至江苏省都有便捷的高速铁路直达。

---

① 中国流动人口动态监测调查数据2011～2016年,流动人口数据平台,国家卫生健康委流动人口服务中心主办。
② 2015年1%人口抽样调查。

第三，高速铁路的开通促进了城市经济水平、工资水平、医疗水平、教育水平等的提高，有助于城市发展状态的优化和发展质量的提升，增强城市综合实力，进而吸引更多人口、资本、技术及其他资源的流入。

第四，高速铁路的开通大大降低了运输成本，减少了贸易成本，提高了贸易自由度，吸引企业选址、迁址，或促使内在联系紧密、依赖性强的企业集聚，从而促进人口迁移。

第五，高速铁路的开通为城市增加了更多就业岗位，带动第三产业的发展，从而吸引人口迁入。

第二节　实证模型

本节将采用多种实证方法，聚焦高速铁路对人口迁移的作用。利用1%人口抽样调查数据，构建双重差分模型来验证高速铁路开通和人口迁移的因果关系；在处理观察研究的数据时，数据偏差和混杂变量不可避免，对此进一步采用倾向得分匹配法（PSM）来减少这些偏差和混杂变量的影响；寻找人口迁移的代理变量，采用基本 OLS 回归模型检验高速铁路开通对人口迁移的影响。

一　双重差分（DID）模型

本节构建双重差分模型来验证高速铁路开通和人口迁移的因果关系。回归方程如式（6.1）所示：

$$Migration_{it} = constant + \beta_1 HSR \times after_{it} + \beta_2 year_i \times province_i + \beta_3 city_i +$$
$$\beta_4 X_{it} + u_{it} + \varepsilon_{it} \tag{6.1}$$

模型中，$HSR \times after_{it}$为关键变量，即是否开通高速铁路与开通前后的交互项。$year_t \times province_i$控制了时间趋势，$city_i$控制城市固定效应。X 表示其他控制变量。

$Migration$ 表示人口迁移的数量，由1%人口抽样调查中获得的常住人口数减去户籍人口数得到。$Migration$ 数据在处理过程中，由于一些城市为人口净迁入城市，即常住人口 - 户籍人口 >0，而一些城市为人口净迁出

城市，即常住人口 - 户籍人口 < 0，且一些城市 2005 年和 2015 年的迁入、迁出情况不同，因此需要分组进行验证。去掉数据缺失的城市样本之后，得到 2005 年、2015 年都是人口净迁入的城市为 76 个，包括广东、浙江、江苏、山西的多数城市。2005 年、2015 年都是人口净迁出的城市为 113 个，包括河北、安徽、福建、湖北、湖南、广西的多数城市。2005 年为人口净迁入、2015 年为人口净迁出的城市为 63 个，包括江西、河南、四川、甘肃、宁夏的多数城市。2005 年为人口净迁出、2015 年为人口净迁入的城市为 19 个，包括辽宁省多数城市及南昌、攀枝花、西宁、克拉玛依等一些城市。

我们将 2005 年为人口净迁入、2015 年为人口净迁出的城市，以及 2005 年为人口净迁出、2015 年为人口净迁入的城市定义为"有人口迁移结构性变化的城市"。将 2005 年、2015 年都是人口净迁入的城市，以及 2005 年、2015 年都是人口净迁出的城市定义为"没有人口迁移结构性变化的城市"。利用哑元变量，设定：有人口迁移结构性变化的城市，$MigrationD$（结构性变化）= 1；没有人口迁移结构性变化的城市，$MigrationD$（结构性变化）= 0。

观察没有人口迁移结构性变化城市的常住人口数据时我们发现，有些城市如天津、太原、哈尔滨、温州、青岛、郑州、兰州等，2005 年、2015 年都是人口净迁入城市，有些城市如邯郸、赤峰、亳州、开封、湘潭、南宁、宜宾、商洛等，2005 年、2015 年都是人口净迁出城市，但是 2015 年人口迁移数据相较于 2005 年增加幅度巨大。因此在模型考察中也需要考虑此类情况，我们将人口净迁入及人口净迁出城市中数据变化超过 200% 的城市，以及前文定义的有人口迁移结构性变化的城市，共同定义为"人口规模巨变的城市"。$MigrationD$（巨变）= 1 表示有人口迁移结构性变化的城市和无人口迁移结构性变化的城市中，人口迁移数据变化超过 200% 的城市；其他城市 $MigrationD$（巨变）= 0。

在 DID 检验中，设定开通高速铁路的城市为实验组，未开通高速铁路的城市为控制组，即 $HSR = 1$ 设为实验组，$HSR = 0$ 设为控制组。2008 年，中国第一条高速铁路开通运营，结合常住人口数据，设定 "$after$" 表示实

验之后（2015 年），"*before*" 表示实验之前（2005 年）。

在选择其他控制变量时，加入航空（*airport*）和公路（*highway*）作为与高速铁路相比的不同交通方式。选择行政区域面积（*area*）控制地域对人口迁移的影响。选择人均 GDP（*gdp*）和投资率（*invest*）作为经济变量，以控制地方经济发展水平和投资规模可能对人口迁移的影响。选择政府财政收支比（*gov*）、中学师生比（*edu*）和千人病床数（*hb*）控制地方公共服务对人口迁移的影响。公式（6.1）可以写为公式（6.2）：

$$Migration_{it} = constant + \beta_1 HSR \times after_{it} + \beta_2 year_i \times province_i + \beta_3 city_i$$
$$+ \beta_4 airport_{it} + \beta_5 highway_{it} + \beta_6 area_{it} + \beta_7 gdp_{it} + \beta_8 invest_{it}$$
$$+ \beta_9 gov_{it} + \beta_{10} edu_{it} + \beta_{11} hb_{it} + u_{it} + \varepsilon_{it} \qquad (6.2)$$

二 倾向得分匹配双重差分（PSM-DID）模型

如第 5 章所述，倾向得分匹配法（PSM）的出现为在非随机化研究中控制偏倚提供了一种新方法，其基本思想是找到与实验组所有相关的预处理特征类似的控制组，使实验组和控制组的各个特征变量均衡一致（Rosenbaum，Rubin，1983）。

本节主要关注高速铁路开通 *HSR* 对人口迁移的影响。

$$Migration_i = Migration_i(HSR_i) = \begin{cases} Migration_i(0), \text{if } HSR_i = 0 \\ Migration_i(1), \text{if } HSR_i = 1 \end{cases} \qquad (6.3)$$

$$Migration_i = (1 - HSR_i)Migration_i(0) + HSR_i Migration_i(1) \qquad (6.4)$$

倾向得分为个体在预处理之后，受某种变量影响的条件概率。

$$p(X) = \Pr(HSR = 1 \mid X) = E(HSR \mid X) \qquad (6.5)$$

在进行 PSM 测试之前，首先需要通过比较实验组和控制组的协变量匹配样本，使协变量具有一致性和对比性，从而减小自选择性所带来的估计偏误。我们通过比较各城市的行政区域面积、人均 GDP、投资率和政府财政收支比来估计倾向得分。采用 Logit 回归，模型如下：

$$Logit(HSR)_i = constant + \gamma_1 \ln(area)_i + \gamma_2 \ln(gdp)_i +$$
$$\gamma_3 \ln(invest)_i + \gamma_4 \ln(gov)_i + u_i \qquad (6.6)$$

式中变量与之前模型定义一致。

接下来，进行得分匹配。常见的方法有最邻近匹配、半径匹配和核匹配。本节运用最常用的最邻近匹配，即将控制组中找到的与实验组个体倾向得分差异最小的个体，作为自己的比较对象。其优点是按实验组个体找控制组个体，所有实验组个体都会配对成功，实验组的信息得以充分使用。

高速铁路开通的平均效应（ATT）可以表示为：

$$ATT = E_{P(X) \mid HSR = 1} \{ E[Migration(1) \mid HSR = 1, P(X)] -$$
$$E[Migration(0) \mid HSR = 0, P(X)] \} \tag{6.7}$$

式中 X 表示协变量。

进行匹配后，需要对匹配结果进行平衡性检验，以确保匹配的有效性。根据"独立性假设"，通过匹配后两组样本的 T 值、P 值和标准误来判断实验组与控制组的匹配变量在配对前后的差异性。配对之后，当两组之间匹配变量的差异显著降低时，证明该匹配有效，否则需要重新选择方法进行配对。之后，完成匹配的数据已经可以被当作近似随机化的，可以通过双重差分法来估计高速铁路开通的效应。

三 面板数据 OLS 模型

由于在高速铁路开通期间可获得的常住人口数据非常有限，仅限于2010 年人口普查数据和 2015 年 1% 人口抽样调查数据，本节将寻找人口迁移的"代理变量"，用更加充足的连续年份面板数据来研究高速铁路对人口迁移的影响，使结论更加稳健。

高速铁路开通引起的人口迁移将显著增加迁入地区的商品房需求。近年来中国的土地供应总量呈稳定增长趋势，加上政府推行的快速城镇化路线，极有可能使人口迁移带来的最直接效应是商品房销售面积的增多。新建轨道交通的价值有时不限于其本身，而是会大大超越，比如有时会转化为房屋价值（Baum-Snow，Kahn，2000）。以高速铁路线路网建设为代表的基础设施完善程度已成为考察房地产市场发展的重要指标。高速铁路作为中间变量，主要通过影响人口流入、产业转移、土地成本、物流成本等影

响房地产市场（李松梁、张敬石，2017）。为此，本节选择地区商品房销售面积作为各地区人口迁移的代理变量。

回归方程如式（6.8）所示：

$$housale_{it} = constant + \beta_1 HSR_{it} + \beta_2 airport_{it} + \beta_3 highway_{it} + \beta_4 area_{it} +$$
$$\beta_5 houprice_{it} + \beta_6 gdp_{it} + \beta_7 invest_{it} + \beta_8 gov_{it} + \beta_9 edu_{it} +$$
$$\beta_{10} hb_{it} + u_{it} + \varepsilon_{it} \tag{6.8}$$

其中，$housale_{it}$ 代表 i 市在 t 年的商品房销售面积，为消除极端值影响，取对数处理。HSR_{it} 同样为开通高速铁路的哑元变量，若所在城市开通了高速铁路，$HSR_{it} = 1$；若所在城市未开通高速铁路，$HSR_{it} = 0$。在式（6.8）的计量经济实证模型中，高速铁路开通是否会带来商品房销售面积的增加取决于 β_1 的符号，如果 $\beta_1 > 0$ 且显著，则说明在其他条件相同的情况下，开通高速铁路的城市的商品房销售面积增加，从而间接证明人口迁移增加。其他控制变量与之前模型（式 6.2）保持一致，另外，增加了商品房销售价格（$houprice$）以控制房价对商品房销售面积的影响。

第三节　变量及数据

本章各部分实证检验均使用城市级数据。数据样本包括 2010～2016 年中国高速铁路运行期间，285 个地级及以上城市的面板数据。由于城市级人口迁移数据难以获得，利用常住人口与户籍人口的差来观测人口迁移情况。我国常住人口的官方数据包括 1953 年、1964 年、1982 年、1990 年、2000 年及 2010 年六次全国人口普查数据。在两次人口普查之间开展一次较大规模的人口调查，也就是 1% 人口抽样调查。目前我国已经进行了三次 1% 人口抽样调查，分别在 1995 年、2005 年和 2015 年。由于人口普查和人口抽样调查的口径和标准不同，为了使分析更加稳健，我们选择同一口径的人口调查数据，即 1% 人口抽样调查数据来进行实证研究。结合高速铁路开通时间，在前文双重差分模型和倾向得分匹配双重差分模型中选择利用 2005 年和 2015 年的 1% 人口抽样调查数据。各变量描述见表 6–2。

表 6 - 2　变量及描述

变量	描述
Migration	人口迁移数 = 常住人口数 - 户籍人口数
MigrationD（结构性变化）	*MigrationD*（结构性变化）= 1 表示有人口迁移结构性变化的城市，即 2005 年为人口净流入、2015 年变为人口净流出的城市，以及 2005 年为人口净流出、2015 年变为人口净流入的城市；否则，*MigrationD*（结构性变化）= 0
MigrationD（巨变）	*MigrationD*（巨变）= 1 表示有人口迁移结构性变化的城市和无人口迁移结构性变化的城市中，人口迁移数据变化超过 200% 的城市；其他城市 *MigrationD*（巨变）= 0
Migrate	人口迁移率 = （常住人口数 - 户籍人口数）/户籍人口数 × 100%
housale	商品房销售面积
HSR	是否开通高速铁路。如果 $HSR_{it} = 1$，城市 i 在时间 t 已开通高速铁路；否则，$HSR_{it} = 0$
airport	$airport_{it} = 1$ 表示城市 i 在时间 t 有民用航空机场；否则，$airport_{it} = 0$
highway	等级公路（包括高速公路、一级公路和二级公路）总里程（公里）与行政区域面积（千平方公里）的比例。由于公路最细化只有省级数据可以使用，所以本章中该变量对于特定省份内的不同城市是不变的
area	行政区域面积
houprice	商品房销售价格
gdp	人均 GDP（2010 年不变价格）
invest	投资率
gov	政府财政收支比
edu	中学师生比
hb	千人病床数

area、*gdp*、*invest*、*gov*、*edu*、*hb* 和户籍人口数据来源于《中国城市统计年鉴》（2011 ~ 2017 年）。*airport* 数据来源于中国民航局公布的《全国机场生产统计公报》（2010 ~ 2016 年）。*highway* 数据来源于《中国统计年鉴》（2011 ~ 2017 年）。*housale* 和 *houprice* 2010 ~ 2013 年数据来源于《中国区域经济统计年鉴》（2011 ~ 2014 年），2014 ~ 2016 年数据来源于各省统计年鉴。表 6 - 3 报告了上述用于实证检验变量的描述性统计。

表 6 - 3　变量描述性统计 (2010 ~ 2016 年 285 个城市的面板数据)

变量	观测量	均值	标准差	最小值	最大值
Migration	542	4.41	114.92	-367.15	972.30
MigrationD（结构性变化）	542	0.30	0.46	0.00	1.00
MigrationD（巨变）	542	0.50	0.50	0.00	1.00
Migrate	542	0.02	0.30	-2.06	3.55
ln*housale*	1912	5.54	1.01	-0.11	8.74
HSR	1995	0.28	0.45	0.00	1.00
airport	1995	0.46	0.50	0.00	1.00
ln*highway*	1995	-0.17	0.57	-1.58	1.90
ln*area*	1995	9.35	0.82	7.01	12.44
ln*houprice*	1853	8.38	0.46	5.65	10.72
ln*gdp*	1995	12.77	0.38	10.36	14.47
ln*invest*	1995	-0.32	0.38	-2.44	0.79
ln*gov*	1995	-0.85	0.53	-2.71	0.43
ln*edu*	1994	4.35	0.22	2.30	5.43
ln*hb*	1995	-3.21	0.36	-4.37	-1.99

第四节　实证结果及分析

一　DID 模型实证结果

我们设置不同的因变量进行考察。首先根据公式（6.2）进行回归，在模型（一）中，因变量为 *MigrationD*（结构性变化）；在模型（二）中，因变量为 *MigrationD*（巨变），对模型（一）及模型（二）回归时选用 Probit 模型。在模型（三）中，因变量设定为人口迁移率（*Migrate*），通过数值而非虚拟变量来观测高速铁路开通对城市人口迁移的影响。

在表 6 - 4 中，模型（一）的结果显示，高速铁路对城市人口迁移发生结构性变化的影响在 10% 的水平下显著为正（0.089）。从模型（二）的结果可以看到，对人口迁移发生了结构性变化的城市以及人口迁入或迁出变化超过 200% 的城市，*HSR × after* 的估计系数显著为正，且估计系数增大，为 0.256。表明高速铁路开通对城市人口迁移的结构性变化有非常显

著的影响，会使一些人口净迁入城市的人口流向其他城市，或者使人口净迁出城市开始有迁移人群进入，甚至使人口净迁入或净迁出城市的人口迁移数量大幅增加。此外，投资率提升以及教育资源改善也会使人口迁移发生一些结构性变化。模型（三）的结果显示，高速铁路开通对人口迁移率的影响为正，在5%的水平下显著，估计系数为0.057。表明相对于没有开通高速铁路的城市，全国开通高速铁路的城市的人口迁移量增加5.7%。

表6-4 高速铁路开通对人口迁移的影响（DID模型）

因变量	模型（一）$MigrationD$（结构性变化）	模型（二）$MigrationD$（巨变）	模型（三）$Migrate$（人口迁移率）
$HSR \times after$	0.089 (0.05) *	0.256 (0.15) *	0.057 (0.028) **
airport	0.037 (0.08)	0.012 (0.03)	0.006 (0.05)
lnhighway	-0.173 (0.11)	-0.158 (0.11)	0.083 (0.06)
lnarea	-0.249 (0.12) **	-0.231 (0.12) *	-0.157 (0.05) ***
lngdp	0.104 (0.06) *	0.198 (0.10) **	0.024 (0.02)
lninvest	0.955 (0.20) ***	0.879 (0.16) ***	0.289 (0.07) ***
lngov	0.141 (0.17)	0.086 (0.16)	0.055 (0.03) *
lnedu	0.558 (0.23) **	0.272 (0.16) *	0.161 (0.08) **
lnhb	0.070 (0.04) *	0.032 (0.03)	0.029 (0.03)
year × province	控制	控制	控制
city	控制	控制	控制
截距项	2.049 (0.95) **	3.314 (2.26)	4.319 (1.06) ***
$LR\ chi^2$ (11)	370.72	332.95	—
$Prob > chi^2$	0.00	0.00	—
$Log\ likelihood$	-242.14	-307.13	—
$adj.\ R^2$	—	—	0.48

注：所有连续型变量都取对数，变量定义见表6-2。括号中的统计量为标准误。*** 、 ** 和 * 分别表示在1%、5%和10%的水平下显著。

高速铁路对出行时间及空间的压缩效应，激发了潜在的出行意愿。这种改变，一方面将为一线城市向邻近城市转移人口及产业提供交通条件，从而构筑起真正意义上的城市群工作、生活空间；另一方面，高速铁路将

促进沿线地区新兴城市群中心城市的人口增加。仍然处于资源集聚期的二线城市，随着人口流动通道的优化，能够扩大辐射范围，提高人口吸附能力。这一聚一散改变的将是整个城市的发展格局。

对于没有人口迁移结构性变化的城市，即 2005 年和 2015 年都是人口净迁入或都是人口净迁出的城市，我们同样考察高速铁路是否对其有影响。同样根据公式（6.2）来进行估计。处理数据时，因为 2005 年、2015 年均为人口净迁入城市的人口迁移数 *Migration* 数值为正，而 2005 年、2015 年均为人口净迁出城市的人口迁移数 *Migration* 数值为负，无法直接进行比较。因此在模型（四）中，我们将其分为两组分别考察，对 2005 年、2015 年都是人口净迁入城市的 *Migration* 数据取对数处理，对 2005 年、2015 年都是人口净迁出城市的 *Migration* 数据取绝对值的对数。根据 Hausman 检验的结果，使用固定效应模型进行回归。此外，分别考察两组城市中高速铁路对人口迁移率（*Migrate*）的影响。

表 6 - 5　模型（四）高速铁路开通对人口净迁入/
净迁出城市人口迁移的影响（DID 模型）

因变量	人口净迁入城市		人口净迁出城市	
	ln*Migration*	*Migrate*	ln | *Migration* |	*Migrate*
HSR × after	0.377 **	0.021 **	0.186	0.006
	(0.16)	(0.009)	(0.18)	(0.01)
airport	0.106	0.004	0.068	0.001
	(0.15)	(0.003)	(0.50)	(0.03)
ln*highway*	0.486 **	0.186	1.017 ***	0.037 ***
	(0.22)	(0.13)	(0.20)	(0.01)
ln*area*	0.091	- 0.157 ***	0.524 ***	0.002
	(0.17)	(0.05)	(0.16)	(0.01)
ln*gdp*	0.609 **	0.337 ***	0.066	0.007
	(0.25)	(0.10)	(0.25)	(0.02)
ln*invest*	0.592 **	0.289 ***	- 0.139	- 0.004
	(0.30)	(0.07)	(0.22)	(0.01)
ln*gov*	1.331 ***	0.049	- 0.052	0.044 ***
	(0.38)	(0.25)	(0.21)	(0.01)

因变量	人口净迁入城市		人口净迁出城市	
	ln*Migration*	*Migrate*	ln | *Migration* |	*Migrate*
ln*edu*	0.071 (0.30)	0.272 * (0.17)	−0.167 (0.33)	0.023 (0.02)
ln*hb*	1.102 *** (0.35)	0.726 *** (0.08)	−1.954 (0.26) ***	−0.022 (0.03)
year × province	控制	控制	控制	控制
city	控制	控制	控制	控制
截距项	−5.571 (4.29)	4.576 (6.13)	−9.484 *** (3.51)	0.191 (0.21)
adj. R^2	0.45	0.48	0.43	0.34

注：所有连续型变量都取对数，变量定义见表6-2。括号中的统计量为标准误。*** 、** 和 * 分别表示在1%、5%和10%的水平下显著。

从表6-5中可以看到，高速铁路开通对人口净迁入城市中的人口迁入数增加和人口迁入率提升在5%的水平下有显著的正向影响。在人口净迁入城市中，相对于没有开通高速铁路的城市，开通高速铁路城市的人口迁入数增加37.7%。公路建设、人均GDP、投资率、政府财政收支比及医疗水平也对人口迁入有不同程度的正向影响。而高速铁路开通对人口净迁出城市的人口迁出数量和人口迁移率的影响不显著，表明城市开通高速铁路能够带来人口流入，但并不是促使人口向外流出的影响因素。

高速铁路的开通提高了人口、家庭的流动性，颠覆了传统的地域观，人们可以更加便捷地迁往具有更好发展机会或生活环境的城市，城市家庭可通过更为合适的家庭空间组合实现更好的发展。人口的集聚和劳动力的交流，为城市带来大规模的生产活动，从而使城市生产率提高，城市产出、平均工资水平、财政收入和支出水平等随之提高。居民可以进行更多消费、投资或储蓄，形成良性循环。此外，劳动力的自由流动可以使城市产业结构得到优化，高端人才的流入有助于城市人口格局的再造。区域间运输通道不断畅通使周边地区的区位优势增强，经济活动更加频繁，随着中国高速铁路网络的不断完善，高速铁路的经济及社会效应不断

增强。

二 PSM-DID 模型实证结果

为了克服高速铁路对人口迁移的变动趋势存在的系统性差异，降低 DID 估计的偏误，我们进一步采用 PSM-DID 方法进行检验。在运用 PSM 法之前，必须通过平衡性检验。

平衡性检验是指在条件外生假设下，匹配后的协变量检验平衡才可以直接回归比较，即标准化的平均值、对数标准差比、倾向指数分布等是不是近似于随机化实验，是才可以做因果推断。模型（一）、模型（二）和模型（三）都是使用全国所有样本城市，平衡性检验相同，表 6 - 6 给出了其平衡性检验结果。可以看到，匹配前，实验组和控制组各协变量的差异在 1% 的水平下显著，而且实验组的协变量高于控制组。而匹配后，实验组和控制组的协变量基本平衡，没有显著差异，从而提升了实验组和控制组的可比程度。

表 6 - 6 模型（一）、模型（二）及模型（三）协变量平衡性检验结果

差异	匹配前			匹配后		
	实验组	控制组	差异	实验组	控制组	差异
area	9.50	9.04	0.46 ***	9.50	9.10	0.40
gdp	4.38	1.42	2.96 ***	4.38	4.27	0.11
invest	-2.37	-2.96	0.59 ***	-2.37	-2.43	0.06
gov	-0.43	-0.53	0.10 ***	-0.43	-0.48	0.05

注：所有连续型变量都取对数，变量定义见表 6 - 2。*** 表示在 1% 的水平下显著。

得分倾向匹配之后得到 96 对样本城市，在此样本范围内，使用公式（6.2）进行 DID 回归。表 6 - 7 报告了模型（一）、模型（二）和模型（三）的 PSM-DID 模型回归结果，回归根据公式（6.2）进行。从表中可以看出，进行匹配后的城市中，高速铁路开通依旧对人口迁移的结构性变化有显著的正向影响，估计系数为 0.069，在 10% 的水平下显著。说明开通高速铁路的城市的人口迁移变化更加明显，人口迁移的结构有更大的

可能性从净迁入变为净迁出，或由净迁出变为净迁入。从表中第三列可以看出，高速铁路开通能够带来人口迁移的结构性变化，使人口净迁入/净迁出的比例大幅提升。人均 GDP、投资率及教育资源增加，也对人口迁移的结构性变化有不同程度的正向影响。表格第四列结果显示，高速铁路开通对城市人口迁移率有正向影响，估计系数为 0.052，在 5% 的水平下显著，表明高速铁路开通后，开通高速铁路的城市人口迁移率提高了 5.2%。

表 6 - 7　高速铁路开通对人口迁移的影响（PSM-DID 模型）

因变量	模型（一） *MigrationD* （结构性变化）	模型（二） *MigrationD* （巨变）	模型（三） *Migrate* （人口迁移率）
HSR × after	0.069（0.04）*	0.361（0.20）*	0.052（0.03）**
airport	0.035（0.05）	0.124（0.11）	0.004（0.03）
ln*highway*	0.277（0.35）	-1.139（0.29）***	0.015（0.06）
ln*area*	-0.422（0.14）***	0.093（0.14）	-0.124（0.03）***
ln*gdp*	0.931（0.26）***	0.410（0.18）**	0.074（0.07）
ln*invest*	1.296（0.33）***	1.364（0.77）*	0.293（0.08）***
ln*gov*	-0.432（0.30）	0.115（0.27）	0.157（0.12）
ln*edu*	2.566（0.54）***	0.891（0.40）**	0.350（0.19）*
ln*hb*	0.123（0.09）	0.240（0.66）	0.773（0.09）***
year × province	控制	控制	控制
city	控制	控制	控制
截距项	0.373（0.72）**	13.49（8.43）	4.442（1.18）***
LR chi^2（11）	306.42	303.76	—
Prob > chi^2	0.00	0.00	—
Log likelihood	-111.55	-131.63	—
adj. R^2	—	—	0.50

注：所有连续型变量都取对数，变量定义见表 6 - 2。括号中的统计量为标准误。*** 、** 和 * 分别表示在 1%、5% 和 10% 的水平下显著。

表 6 - 8 和表 6 - 9 分别给出了模型（四）中人口净迁入和净迁出城市的平衡性检验结果。同样，匹配前，实验组和控制组各协变量的差

异显著，且实验组的协变量高于控制组，而匹配后，实验组和控制组的协变量基本平衡，没有显著差异，从而提升了实验组和控制组的可比程度。

表 6 - 8　模型（四）净迁入城市协变量平衡性检验结果

因变量	匹配前			匹配后		
	实验组	控制组	差异	实验组	控制组	差异
area	9.14	8.80	0.34 **	9.50	9.00	0.50
gdp	12.62	12.48	0.14 *	12.62	12.51	0.11
invest	-0.50	-0.63	0.13 *	-0.50	-0.70	0.20
gov	-0.30	-0.62	0.32 ***	-0.30	-0.32	0.02

注：所有连续型变量都取对数，变量定义见表 6 - 2。*** 、 ** 和 * 分别表示在 1% 、5% 和 10% 的水平下显著。

表 6 - 9　模型（四）净迁出城市协变量平衡性检验结果

因变量	匹配前			匹配后		
	实验组	控制组	差异	实验组	控制组	差异
area	9.60	9.24	0.36 ***	9.60	9.42	0.18
gdp	12.45	12.34	0.11 *	12.45	12.41	0.04
invest	-0.47	-0.53	0.06 *	-0.47	-0.50	0.03
gov	-0.90	-1.06	0.16 ***	-0.90	-0.93	0.03

注：所有连续型变量都取对数，变量定义见表 6 - 2。*** 和 * 分别表示在 1% 和 10% 的水平下显著。

从表 6 - 10 中的结果可以看到，在进行倾向得分匹配后，高速铁路开通对人口净迁入城市和净迁出城市中人口迁移数量变化的影响与表 6 - 5 中类似。对于人口净迁入城市，开通高速铁路对人口迁入数及人口迁入率都有非常显著的正向影响，$HSR \times after$ 的估计系数分别为 0.134 和 0.099，在 10% 的水平下显著。公路建设、政府财政收支比及医疗水平也在不同程度上促进人口迁入。而对于人口净迁出城市，高速铁路开通对人口迁出的影响不明显。此结果验证了前文结论的稳健性。

表 6 – 10　模型（四）高速铁路开通对人口迁移的影响（PSM – DID 模型）

因变量	净迁入城市		净迁出城市	
	ln*Migration*	*Migrate*	ln | *Migration* |	*Migrate*
HSR × after	0.134 * (0.07)	0.099 * (0.055)	0.756 (0.62)	– 0.020 (0.06)
airport	0.510 (0.37)	0.003 (0.01)	0.372 (0.49)	– 0.003 (0.05)
ln*highway*	0.878 ** (0.39)	– 0.035 (0.12)	0.438 * (0.26)	0.012 (0.02)
ln*area*	0.106 (0.23)	– 0.194 *** (0.07)	0.558 *** (0.18)	0.005 (0.01)
ln*gdp*	0.382 (0.36)	0.121 (0.10)	– 0.073 (0.35)	0.040 * (0.024)
ln*invest*	0.395 (0.37)	0.151 (0.10)	0.001 (0.36)	– 0.020 (0.03)
ln*gov*	1.819 *** (0.59)	0.256 * (0.16)	– 0.515 (0.35)	– 0.087 *** (0.03)
ln*edu*	0.299 (0.92)	0.125 (0.27)	– 0.380 (0.44)	0.013 (0.03)
ln*hb*	1.768 *** (0.43)	0.675 *** (0.12)	– 1.485 *** (0.38)	– 0.075 *** (0.02)
year × province	控制	控制	控制	控制
city	控制	控制	控制	控制
截距项	– 2.965 (6.46)	1.512 (1.62)	0.743 (5.13)	– 0.360 (0.56)
adj. R^2	0.47	0.43	0.32	0.25

注：所有连续型变量都取对数，变量定义见表 6 – 2。括号中的统计量为标准误。*** 、** 和 * 分别表示在 1% 、5% 和 10% 的水平下显著。

三　OLS 模型实证结果

本节将商品房销售面积作为人口迁移的代理变量，从国家和地区层面检验高速铁路及其他相关因素对人口迁移的影响，通过连续年份面板数据观察进一步的结论。除了观测全国层面的影响，我们还把全国样本划分为三个大的经济区域（东部、中部、西部）子样本。

式（6.8）所示的实证模型中，u_{it} 代表无法观测到的诸如地理位置、

资源禀赋等在时间维度上不变的与城市特征相关的误差项，通常可以使用固定效应模型（Fix Effects Model，FE）和随机效应模型（Random Effect Model，RE）两种面板数据估计方法对模型进行估计，并采用 Hausman 检验在固定效应模型和随机效应模型中进行选择。本节使用的计量实证模型经检验应该采用固定效应模型进行估计，估计结果如表 6 – 11 所示。

表 6 – 11　高速铁路对商品房销售面积的影响（OLS 估计）（因变量：ln*housale*）

变量	全国	东部	中部	西部
HSR	0. 064 ***	0. 047 *	0. 129 ***	0. 101 *
	(0. 026)	(0. 029)	(0. 05)	(0. 06)
airport	0. 146 ***	0. 193 **	0. 268	0. 079
	(0. 06)	(0. 09)	(0. 28)	(0. 11)
ln*highway*	0. 495 ***	− 0. 758 **	1. 096 ***	0. 330
	(0. 15)	(0. 32)	(0. 29)	(0. 27)
ln*area*	0. 384 *	0. 400	0. 476 *	0. 156
	(0. 21)	(0. 69)	(0. 28)	(0. 42)
ln*houprice*	− 0. 284 ***	− 0. 104	− 0. 245 ***	− 0. 314 **
	(0. 05)	(0. 09)	(0. 04)	(0. 14)
ln*gdp*	0. 111 *	− 0. 051	0. 173	0. 073
	(0. 068)	(0. 06)	(0. 11)	(0. 08)
ln*invest*	0. 432 ***	0. 646 ***	0. 465 ***	0. 108 *
	(0. 04)	(0. 05)	(0. 08)	(0. 06)
ln*gov*	0. 367 ***	0. 170 **	0. 343 ***	0. 534 ***
	(0. 05)	(0. 07)	(0. 08)	(0. 10)
ln*edu*	0. 056	0. 072	0. 029	0. 092
	(0. 05)	(0. 07)	(0. 10)	(0. 11)
ln*hb*	0. 232 ***	0. 902 ***	0. 134	0. 072
	(0. 07)	(0. 13)	(0. 13)	(0. 14)
截距项	6. 013 ***	14. 116 **	5. 324 *	6. 263
	(2. 12)	(6. 42)	(3. 01)	(4. 44)
adj. R^2	0. 21	0. 34	0. 22	0. 26

注：所有连续型变量都取对数，变量定义见表 6 – 2。括号中的统计量为标准误。 *** 、 ** 和 * 分别表示在 1% 、5% 和 10% 的水平下显著。

从表 6 – 11 中的结果可以看到，无论全国、东部、中部还是西部，*HSR* 的回归系数都显著为正，估计系数分别为 0. 064、0. 047、0. 129 及

0.101，说明高速铁路开通对全国以及东、中、西部三大区域的商品房销售面积具有非常显著的正向作用，间接表现出高速铁路开通对全国及地区间人口迁移具有显著的正向影响。其中，高速铁路开通对商品房销售面积增加的影响在我国中部表现得最为明显，西部地区高速铁路开通对商品房销售面积增加的影响也超过了全国平均水平，有利于促进中部、西部与东部地区的趋同发展及我国中部崛起、西部大开发战略目标的实现。其他因素，比如投资率及政府财政收支比，也对人口迁移增加有一定程度的正向影响。

西部地区开通高速铁路的城市逐渐增加，对商品房销售及人口迁移的影响也逐渐扩大，超越了全国平均水平。近年来，在国家大力支持下，西部地区一个又一个重大铁路项目建成投运，将西部与中部、东部地区贯通连接起来，大大缩短了西部地区与其他地区的时空距离，实现了人流、物流、信息流的高速移动。

2017年全国新增高速铁路开通城市6个，其中5个城市来自西部地区。2017年7月9日，宝兰高速铁路开通运营，徐兰高速铁路实现全线运行。郑徐高速铁路的终点从徐州延伸至连云港，徐连高速铁路作为郑徐高速铁路的延伸线，使徐兰客运专线延伸形成完整的陇海客运专线。宝兰高速铁路的开通使甘肃省兰州市、定西市、天水市第一次有了高速铁路，尤其是兰州市，已逐步成为中国西部铁路交通大枢纽，为甘肃省甚至整个西部经济腾飞注入了新动能。截至2018年7月9日，宝兰高速铁路累计发送旅客1184万人次，发送旅客约占兰铁集团旅客总发送量的21%①。它沿渭河南岸西行，连通连云港至新疆乌鲁木齐、阿拉山口，可与国际铁路连接。目前，银川至西安、吴忠至中卫、中卫至兰州、敦煌至格尔木等重大铁路项目正在加紧建设，建成运营后可新增铁路运营里程1263公里。

第五节　本章小结

本章研究了高速铁路开通对人口流动与迁移的影响。利用双重差分

---

① 《甘肃：构建西部铁路交通大枢纽》，中国甘肃网，2018年9月16日。

法、倾向得分匹配双重差分法证明了高速铁路大大加速了人口流动，同时对城市人口迁移的结构性变化有非常显著的影响，会使一些人口净迁入城市的人口开始流向其他城市，或使人口净迁出城市开始有迁移人群进入，高速铁路的开通甚至会使一些人口净迁入城市的人口迁入数量大幅增加。

此外，本章还通过高速铁路对人口迁移影响的代理变量，即城市的商品房销售面积来进一步检验，使结果更加稳健。结果显示，高速铁路开通对商品房销售面积有显著的正向作用，间接证明高速铁路开通对人口迁移具有促进作用。其中对中部地区的影响最为明显，高速铁路对西部地区的影响也在逐渐扩大，超越了全国平均水平。西部地区的高速铁路发展终结了西北高速铁路与中原高速铁路长期"两地分居"的状态，疏通了西部发展的主动脉，促进东、中、西部地区经济社会协调发展，而且将显著提高亚欧大陆桥铁路通道的运输能力，对于促进我国与中亚国家的互联互通、推动"丝绸之路经济带"建设具有重要意义。

中国是一个人口大国，流动人口大军是中国经济溢出及发展的重要传播媒介和载体。高速铁路促进人口流动，增强了城市间的联系，有利于城市化发展，引起生产、生活与居住方式的重大改变，促进了现代化。同时，有利于完善劳动力市场，打破劳动力流动的界限。此外，能够促进旅游业、服务业等产业的发展。

| 第七章 |

高速铁路与环境污染

中国的经济发展和城市化使通勤出行、物流运输等交通方面的需求急剧增加。中国民用汽车保有量由 2010 年的 7000 万辆迅速增长到 2019 年的 2.6 亿辆，2018 年铁路和航空运输旅客高达 40 亿人次。城市内部的交通污染物排放已成为中国各大城市雾霾污染的关键影响因素之一，带来严重的"城市病"（马丽梅等，2016；孙传旺等，2019）。在此背景之下，大力发展清洁环保的城市外部交通基础设施，疏导城市功能，促进区域经济均衡发展就成为新时代经济高质量发展的可行路径。

相较于高速公路、航空运输等其他城市外部交通基础设施，高速铁路更加适合中国幅员辽阔、人口众多的国情。以电力驱动的高速铁路列车具有环保低污染的特性，被公认为最符合可持续性发展的绿色交通基础设施（Janic，2003；Smith，2003；Spielmann，Scholz，2005；Givoni，2007）。以每乘客公里为单位，高速铁路、汽车和飞机的能耗比为 1 : 2.4 : 2.8（Barrón et al.，2012）。更为重要的是，高速铁路通过改变城市之间的时空关系，提高了城市间的可达性，加速资本、劳动力、技术等生产要素的流通速度，极大地促进了城市经济系统的生产效率提高，进而能够有效抑制环境污染。

党的十九大报告中强调要聚焦蓝天保卫战等重点任务，持续推进污染防治，加强生态系统保护修复，壮大绿色环保产业，大力推动绿色发展，使生态环境质量继续得到改善。生态环境部通报 2018 年全国 338 个城市中有 262 个 PM2.5 平均浓度超标，空气质量超标天数比例高达 21%，对城市

可持续发展带来严峻挑战。空气中的细小颗粒物进入人体会增加罹患心血管和呼吸系统疾病以及癌症的风险（Lelieveld et al.，2015），大气中的颗粒物污染导致 1997 年中国 GDP 损失高达 640 亿美元，占当年 GDP 的 6.7%（Matus et al.，2012）。

目前，探讨中国高速铁路对环境影响的文献还不多见，深入探讨高速铁路对环境污染影响传导机制的研究更是缺乏。本章通过构建新的高速铁路可达性与环境污染关系的理论分析框架，对两者之间的关系以及影响机制进行实证分析，为我国通过城市外部交通基础设施建设治理环境污染、实现经济绿色发展提供新的思路。

第一节　高速铁路对环境污染影响的理论分析

大多数研究证实了环境质量与经济总量之间存在联系，就经济发展过程中的内涵质量因素而言，其对环境污染的影响机制与总量因素并不完全一致。经济总量增长包含结构变化、技术改进等内涵因素的变化，这些内涵因素固然会对环境产生直接的影响，但作为经济规模背后的深层机制，更为重要的是会对倒 U 形关系产生作用。同等经济规模的背后可能有着不同的产业结构、升级速度或技术水平，而这种异质性可能使同等经济规模对应不同的污染水平。通过开通高速铁路，提高可达性，可以部分改变经济发展和生态环境的作用机制，可能使环境库兹涅茨曲线（EKC 曲线）的峰值提前或推迟到来，也可能导致 EKC 位置的变动。

高速铁路相比其他交通方式，在环保性方面有其自身比较优势：第一，低能耗、低排放；第二，节约土地；第三，在设计和运营方面采用节能材料；第四，生态选线。

首先，高速铁路通过提高资源配置效率减少环境污染。一方面，它使劳动力、资源和技术等生产要素市场与企业之间更加接近，扩大了人力资本、物质资本和技术的选择范围，有利于企业获得各种优质廉价的生产要素，优化投资，提高要素配置效率，减少污染排放；另一方面，高速铁路使企业能够更快、更方便地接近销售市场，了解市场需求并生产适销的产

品，有利于提高资源利用和分配效率，减少资源浪费，从而减少污染物排放。

考察环境污染与经济产出之间的关系存在两种思路：一种是将环境污染的治理费用作为要素投入直接纳入生产函数，但这种方法很难厘清资本、劳动、技术等其他要素投入对环境污染和污染治理的作用，因此与现实社会生产过程存在脱节；另一种思路是将环境污染作为一种负效用产出，如果希望减少环境污染，就需要相应地减少期望产出，或者将一部分经济资源用于污染治理（涂正革，2008）。

借鉴 Färe 等（2007）定义的环境技术（Environment Technology），本章采用第二种思路构造要素资源投入与产出、污染之间的技术结构关系，并考察高速铁路是如何通过提高资源配置效率减少环境污染的。环境技术与传统生产函数中的投入产出技术不同，在投入一定的情况下，减少环境污染需要投入各种经济资源，会导致经济产出减少。而新技术的引入和配置效率的提高，可以减少治理环境污染的经济资源投入。

用产出集合模拟环境技术：

$$P(x) = \{(y,b):x\,canproduce(y,b)\}, x \in R_+^N \qquad (7.1)$$

集合 $P(x)$ 是指 N 种要素投入 x 所能生产的"好"产品与"坏"产品的所有产量组合。投入向量 $x = (x_1, \cdots, x_N) \in R_+^N$ ；"好"产品向量 $y = (y_1, \cdots, y_M) \in R_+^M$ ；"坏"产品 $b = (b_1, \cdots, b_J) \in R_+^J$ ，指生产过程中排放的污染物，如废气、废水或固体废弃物。

衡量环境技术的（可能）产出集合 $P(x)$ 具有四大特征。第一，联合弱可处置性，即"好""坏"产品在一定的技术条件下具有同比例增减的特征，减少污染排放要付出代价，"好"产品与"坏"产品一起具有弱可处置性：如果 $(y,b) \in P(x), 0 \le \theta \le 1$ ，那么 $(\theta_y, \theta_b) \in P(x)$ 。这个特征考虑了"坏"产品的减少需要投入资源治理环境污染，结果导致正常的产出因为投入减少而减少。第二，强可处置性。"好"产品具有完全可处置性，即如果 $(y,b) \in P(x)$ ，且 $y' \le y$ ，那么 $(y',b) \in P(x)$ 。强可处置性的含义是，在投入和污染规模相同的条件下，正常产出可多可少。正常产出之间的差距，反映了环境管制约束下技术效率的高低。第三，没有

"坏"产品就没有"好"产品，即 $(y,b) \in P(x)$，且 $b = 0$，那么 $y = 0$。第四，如果 $x' \geq x$，那么 $P(x') \supseteq P(x)$，即投入要素 x 具有自由可处置性。

本章用数学公式表达满足环境技术性质的活动分析。假定时期 $t = 1, \cdots, T$，有 K 个决策单元，$k = 1, \cdots, K$，其投入产出向量为：$[x^t_{(K \times N)}, y^t_{(K \times M)}, b^t_{(K \times J)}]$。使用这些投入、产出和污染数据，可以构造满足上述条件的环境技术：

$$P(x^t) = \left\{ \begin{array}{l} \sum\limits_{k=1}^{K} z_k y^t_{i,m} \geq y^t_{k,m}, m = 1, \cdots, M; \sum\limits_{k=1}^{K} z_k b^t_{k,j} = b^t_{k,j}, j = 1, \cdots, J \\ \sum\limits_{k=1}^{K} z_k x^t_{k,n} \leq x^t_{k,l}, n = 1, \cdots, N; z_k \geq 0, k = 1, \cdots, K \end{array} \right\} \quad (7.2)$$

高速铁路运行加快了人员和信息的流动速度，使沿线城市更加容易吸引人才，获得先进的管理方法和环境技术，因此高速铁路开通后资源配置效率有所提高，即：

$$\left\{ \begin{array}{l} y^{t_1}_{(K \times M)} < y^{t_2}_{(K \times M)} \\ b^{t_1}_{(K \times J)} > b^{t_2}_{(K \times J)} \end{array} \right.$$，其中，t_1 代表开通高速铁路之前，t_2 代表开通高速铁路之后。

因此，开通高速铁路通过提高资源配置效率对环境产生影响：其一，在产出不变的情况下，开通高速铁路通过提高资源配置效率减少污染物排放总量；其二，当经济持续增长时，即使污染物排放总量仍然在增加，开通高速铁路通过提高资源配置效率也可以降低单位产出的污染物排放，即提高环境效率。

其次，高速铁路通过促进产业结构调整及升级减少环境污染。不同的城市拥有不同的产业结构，在技术水平和资源配置效率相同的条件下，不同产业单位产出的污染物排放量不同，因而会产生不同的环境质量。高速铁路通过加快产业结构调整和人员流动，促进环境质量提高。在劳动力不能自由流动或者迁移成本很高的条件下，各个城市会根据现有的资源禀赋确定各自的产业结构。高速铁路的运行可以促进劳动力跨区域自由流动，降低人口迁移成本，劳动力会根据自身的禀赋跨区域优化配置，进而对城市的产业结构带来影响。

假设存在两个城市 A 和 B，每个城市均存在两个不同的产业，一个是劳动密集型的第三产业，另一个是污染密集型的第二产业。在新建高速铁路之前，两个城市之间的迁移成本很高，并形成了各自独立的劳动力市场，构成第三产业的主要成本为 $Salary_{A,t1}$ 和 $Salary_{B,t1}$。假设城市 B 存在劳动力市场供给过剩，而城市 A 存在劳动力市场供给不足，则 $Salary_{A,t1} >$ $Salary_{B,t1}$。为了把分析简单化，这里不考虑第二产业的劳动力成本，这一处理并不会影响最终的结论。

开通高速铁路之后，城市之间的交通成本降低，有利于城市 A 和城市 B 形成统一的劳动力市场。刚开始的时候，因为城市之间的劳动力结构和工资差异，城市 B 的劳动力向城市 A 流动，劳动力流动使两个城市原有的产业结构发生变化，进而影响它们的环境质量。对于城市 B 来说，高速铁路带来收入了效应，劳动力流出会降低劳动力市场上的供给水平，提高城市 B 的平均工资水平。更高的收入水平会使城市 B 的居民对环境质量提出更高的要求，进而使污染密集型的第二产业在城市 B 萎缩。

对于城市 A 来说，虽然高速铁路带来的劳动力流入会增加劳动力供给，但考虑到劳动力资源的优化配置带来生产效率提高，高速铁路对城市 A 的影响表现为劳动密集型的第三产业的增长效应而不是收入水平的降低。在污染密集型的第二产业不变的情况下，劳动密集型的第三产业的发展会使城市 A 单位产出的污染物排放水平降低，即环境效率提高。

最后，高速铁路通过促进技术知识创新减少环境污染。假设人类的创新思想是基于科学技术投入和人口规模的，即科技投入越多，人口规模越大，创新越多。而技术知识创新是具有公共产品特征的，创新可以为所有参与社会经济运转的人所用。假设技术知识创新的生产函数为：

$$inno_i = f(inv_i, pop_i) \tag{7.3}$$

其中，$inno$ 表示技术知识创新，inv 表示科学技术投入，pop 表示人口规模。在高速铁路开通之前，两个城市 A 和 B 之间的人员、信息交流存在较高的成本，而高速铁路开通之后，人员、信息的交流成本降低，两个城市可以共享科学技术投入和人口规模带来的创新收益，即：

$$inno_{A,t1} + inno_{B,t1} < f(inv_{A,t2} + inv_{B,t2}, pop_{A,t2} + pop_{B,t2}) \tag{7.4}$$

高速铁路可以通过提高技术知识创新的速度和质量来减少环境污染。

也有学者研究发现高速铁路对环境质量具有负向效应。高速铁路的原材料，如混凝土、钢铁等均产自高能耗的生产部门，生产过程中会排放大量的废水、废气和固体污染物。另外，高速铁路在运行过程中会对沿途居民区造成一定的噪声污染（王玉红等，2016）。尽管如此，高速铁路对环境的负面影响，相对于公路和航空的负面影响要小得多，因此，高速铁路对整个社会环境具有明显的正向作用。高速铁路对环境质量的影响机制可以用图7－1来表示。

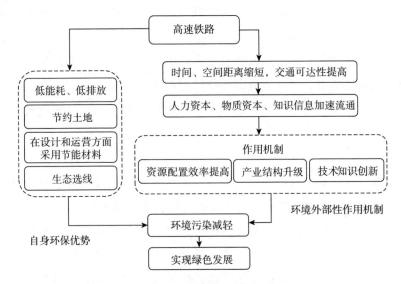

图7－1　高速铁路对环境的影响机制

根据以上理论分析，我们可以提出以下理论假设。

假设1：高速铁路对环境污染具有显著的负向作用，能够显著减少单位GDP环境污染量。

假设2：高速铁路通过提高资源配置效率抑制环境污染。

假设3：高速铁路通过促进产业结构调整升级抑制环境污染。

假设4：高速铁路通过提升技术知识水平抑制环境污染。

这些理论假设能否成立，需要通过下面的实证检验来证明。

第二节　高速铁路对环境污染影响的实证分析

一　模型构建与实证方法

本节构建实证模型来检验高速铁路开通对环境污染的影响。运用空间计量技术构造了基于全国 285 个城市的地理距离空间权重矩阵，使用广义空间二段最小二乘法（Generalized Spatial Two-stage Least Square，GS2SLS）考察 2010~2016 年高速铁路开通对环境污染的影响。

基于 EKC 假说（Grossman，Krueger，1995），构建了如下基准模型来考察高速铁路对环境污染的影响。

$$\ln Pol_{it} = constant + \beta_0 Acc_{it} + \beta_1 \ln pgdp_{it} + \beta_2 (\ln pgdp_{it})^2 + \beta_3 X_{it} + \varepsilon_{it} \qquad (7.5)$$

其中，i 为全国 285 个城市的截面单位，t 表示年份；Pol 表示环境污染变量，本章选取 PM2.5 年均浓度来表示环境污染程度。Acc 为核心解释变量高速铁路可达性，其值越大表示可达性越强。若 Acc 的估计系数 β_0 显著为负，则表明高速铁路可达性越强，环境污染越小。根据 EKC 假说，将人均 GDP（$pgdp$）及其平方项同时引入模型（7.5），采用 2010 年不变价格处理人均 GDP。

X 为其他与高速铁路及环境污染相关的控制变量，包括以下 6 项。①人口密度（pop）：单位面积人口数；②绿化水平（gre）：城市建成区绿化覆盖率；③工业二氧化硫处理率（SO_2）：工业二氧化硫处理量/工业二氧化硫产生量；④城市化水平（urb）：第二产业及第三产业就业人员占总就业人员的比例；⑤金融发展水平（fin）：金融机构年末存款余额占 GDP 的比例；⑥机场（$airport$）：某城市是否拥有民用机场哑元变量。

考虑到雾霾污染具有明显的空间溢出效应，本章运用空间计量技术进行模型估计以克服空间自相关问题。构造了基于全国 285 个城市的地理距离空间权重矩阵（W），W 的元素 w_{ij} 表示 i 城市与 j 城市距离的倒数。首先进行初步的空间效应检验，判断地区变量间是否存在空间相关性，即计算莫兰 I 指数（Moran's I）。莫兰 I 指数本质上为空间自相关指数，可视为观

测值与其空间滞后的相关系数。如果将观测值及其空间滞后画成散点图，即称为"莫兰散点图"，莫兰 I 指数就是该散点图回归线的斜率。莫兰 I 指数的取值一般介于 -1 到 1 之间。大于 0 表示正相关，小于 0 表示负相关。如果莫兰 I 指数显著不为 0，则说明存在空间效应，需进一步进行空间计量分析。

估计方法使用 GS2SLS，该方法选取各解释变量及其空间滞后项作为工具变量，并基于 2SLS 方法估计空间面板模型（Shehata，2012），能够对高速铁路或雾霾污染的空间溢出效应及内生性予以控制。即使在异方差与正态分布的情况下，依然是一致估计。本节在进行基准回归估计时选择了最高三阶空间滞后项作为工具变量。

二 变量与数据

本章引入高速铁路可达性的概念，结合车站、区域及整个高速铁路网的可达性，以充分体现利用铁路交通从初始城市到目的地城市的便利性。首先，根据 2010~2016 年的《全国铁路旅客列车时刻表》，获得城市是否开通高速铁路的原始数据（HSR），在此基础上，绘制了 2010~2016 年的高速铁路运行图，并进一步在 Gephi 8.2 中构建高速铁路复杂网络和计算可达性（Acc）。此外，利用 ArcGIS 10.0 计算了平均旅行时间（AT）。

本章中高速铁路可达性指标 Acc 为高速铁路运行网络图中，高速铁路城市 i 与所有其他高速铁路城市的测地距离之和（Freeman，1979），充分体现城市 i 在整个高速铁路网的邻近中心性以及高速铁路网络中心度的优化程度。此方法是用于评估网络中城市区位优势的最流行方法之一（Zhang et al.，2010；Wang et al.，2011）。公式如下：

$$Acc_i = \frac{1}{\sum\limits_{j=1, j\neq i}^{n} d_{ij}} \tag{7.6}$$

其中，d_{ij} 表示城市 i 与城市 j 之间高速铁路路线的最短路径距离，n 为网络中城市的总数 285，Acc_i 可以看作城市 i 到其他城市的"速度"，其值越大表示可达性越强。

实证中还将用平均旅行时间（AT）替代模型（7.5）中的 Acc 变量，

以进一步检验铁路旅行时间缩短带来的影响。平均旅行时间的公式如下：

$$AT_i = \sum_i^N \frac{d_{ij}}{V_{ij}} \qquad (7.7)$$

其中，AT_i 为城市 i 最短时间距离的可达性值，体现了高速铁路站点之间的可达性。V_{ij} 为城市 i 到城市 j 的高速铁路速度。AT_i 的值越小，可达性越强。当加入式（7.5）中，AT 的期望估计系数显著为正，即城市之间平均旅行时间越短，环境污染越小。

为了研究的充分性及稳健性，本节将用城市是否开通高速铁路哑元变量 HSR 替代模型（7.5）中的 Acc 变量做回归分析。若某城市某年开通了高速铁路，$HSR_{it} = 1$，否则 $HSR_{it} = 0$。HSR 的期望估计系数 β_0 显著为负，即高速铁路开通城市增加，环境污染减小。

PM2.5 年均浓度数据来源于哥伦比亚大学社会经济数据和应用中心（SEDAC，http://sedac.ciesin.columbia.edu/）发布的基于光学卫星空间遥感获得的全球 PM2.5 浓度年均值栅格地图，利用 ArcGIS 10.0 软件将其解析为中国所有城市的年均 PM2.5 浓度数据。

实证中的其他控制变量 pop、gre、SO_2、urb、fin 数据来源于《中国城市统计年鉴》（2011～2017 年），$airport$ 数据来源于中国民航局网站发布的《官方民用航空业发展统计公报》（2010～2016 年）。表 7 - 1 给出了 2010～2016 年全国 285 个城市面板数据的描述性统计。

表 7 - 1　变量描述性统计（285 个城市面板数据，2010～2016 年）

变量	观测值	均值	标准差	最小值	最大值
$\ln Pol$	1995	3.438	0.572	0.723	4.460
Acc	1995	0.009	0.014	0	0.058
AT	1995	5.445	1.893	0	17.795
HSR	1995	0.338	0.473	0	1
$\ln pgdp$	1995	12.770	0.380	10.362	14.470
$\ln gre$	1995	-0.959	0.234	-3.616	-0.074
$\ln SO_2$	1995	-0.750	1.040	-11.278	-0.002
$\ln fin$	1995	0.206	0.387	-0.991	2.535

续表

变量	观测值	均值	标准差	最小值	最大值
ln*urb*	1995	− 0.031	0.103	− 2.309	0.041
ln*pop*	1995	4.605	0.770	2.715	7.663
airport	1995	0.459	0.498	0	1

三 估计结果与分析

空间计量模型首先需要计算莫兰 I 指数，以检验空间计量分析是否适用于该模型。表 7 - 2 给出了通过 Stata 软件计算得出的 2010 ~ 2016 年各个年份中国城市雾霾污染的莫兰 I 检验结果。由其指数的值及 P 值可见，各个年份的莫兰 I 指数均通过了 1% 水平下的显著性检验，且均为正值，可以强烈拒绝"无空间自相关"的原假设，证明我国城市的雾霾污染在空间上存在明显的正自相关关系。而且莫兰 I 指数的整体趋势是随着时间推移不断增加，表明地区间雾霾污染的空间相关性在不断上升。因此可以判断，本章运用空间计量模型检验我国高速铁路开通与雾霾污染的关系较之传统计量方法更为合适。

表 7 - 2 全国 285 个城市 PM2.5 年均浓度莫兰 I 指数计算结果

年份	莫兰 I 指数	标准差	P 值
2010	0.193	0.007	0.000
2011	0.194	0.007	0.000
2012	0.183	0.007	0.000
2013	0.196	0.007	0.000
2014	0.187	0.007	0.000
2015	0.224	0.007	0.000
2016	0.215	0.007	0.000

表 7 - 3 报告了全国 285 个城市基于空间权重矩阵 W 模型的 GS2SLS 估计结果，其中第（1）、第（2）列为高速铁路可达性 *Acc* 变量对雾霾的影响，第（3）、第（4）列为平均旅行时间 *AT* 对雾霾的影响，第（5）、第（6）列为城市是否开通高速铁路哑元变量 *HSR* 对雾霾的影响。Hausman 检

验的结果表明应该选择固定效应模型。由表中结果可以看到，被解释变量空间滞后项的系数始终在 1% 的水平下显著，验证了雾霾污染存在显著的空间溢出效应。这既与大气环流等自然因素有关，又受到区域经济一体化、污染产业转移等经济机制的影响，意味着雾霾治理要遵循区域联防联控的策略。

第（1）列和第（2）列中 *Acc* 的估计系数在 10% 及 5% 的水平下显著为负，说明高速铁路可达性提升对雾霾污染有明显的负向作用，可达性提高能够有效抑制雾霾污染。加入其他控制变量之后，高速铁路对环境污染的负向影响更加明显。由其估计系数可计算得出，高速铁路可达性提升一个标准差，雾霾污染将降低 0.63%（= 0.454 × 0.014）。第（3）列和第（4）列中 *AT* 的估计系数显著为正，表明平均旅行时间越短，雾霾污染越少，即高速铁路发展带来旅行时间缩短，能够抑制雾霾污染。平均旅行时间每减少一个单位（100 分钟），雾霾污染减少 0.6%。第（5）列和第（6）列中，*HSR* 的估计系数显著为负，表明高速铁路开通城市数越多，雾霾污染情况越能得到缓解。相对于没有开通高速铁路的城市，全国开通高速铁路城市的雾霾污染降低了 2.4%。以上结论证明了本章的假设 1：高速铁路对环境污染具有显著的负向作用，能够显著减少单位 GDP 环境污染量。

在第（1）列、第（3）列和第（5）列中，人均 GDP 及其平方项系数均不显著，但加入其他控制变量之后，在第（2）列、第（4）列和第（6）列中，人均 GDP 的一次项系数显著为负，二次项系数显著为正，表明经济增长与雾霾污染之间并不满足传统的 EKC 假说，而是存在 U 形曲线关系。这种现象可以这样解释，因为我们用的是 285 个城市的面板数据，这个回归结果证明经济发展比较落后的城市的污染程度比较低，而经济发展比较好的城市的污染程度比较高，这与人们的实际生活感受是一致的，与邵帅等（2019）的研究结果也是一致的。这表明我国尚未实现经济增长与雾霾污染的"脱钩"，考虑到中国大部分地区的城市化和工业化仍处于加速推进阶段，要实现经济增长与雾霾治理的双重目标还相当艰巨。城市绿化及二氧化硫处理都对抑制雾霾污染有积极的影响，但其作用并没有高

速铁路的作用显著。

表 7 - 3　高速铁路开通对雾霾污染影响的回归结果（全国 285 个城市，2010 ~ 2016 年）

DV = lnPol	(1)	(2)	(3)	(4)	(5)	(6)
$W \times \ln Pol$	2.499*** (0.093)	2.684*** (0.083)	2.588*** (0.101)	2.676*** (0.084)	2.521*** (0.103)	2.664*** (0.083)
Acc	−0.414* (0.215)	−0.454** (0.223)	—	—	—	—
AT	—	—	0.005* (0.002)	0.006* (0.003)	—	—
HSR	—	—	—	—	−0.021*** (0.008)	−0.024*** (0.008)
ln$pgdp$	−0.367 (0.260)	−0.799** (0.365)	−0.345 (0.257)	−0.807** (0.366)	−0.352 (0.259)	−0.809** (0.366)
(ln$pgdp$)^2	0.015 (0.010)	0.031** (0.014)	0.133 (0.010)	0.031** (0.014)	0.014 (0.010)	0.032** (0.014)
lngre	—	−0.022* (0.012)	—	−0.025* (0.015)	—	−0.021* (0.011)
lnSO_2	—	−0.002* (0.001)	—	−0.002* (0.001)	—	−0.003 (0.002)
lnfin	—	0.069*** (0.011)	—	0.068*** (0.011)	—	0.074*** (0.011)
lnurb	—	0.062 (0.053)	—	0.068 (0.054)	—	0.066 (0.054)
lnpop	—	0.001 (0.016)	—	−0.009 (0.547)	—	0.003 (0.016)
$airport$	—	0.008 (0.015)	—	0.007 (0.015)	—	0.009 (0.015)
截距项	2.337 (1.648)	4.570* (2.361)	2.134 (1.634)	4.791** (2.368)	2.208 (1.641)	4.768** (2.365)
adj. R^2	0.316	0.320	0.322	0.346	0.320	0.346
Hausman 检验	581.516 (0.000)	420.356 (0.000)	630.035 (0.000)	447.235 (0.000)	581.240 (0.000)	456.899 (0.000)
Wald 检验	609.518 (0.000)	1072.969 (0.000)	571.443 (0.000)	991.010 (0.000)	548.893 (0.000)	979.972 (0.000)

注：括号中的统计量为标准误。***、** 和 * 分别表示在 1%、5% 和 10% 的水平下显著。

第三节　高速铁路对环境污染影响的敏感性分析

一　不同人力资本量及产业结构

本节利用三重差分（DDD）模型，根据各城市人力资本和产业结构的不同，研究高速铁路在缓解城市环境污染中作用的敏感性。双重差分模型是政策效应评估的常用方法，通过为"处理组"找到相应的"对照组"，从而检验政策实施对处理组的影响，但其缺点是可能无法满足平行趋势假设的要求。由于城市人力资本量或产业结构不同，即使在没有高速铁路开通的情况下，两类地区也可能因实际情况的差异而具有不同的时间趋势（Yang et al. 2019），或者说试点地区的选择并不是随机的。城市人力资本量以及第二产业与第三产业占 GDP 的比重，为我们构建三重差分模型提供了很好的准自然实验，能够消除实验组和控制组之间本来存在的差异，进而得到比双重差分模型更稳健的估计结果。

构建如下计量模型考察在人力资本量不同的城市，高速铁路对环境污染影响的敏感性：

$$\ln Pol_{it} = \beta_0 + \beta_1 HSR_{it} \times after_{it} \times h_{it} + \beta_2 HSR_{it} \times after_{it} + \beta_3 HSR \times h_{it} +$$
$$\beta_4 after_{it} \times h_{it} + \beta_5 HSR_{it} + \beta_6 after_{it} + \beta_7 h_{it} + \beta_8 X_{it} + u_{it} \qquad (7.8)$$

如前文，Pol 为由 PM2.5 年均浓度表示的环境污染程度，HSR 表示城市是否开通高速铁路的哑元变量。$after$ 表示实验前后，若时间为高速铁路开通后，$after = 1$，否则 $after = 0$；将已开通高速铁路的城市作为实验组，而未开通高速铁路的城市作为控制组 1，但是仍有可能无法满足平行趋势假设的要求。因此我们定义人力资本量低于全部城市的平均水平的城市为控制组 2，这样能够消除实验组和控制组之间本来存在的人力资本差异，进而得到比双重差分模型更稳健的估计结果。将人力资本量定义为在校生/（在校生＋劳动力人数）。如果城市 i 在 t 年的人力资本量高于平均水平，$h_{it} = 1$，否则 $h_{it} = 0$。

从模型（7.8）可以看出，对于控制组 1 而言，高速铁路开通后环境

污染的变化为 $\beta_2 + \beta_6$，对于控制组 2 而言，高速铁路开通后环境污染的变化为 $\beta_4 + \beta_6$，所有城市共同的时间趋势为 β_6。而对于实验组而言，高速铁路开通后环境污染的变化为 $\beta_1 + \beta_2 + \beta_4 + \beta_6$。因此，经过三重差分后得到的估计量 β_1 反映的是高速铁路开通对实验组环境污染的净影响，也是本部分最感兴趣的系数。

对于产业结构不同的城市，在考察高速铁路对环境污染的影响时，将式（7.8）中的人力资本量用产业结构变量（tid）代替，可写为式（7.9）：

$$\ln Pol_{it} = \beta_0 + \beta_1 HSR \times after \times tid_{it} + \beta_2 HSR \times after_{it} + \beta_3 HSR \times tid_{it} +$$
$$\beta_4 after \times tid_{it} + \beta_5 HSR_{it} + \beta_6 after_{it} + \beta_7 tid_{it} + \beta_8 X_{it} + u_{it} \qquad (7.9)$$

将第二产业占 GDP 比重高于第三产业的城市定义为控制组 2，能够消除实验组和控制组之间本来存在的行业差异。如果城市 i 在 t 年第三产业占 GDP 的比重高于第二产业，$tid_{it} = 1$，否则 $tid_{it} = 0$。

表 7 - 4 报告了利用 DDD 模型考察高速铁路对环境污染影响的敏感性回归结果。第 1 和第 2 列为人力资本量不同的城市开通高速铁路对环境污染影响的回归结果。可以看到 $HSR \times after \times h$ 的估计系数显著为负，也就是说，人力资本越丰富的城市，高速铁路开通后污染减排效果越显著。经济越发达、人力资源越丰富的城市越可以为控制环境污染提供智力保障，例如，更容易掌握先进技术，提高资源利用效率，从而减少环境污染。

表 7 - 4　高速铁路影响环境污染的人力资本及产业结构敏感性分析
（全样本，$DV = \ln Pol$）

不同人力资本量的城市	估计系数	不同产业结构的城市	估计系数
$HSR \times after \times h$	− 0. 036 [*] （0. 021）	$HSR \times after \times tid$	− 0. 062 [**] （0. 031）
$HSR \times after$	− 0. 066 [***] （0. 157）	$HSR \times after$	− 0. 031 [***] （0. 011）
$h \times after$	− 0. 066 [***] （0. 014）	$tid \times after$	− 0. 045 [***] （0. 018）
$HSR \times h$	− 0. 151 （0. 130）	$HSR \times tid$	0. 174 （0. 199）

不同人力资本量的城市	估计系数	不同产业结构的城市	估计系数
HSR	- 0.429 *** (0.097)	HSR	- 0.287 *** (0.071)
h	0.344 *** (0.088)	tid	- 0.324 *** (0.109)
$after$	0.229 *** (0.013)	$after$	0.184 *** (0.011)
截距项	3.244 *** (0.246)	截距项	3.569 *** (0.243)
adj. R^2	0.320	adj. R^2	0.311
控制变量	是	控制变量	是
城市固定效应	是	城市固定效应	是
时间固定效应	是	时间固定效应	是

注：括号中的统计量为标准误。 *** 、 ** 和 * 分别表示在 1% 、5% 和 10% 的水平下显著。

第 3 和第 4 列为产业结构不同的城市开通高速铁路对环境污染影响的回归结果。$HSR \times after \times tid$ 的估计系数在 5% 的水平下显著为负，即在第三产业越发达的城市，高速铁路开通后污染减排效果越显著。这个结果是比较好解释的，一般来说，第三产业每单位 GDP 的污染排放量低于第二产业每单位 GDP 的排放量，因此，第三产业比重较高的城市，其整体污染排放量要比其他城市低，这一逻辑关系反过来也证明回归结果是可靠的。

以上结果还反映了技术效应与产业结构效应对我国环境污染具有显著的影响作用。要降低环境污染必须加强技术创新、提高能源效率、提高生产率、调整产业结构与能源结构。

二 东、中、西部不同地区的敏感性分析

表 7 - 5 报告了东、中、西部地区基于空间权重矩阵 W 模型的 GS2SLS 估计结果。Hausman 检验的结果表明应该选择固定效应模型，而不是随机模型。由表中结果可以看到，各地区被解释变量空间滞后项的系数均在 1% 的水平下显著，验证了雾霾污染存在显著的空间溢出效应。

第 2 和第 4 列中 Acc 的估计系数都显著为负，表明我国东部和中部地

区高速铁路可达性的提高都能够有效抑制雾霾污染。由 *Acc* 的估计值可以看到，高速铁路可达性提升对雾霾污染影响最大的是中部地区，高速铁路可达性提升一个标准差，雾霾污染将降低 0.77%（= 0.479 × 0.016）。其次是东部地区，高速铁路可达性提升一个标准差，雾霾污染将降低 0.74%（= 0.529 × 0.014）。

第 5 列中 *AT* 的估计系数显著为正，表明对于我国中部地区，高速铁路开通带来平均旅行时间缩短，进而抑制了雾霾污染。而对于东部，平均旅行时间对雾霾污染的影响不显著，这可能是由于东部的交通基础设施本身已十分发达，长三角经济带各城市的距离相对较近，2010～2016 年平均旅行时间的变化幅度较小，尚未对污染产生明显的影响。对于我国西部地区来说，高速铁路可达性对雾霾污染的影响为负但不显著，平均旅行时间对雾霾的影响同样不显著。这可能是由于相对于其他地区，西部高速铁路修建得比较晚，样本期间开通高速铁路的城市也比较少，因而高速铁路对污染物排放的抑制作用还不能显著体现出来。西部地区在 2013 年之前仅有 2 个城市开通高速铁路，到 2016 年也只有 17 个城市开通高速铁路。

表 7 - 5　高速铁路影响环境污染的区域差别敏感性分析（全样本，DV = ln*Pol*）

	东部		中部		西部	
$W \times \ln Pol$	4.855 ***	4.878 ***	4.310 ***	4.308 ***	6.549 ***	6.905 ***
	(0.202)	(0.198)	(0.186)	(0.187)	(0.410)	(0.400)
Acc	- 0.529 **	—	- 0.479 *	—	- 0.570	—
	(0.235)		(0.252)		(0.849)	
AT	—	0.002	—	0.028 ***	—	0.007
		(0.003)		(0.007)		(0.006)
截距项	- 0.126	- 0.180	0.066	1.063 **	0.781	0.793
	(0.288)	(0.291)	(0.392)	(0.447)	(0.596)	(0.598)
控制变量	*pgdp*，*gre*，SO_2，*fin*，*urban*，*pop*，*airport*					
adj. R^2	0.226	0.224	0.209	0.219	0.197	0.201
Hausman 检验	550.824	626.148	- 80.627	149.124	52.344	61.389
	(0.000)	(0.000)	(0.010)	(0.000)	(0.000)	(0.010)
Wald 检验	444.212	473.778	459.954	504.630	516.349	528.599
	(0.000)	(0.000)	(0.000)	(0.000)	(0.000)	(0.000)

注：括号中的统计量为标准误。***、** 和 * 分别表示在 1%、5% 和 10% 的水平下显著。

三 不同级别城市的敏感性分析

我们将《国家城市系统规划（2010～2020 年）》①中制定的 9 个国家中心城市，包括北京、天津、上海、广州、重庆、成都、武汉、郑州和西安，以及《国家社会和经济发展计划》中规定的 27 个具有独立规划地位的城市或省会城市，包括石家庄、沈阳、大连、长春、太原、呼和浩特、哈尔滨、济南、青岛、南京、杭州、厦门、深圳、苏州、宁波、合肥、福州、南昌、长沙、南宁、海口、贵阳、昆明、兰州、西宁、银川和乌鲁木齐，共同定义为中心城市，其余 249 个城市定义为非中心城市。

表 7-6 报告了不同级别城市基于空间权重矩阵 W 模型的 GS2SLS 估计结果。第 4 列中 Acc 的估计系数显著为负，第 5 列中 AT 的估计系数显著为正，表明对于非中心城市，高速铁路可达性提升、平均旅行时间缩短显著抑制了雾霾污染。高速铁路可达性提升一个标准差，雾霾污染将降低0.59%（=0.423×0.014）。平均旅行时间减少一个单位（100 分钟），雾霾污染减少 0.7%。而对于 36 个中心城市子样本，高速铁路可达性和平均旅行时间对雾霾污染的影响不显著。由于高速铁路可达性体现了高速铁路网络中心度的优化，因此非中心城市高速铁路可达性带来的污染减轻，表明高速铁路网络有助于环境协调发展。

在中心城市，高速铁路未能对污染产生显著影响可以这样解释：因为中心城市一般都是全国性或区域性经济增长和人口集聚中心，其内部污染很难受到外部交通基础设施变化的影响。然而，高速铁路的出现一般来说会增加外部人口流入中心城市的数量，在这样的情况下并没有增加中心城市的污染，说明高速铁路发展对这些城市的污染排放作用是中性的。考虑到大多数城市（非中心城市比中心城市多得多）的污染减少显著得益于高速铁路的发展，说明高速铁路不仅有利于全国环境的改善，也有利于从中心城市分流人口及环境压力。

---

① 由住建部、国家发改委、卫健委及教育部等 19 个中央部委共同制定。

表 7 – 6　高速铁路影响环境污染的城市差异敏感性分析（全样本，DV = lnPol）

	中心城市		非中心城市	
$W \times lnPol$	22. 976 ***	25. 142 ***	3. 106 ***	2. 831 ***
	(2. 165)	(2. 571)	(0. 124)	(0. 134)
Acc	– 0. 749	——	– 0. 423 *	——
	(0. 686)		(0. 235)	
AT	——	0. 003	——	0. 007 **
		(0. 009)		(0. 003)
截距项	– 0. 558	– 0. 283	– 0. 309	0. 456
	(0. 924)	(0. 919)	(0. 270)	(0. 230)
控制变量	$pgdp$, gre, SO_2, fin, $urban$, pop, $airport$			
adj. R^2	0. 212	0. 210	0. 322	0. 321
Hausman 检验	65. 021	80. 070	482. 022	502. 915
	(0. 000)	(0. 000)	(0. 000)	(0. 000)
Wald 检验	105. 878	105. 266	818. 664	527. 440
	(0. 000)	(0. 000)	(0. 000)	(0. 000)

注：括号中的统计量为标准误。 ***、** 和 * 分别表示在 1%、5% 和 10% 的水平下显著。

第四节　高速铁路抑制环境污染的作用机制研究

一　模型构建与实证方法

本节在前文理论和实证研究的基础上，深入研究高速铁路对环境影响的作用机制，即高速铁路是否通过提高资源配置效率、促进产业结构调整升级及技术知识进步，从而减轻环境污染。借助中介效应模型（Baron，Kenny，1986），构建如下三个回归方程来识别检验高速铁路对环境影响的作用机制：

$$lnPol_{it} = constant + \theta_0 Acc_{it} + \theta_1 X_{it} + \alpha_i + \gamma_t + \varepsilon_{it} \tag{7.10}$$

$$Z_{it} = constant + \beta_0 Acc_{it} + \beta X_{it}' + \alpha_i' + \gamma_t' + \varepsilon_{it}' \tag{7.11}$$

$$lnPol_{it} = constant + \gamma_0 Acc_{it} + \gamma_1 Z_{it} + \gamma_2 X_{it} + a_i'' + \gamma_t'' + \varepsilon_{it}'' \tag{7.12}$$

Pol 与 Acc 的定义同前文。本节实证分析中同样用平均旅行时间 AT 代替 Acc 进行更加稳健的检验，X 为其他控制变量，α_i 为与第 i 个城市特征相

关的误差项，γ_i 为时间误差项，ε_{it} 为随机误差项。

Z 为中介变量，在实证中将逐一代入"资源配置效率（eff）"、"产业结构（ind）"以及"技术知识水平（tec）"三个变量进行三次回归分析，以验证高速铁路对环境效率的影响及其作用机制。其中，利用全要素生产率（TFP）表示资源配置效率，利用第三产业与第二产业的产出比表示产业结构，利用每百人科学研究数、技术服务从业人员拥有专利授权数表示技术知识水平。TFP 由计算得出（具体计算过程见 7.4.2），第三产业与第二产业的产出比、每百人科学研究数、技术服务从业人员拥有专利授权数来源于《中国城市统计年鉴》、《中国科技统计年鉴》及各省统计年鉴。

以检验资源配置效率是否为高速铁路影响环境污染的作用机制为例，式（7.10）至式（7.12）可以写为：

$$\ln Pol_{it} = constant + \theta_0 Acc_{it} + \theta_1 X_{it} + \alpha_i + \gamma_t + \varepsilon_{it} \tag{7.13}$$

$$\ln eff_{it} = constant + \beta_0 Acc_{it} + \beta_1 X_{it}' + \alpha_i' + \gamma_t' + \varepsilon_{it}' \tag{7.14}$$

$$\ln Pol_{it} = constant + \gamma_0 Acc_{it} + \gamma_1 \ln eff_{it} + \gamma_2 X_{it} + a_i'' + \gamma_t'' + \varepsilon_{it}'' \tag{7.15}$$

式（7.13）中，θ_0 的期望估计系数为负，即高速铁路可达性提升或平均旅行时间缩短能够抑制环境污染。式（7.14）中，β_0 的期望估计系数为正，即高速铁路可达性提升或平均旅行时间缩短能够促进资源配置效率提高。式（7.15）中，γ_0 的期望估计系数为负，γ_1 的期望估计系数为负。根据中介效应模型的原理，若系数 θ_0、β_0、γ_1 均显著，则表明存在中介效应，即高速铁路通过提高资源配置效率，进而抑制环境污染。若 $\gamma_0 = 0$，表明高速铁路对资源配置效率的影响为高速铁路作用于环境污染的唯一中介；若 $\gamma_0 \neq 0$，表明还存在其他中介变量。检验产业结构及技术知识水平是否为高速铁路对环境污染影响的中介变量，回归同上，分别用 ind、tec 替代式（7.14）、式（7.15）中的 eff 变量。

二 变量与数据处理

对各城市 TFP 的核算将采用随机前沿生产模型分析法（Stochastic Frontier Analysis，SFA）。首先将中国的国民经济生产函数设定为柯布－道格拉斯形式的随机前沿生产模型，具体如下：

$$\ln Y_{it} = \beta_0 + \beta_1 \ln K_{it} + \beta_2 \ln L_{it} + \beta_3 t + (v_{it} - u_{it}) \tag{7.16}$$

$$u_{it} = \{u_i \exp[\eta(t - T)]\} \sim iidN^+(\mu, \sigma_u^2) \tag{7.17}$$

式（7.16）中，被解释变量为各城市的地区生产总值，在处理过程中选择以 2010 年为基期，计算各城市地区生产总值的真实值，以剔除价格因素的影响，实现数据可比。解释变量包括各地资本存量（K）和劳动力数量（L）。由于统计年鉴中并未直接公布各地的资本存量数据，因此需要进行估算。在计算中以永续盘存法为基础，参考张军等（2004）和刘常青等（2017）的方法，以及康继军等（2015）对重庆市资本存量计算的相关方法，以 2010 年为基期，对我国 285 个城市的资本存量进行估算。Y、K 以及 L 的数据来源于《中国城市统计年鉴》（2011～2017 年）。

系数 β_1、β_2、β_3 为待估参数；脚标 i 为样本标示；t 为样本的观察期，T 为样本的基期年度；v_i 为随机干扰项，服从标准正态分布；u_{it} 为技术无效率项，且服从零点截断的半正态分布；μ 为非截断正态分布条件下的期望值；η 为技术效率水平的时变参数。LR 单边似然比检验表明，允许参数 μ 和 η 自由取值比对其施加 0 约束更适宜，因此在之后的计量过程中允许 μ 和 η 自由取值。

利用 Stata 软件计算得出的模型（7.13）的具体估计结果如表 7-7 所示。

表 7-7　生产函数模型的估计结果

变量	估计值	标准误
$\ln K$	0.524 ***	0.022
$\ln L$	0.252 ***	0.021
T	0.010 **	0.004
截距项	6.104 ***	0.380
$\sigma 2$	0.173 ***	0.019
γ	0.975 ***	0.003
Log 似然函数值	1786.98	
技术无效率不存在的 LR 检验	1135.05 ***	

注：*** 、** 分别表示在 1%、5% 的水平下显著。

表 7-7 显示，模型的拟合效果极佳，所有参数的估计结果均在 1%

或 5% 的高显著性水平下通过了检验。同时，γ 值高达 0.975，表明模型存在明显的复合结构。技术无效率不存在的 LR 检验拒绝了原假设，表明运用随机前沿模型要较之传统计量模型更适合刻画中国的国民经济生产函数。同时基于上述估计结果，可利用 Frontier 4.1 计算各城市的 *TFP*。

由于篇幅原因，未列出 285 个城市完整的 *TFP* 测度结果。图 7 - 2 展示了我国平均全要素生产率的变化情况。总的来看，2010 ~ 2016 年 *TFP* 保持了比较稳定的增长，从侧面反映出本节计算出的 *TFP* 值是有效可信的。

图 7 - 2　全国平均全要素生产率（2010 ~ 2016 年）

三　估计结果与分析

表 7 - 8 报告了全国层面基于中介效应模型［式（7.10）至式（7.12）］的估计结果。式 7.5 中 *Acc* 及 *AT* 对雾霾污染影响的估计系数即表 7 - 3 中对应的基准估计系数。表 7 - 8 第（2）列 *Acc* 及 *AT* 的值为其对资源配置效率（*eff*）的影响估计系数。*Acc* 的估计系数显著为正，表明高速铁路可达性提升能够促进 *TFP* 提高。*AT* 的估计系数显著为负，表明平均旅行时间越短，*TFP* 越高，也反映了高速铁路可达性提升对资源配置效率的正向作用。第（3）列中的结果为同时加入高速铁路及 *TFP* 变量后对环境污染的影响估计系数。其中，*TFP* 的估计系数均显著为负。*Acc* 及 *AT* 估计系数的符号及显著性不变，符合中介变量的判断标准。因此可以得出如下结论：高速铁路可达性提升促进 *TFP* 提高，进而有效抑制雾霾污染，即

资源配置效率是高速铁路影响雾霾污染的作用机制。

第（4）-（5）列为检验产业结构是否为高速铁路影响环境污染的作用机制的估计结果。第（6）-（7）列为检验技术知识水平是否为高速铁路影响环境污染的作用机制的估计结果。类似地，第（4）列和第（6）列的估计结果显示高速铁路可达性提升、平均旅行时间缩短有效地促进了产业结构调整升级以及技术知识水平提高。第（5）列和第（7）列的估计结果表明，产业结构调整及技术知识水平提高能够抑制雾霾污染，且高速铁路可达性及平均旅行时间的估计结果依然是稳健的。

以上结论证明了本章的假设 2 至假设 4，表明资源配置效率、产业结构及技术知识水平是高速铁路影响雾霾污染的作用机制。

表 7 - 8　高速铁路影响环境污染的作用机制检验结果（全样本）

DV	中介变量 = lneff			中介变量 = lnind		中介变量 = lntec	
	(1) 式 (7.10)	(2) 式 (7.11)	(3) 式 (7.12)	(4) 式 (7.11)	(5) 式 (7.12)	(6) 式 (7.11)	(7) 式 (7.12)
Acc	- 0.414 * (0.215)	3.647 *** (0.260)	- 0.389 * (0.216)	5.041 *** (0.441)	- 0.665 *** (0.224)	15.769 *** (1.497)	- 0.425 * (0.236)
eff	—	—	- 0.015 * (0.009)	—	—	—	—
ind	—	—	—	—	- 0.051 *** (0.012)	—	—
tec	—	—	—	—	—	—	- 0.001 * (0.0005)
CV	控制	控制	控制	控制	控制	控制	控制
adj. R^2	0.316	0.289	0.318	0.259	0.317	0.240	0.301
AT	0.005 * (0.003)	- 0.069 *** (0.003)	0.004 * (0.002)	- 0.117 *** (0.006)	0.002 * (0.001)	- 0.336 ** (0.018)	0.004 * (0.002)
eff	—	—	- 0.016 * (0.009)	—	—	—	—
ind	—	—	—	—	- 0.046 *** (0.013)	—	—

续表

DV	中介变量 = ln*eff*			中介变量 = ln*ind*		中介变量 = ln*tec*	
	（1）式（7.10）	（2）式（7.11）	（3）式（7.12）	（4）式（7.11）	（5）式（7.12）	（6）式（7.11）	（7）式（7.12）
tec	—	—	—	—	—	—	-0.007*（0.004）
adj. R^2	0.322	0.354	0.317	0.367	0.316	0.340	0.301
CV	控制	控制	控制	控制	控制	控制	控制

注：DV = 因变量，CV = 控制变量。

第五节　本章小结

本章以 2010～2016 年中国 285 个城市的面板数据为研究样本，主要采用 GS2SLS 系统考察了高速铁路对雾霾污染的影响，利用三重差分模型讨论其异质性，并借助中介效应模型深入探究其作用机制，得出如下主要结论。高速铁路对环境污染有明显的负向作用，高速铁路可达性提升一个标准差，雾霾污染将降低 0.63%。平均旅行时间减少一个单位（100 分钟），雾霾污染减少 0.6%。高速铁路开通城市数越多，雾霾污染情况越能得到缓解。相对于没有开通高速铁路的城市，全国开通高速铁路城市的雾霾污染降低了 2.4%。

人力资本越丰富、第三产业越发达的城市，高速铁路开通带来的污染减排效果越显著。对于东部和中部地区，高速铁路可达性提升一个标准差，雾霾污染分别降低 0.74% 和 0.77%。而西部地区高速铁路对雾霾污染的影响不显著。非中心城市高速铁路对雾霾污染的影响明显高于中心城市，高速铁路可达性提升一个标准差，雾霾污染降低 0.59%。平均旅行时间减少一个单位（100 分钟），雾霾污染减少 0.7%。进一步深入探究高速铁路对环境影响的作用机制发现，高速铁路通过提高资源配置效率、促进产业结构调整升级及技术知识水平提升，进而抑制雾霾污染。

高速铁路发展是构建综合性、现代化、一体化交通运输网络的战略布局。高速铁路的规模化发展不能只追求量的增加，更要关注质的提升，不

仅要关注经济效益，还要重视社会效益、环境效益。因此，加强环境治理，促进高速铁路内涵式发展，需要各地政府从整体和长远的角度出发，利用城市外部交通基础设施建设，疏导大城市功能，缓解环境污染。高速铁路建设应结合城市功能区划、区位优势、人口资源环境条件等发展实际，根据规划确定建设任务，兼顾当前和长远，合理把握建设节奏和时间，有序发展。此外，要统筹生产、生活、生态空间布局，完善基础设施及公共服务设施配套，推动高速铁路建设与城市绿色发展良性互动、有机协调。

| 第八章 |
高速铁路与绿色全要素生产率

　　高速铁路建设与经济增长之间的关系，不仅是学术界广泛讨论的热点话题，更是关系到政府决策与国计民生的重点议题。目前国内外对高速铁路建设与经济增长的关系已经有了比较广泛的讨论。交通基础设施建设对地区经济增长的促进作用主要体现在直接驱动和间接驱动两个方面：直接驱动是指交通设施的建成直接降低了运输成本，从而提升了经济效益；间接驱动则主要体现在便捷的交通有利于为当地引入新劳动力、新投资及先进的技术，从而促进当地经济的发展（Chen，Silva，2013）。作为交通基础设施的"新宠儿"，高速铁路也不例外。与传统交通设施不同的是，高速铁路便捷的运营模式和超高时速带来了其他交通形式难以比拟的时空压缩效应（龙玉等，2017），对地区经济增长的影响更显著、更深远。在讨论高速铁路建设与经济发展之间的关系时，现有研究中学者们更多地将关注点聚焦在高速铁路建设对地区间贸易成本、劳动力变化及工资水平等因素的影响（Redding，Turner，2015；张勋等，2018），对缩小城乡收入差距的帮助（康继军等，2014；刘晓光等，2015），以及对区域经济溢出和经济空间格局改变的冲击效应（Cheng et al.，2015；王雨飞、倪鹏飞，2016），鲜有学者从绿色全要素生产率角度研究高速铁路与经济增长之间的关系。

　　全要素生产率是指生产要素（包括资本、劳动力等）的利用效率，最早由以 Solow（1956，1957）为代表的新古典经济学派提出，揭示了经济增长的根本驱动力所在。当下，随着我国人口红利的下降和资本边际收益

率的不断降低，依赖投资拉动经济增长的发展模式亟须改变，对全要素生产率的讨论更能揭示我国经济可持续发展的动力。绿色全要素生产率，是指将能源消耗和污染物排放作为考虑因素纳入传统全要素生产率的考量之中。长期以来，我国的经济发展以高投资、高能耗的粗放型发展模式为主，这种发展模式在带来高速经济增长的同时，也导致了资源过度开采、生态环境日益恶化等一系列问题。随着时间的推移，低效率的发展方式和逐步加剧的环境问题，将会严重影响社会整体福利水平，甚至激发社会矛盾。因此，将能源和环境因素纳入全要素生产率的考察中，显然更能准确反映我国的真实经济增长情况。

第一节　理论机制与路径分析

目前，尽管尚无直接讨论高速铁路建设对绿色全要素生产率促进作用的研究，但是对于促进绿色全要素生产率或能源效率提升的因素已经有了一些探究。屈小娥等（2018）使用我国省级面板数据，通过面板门槛回归的方法讨论了对外直接投资对各省能源环境效率的影响，研究发现，对于我国已经突破金融发展门槛和产业集聚门槛的省份来说，对外直接投资可以显著促进能源环境效率的提升。刘俊辉和曾福生（2018）在测算"一带一路"沿线国家的绿色全要素生产率时，也发现了对外贸易水平较高的国家拥有相对更高的绿色全要素生产率，同时也拥有更快的增长率。除对外贸易水平外，亦有学者深入探究了技术转移和创新能力对绿色全要素生产率的影响。郭庆旺等（2005）在估测和解构中国各省份全要素生产率的研究中，得出了技术进步程度的差异，是造成各省份经济发展差距增大的主要原因的结论。陈夕红等（2013）发现技术的空间溢出对全社会的能源效率存在正向影响，且影响作用呈现从东部到西部依次减弱的特征。在其他对影响绿色全要素生产率和能源效率因素的讨论中，汪克亮等（2013）发现区域产业结构、能源结构与人口密度等因素，都会对能源经济效率和能源环境效率产生显著影响。李兰冰（2012）指出，受教育程度和基础设施建设也是影响地区全要素能源效率的关键因素。

　　综合上述文献的研究结论可知，绿色全要素生产率受到地区的对外贸易水平、吸引外资能力、技术创新、技术引入水平及产业结构等因素的显著影响，那么分析高速铁路开通运营对于绿色全要素生产率促进作用的影响路径，实质即为寻找高速铁路建设对上述因素的关联作用。本书认为高速铁路建设对绿色全要素生产率的影响，主要体现在三个层面：其一，相比于其他城市间的长时间交通工具，高速铁路运输单位旅客的能源环境效率更高，因而促进绿色全要素生产率的提升；其二，高速铁路加速了要素在城市间的流动和优化配置，能在较短时间内提升绿色全要素生产率和促进产业结构升级；其三，高速铁路建设加快了地区间的经济集聚速度和扩大了市场规模，有利于绿色全要素生产率的提升。为了更便于理解，本章先刻画一个简要的理论机制路径（见图 8－1）。根据这一路径，我们再进行具体的实证分析。假定高速铁路会对地区间绿色全要素生产率产生显著的影响，并通过实证研究去验证这一假设。

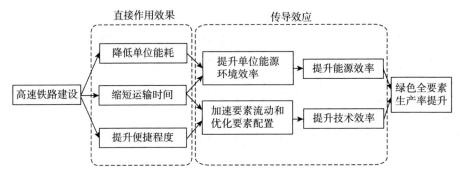

图 8－1　理论机制路径

　　早期学者们关于全要素生产率的讨论中，并没有考虑经济增长所带来的能源消耗与环境污染问题，在实证时使用的测度方法以 Solow（1957）提出的增长核算法为主，如 Chow（1993）利用中国 1952～1980 年的经济数据测算了中国经济总量及分部门的全要素增长率，王小鲁等（2009）对中国 1998～2008 年的全要素增长率进行了测算，并分解出了推动全要素生产率增长的外源性效率因素和内源性效率因素。然而，忽略生产行为中的高能耗和高排放所带来的环境问题，会使得对经济增长绩效和社会福利水平的考核出现偏差（Hailu，Veeman，2000）。因此，一些学者在传统的全

要素生产率核算中加入了能源与环境因素，并将由此得到的生产率命名为绿色全要素生产率（胡鞍钢等，2008；Ahmed，2012）。绿色全要素生产率的测算思路主要有两种，一种是将能源消耗的代理变量作为一种要素投入纳入生产函数之中，另一种是将能源排放与环境恶化的代理变量加入生产函数的产出方。在测算方法的选择上，主要有 Solow 余值法、数据包络分析法（DEA）和随机前沿生产函数法（SFA）。Chung 等（1997）将生产过程中产生的悬浮颗粒物和二氧化硫作为"非期望产出"加入生产函数中，通过引入一个方向性距离函数，使用 DEA 方法测度了瑞典造纸行业在1986～1990 年的环境生产效率；胡鞍钢等（2008）和王兵等（2010）运用 DEA 方法，将工业废水、二氧化碳与二氧化硫排放量、化学需氧量等代理指标作为"坏产出"，对能源技术效率进行测算；陈诗一（2009，2010）分别使用 Solow 余值法和 DEA 方法计算了我国工业分行业的绿色全要素生产率；刘秉镰等（2010）使用 SFA 方法与柯布－道格拉斯生产函数测算了我国各地区的全要素生产率；匡远凤和彭代彦（2012）通过将 Malmquist指数和 SFA 方法相结合，对我国绿色全要素生产率在 1995～2009 年的变动情况进行分析；汪锋和解晋（2015）使用面板数据，利用超越对数生产函数和 Solow 余值法测度了我国 1997～2012 年各省的绿色全要素生产率。综合来看，Solow 余值法由于受到完全竞争和生产者技术有效等假设条件的限制，应用范围较窄。DEA 方法的优点是可以测算多产出下的全要素效率，并且不用给出确切的生产函数模型；缺点在于该方法对数据测量中的误差值和极端值较为敏感，稳定性较差，并且在设定规模报酬可变（VRS）时，容易遇到较多"不可行解"问题（匡远凤、彭代彦，2012）。SFA 方法在使用时需要给出既定的生产函数，但是能很好地解决技术无效率和规模报酬可变的假设问题，在测度时更贴合实际生产情况。因此本章参照 Orea（2002）、匡远凤和彭代彦（2012）的方法，将环境变量作为要素投入引入生产函数中，对目标城市的绿色全要素生产率进行测算。

在不同的发展阶段，对交通基础设施与经济发展关系的研究始终不曾停下。刘秉镰等（2010）应用空间误差模型，以铁路密度（每平方公里运营里程）和公路密度为代理指标，说明了普通铁路和公路对我国全要素生

产率具有正向促进作用。由于每一种交通方式的运输形式和技术特点不同，对各个交通方式的研究方法也存在很大差异。黄张凯等（2016）以上市公司一定距离内是否有高速铁路站作为虚拟变量，实证研究了高速铁路建设对企业 IPO 折价率的影响。张俊（2017）通过对开设高速铁路站的县级市进行得分匹配，以双倍差分法分析了开通高速铁路对县域经济发展的影响。施震凯等（2018）依托微观企业数据，实证得出了铁路提速对企业技术效率提升具有明显促进作用的结论。

综上所述，现有文献更多地关注普通铁路或公路对全要素生产率的影响作用，或者是对微观企业生产技术效率的影响，而并未对考虑到能源和环境因素的绿色全要素生产率进行剖析，也没有考虑到高速铁路通过提升能源环境效率进而提升绿色全要素生产率这一作用机制。

本章的贡献主要有以下几点：第一，通过 SFA 与广义 Malmquist 指数相结合的方法，实证测度高速铁路建设对地级及以上城市之间的绿色全要素生产率的影响程度，从深度和长度两个维度，拓展了关于全要素生产率的研究内容；第二，深入探究交通基础设施与地区间提升能源效率、改善经济发展结构之间的作用机制及作用路径，丰富了基础设施建设对经济发展拉动作用的理论研究内容；第三，为各地区基于自身地理位置和交通设施资源，制定合适的可持续发展战略，提供理论与实证支持。

第二节　城市绿色全要素生产率测度

一　测度方法和模型

通过 SFA 方法测量地区绿色全要素生产率的基本思路为：将绿色全要素生产率在不同的维度进行分解，估计设定生产函数中的参数，利用估计得出的参数分别求出分解指标的值，进而整合得出绿色全要素生产率。参考 Balk（2001）、Orea（2002）、匡远凤和彭代彦（2012）的分解方法，根据绿色全要素生产率的变化来源，绿色全要素生产率可以分解为生产效率变化（TEC）、技术变化（TC）、规模效率变化（SEC）与产出组合效应（OME）四种因子，具体表示为：

$$GTFP = TEC \times TC \times SEC \times OME \tag{8.1}$$

在生产函数形式的选择中，由于对绿色全要素生产率的测度要求规模报酬可变（VRS）等较为松弛的假设，以及考虑到多种投入要素的交互影响和要素与时间变量之间的影响关系，选用 Christensen 等（1973）提出的超越对数生产函数形式，结合加入了技术无效率变量的随机前沿模型，具体表达式如下：

$$\ln Y_{it} = \beta_0 + \beta_i + \beta_t t + \frac{1}{2}\beta_{tt}t^2 + \sum_{j=1}^{N}\beta_j \ln X_{itj} + \frac{1}{2}\sum_{j=1}^{N}\sum_{k=1}^{N}\beta_{jk}\ln X_{itj}\ln X_{itk} +$$

$$\sum_{j=1}^{N}\beta_{tj}t\ln X_{itj} + \nu_{it} - \mu_{it} \tag{8.2}$$

在式（8.2）中，i 表示城市，t 为时间趋势，Y 表示城市的产出，即地区生产总值。X 表示各种投入要素，在本节中为资本 K、劳动力 L、表征资源消耗的工业用电量 EC 和表征环境污染的工业二氧化硫排放量 SO_2 四种要素。$j, k = 1, 2, 3, 4$ 分别表示四种不同的投入要素变量，$N = 4$。μ 是表征技术无效率的非负随机变量，v 是随机误差项。其中，v 和 μ 相互独立，且均服从均值为 0、方差恒定的正态分布。

在对式（8.2）通过回归分析进行参数估计后，即可应用估计所得的参数值来计算生产效率变化、技术变化、规模效率变化与产出组合效应四种分解因子。由于在设定的生产函数中只有地区生产总值对数值一种产出，即不存在产出组合效应对绿色全要素生产率变化的影响，因此该项因子取 1。参考 Balk（2001）与 Orea（2002）给出的计算方法，其他三项分解因子的求取公式如下：

$$TEC_i^{t,t+1} = TE_{i,t+1}/TE_{it} = \frac{\exp(-\mu_{i,t+1})}{\exp(-\mu_{it})} \tag{8.3}$$

$$TC_i^{t,t+1} = \exp\left\{\frac{1}{2}\left[\frac{\partial \ln Y_{it}}{\partial t} + \frac{\partial \ln Y_{i,t+1}}{\partial(t+1)}\right]\right\} \tag{8.4}$$

$$SEC_i^{t,t+1} = \exp\left[\frac{1}{2}\sum_{j=1}^{N}(\varepsilon_{jit}SF_{it} + \varepsilon_{ji,t+1}SF_{i,t+1})\ln(\frac{X_{j,t+1}}{X_{jit}})\right] \tag{8.5}$$

其中，

$$SF_{it} = \frac{\varepsilon_{it}-1}{\varepsilon_{it}}; \varepsilon_{it} = \sum_{j=1}^{N}\varepsilon_{jit}; \varepsilon_{jit} = \frac{\partial \ln Y_{it}}{\partial \ln X_{jit}} \tag{8.6}$$

二 变量与数据

在选择表征城市绿色全要素生产率的具体指标变量以及进行数据处理时，主要遵循两点基本原则：第一，注重真实性，从实际出发，尽可能地选择可以真实表征城市要素投入的指标。第二，注重准确性，在合理范围内对所获得的数据进行加工处理，包括利用统计学方法进行空缺值填补、极端值剔除等，尽可能减弱由于统计误差或录入误差等因素对模型结果的影响。以下对数据指标选择和处理过程进行具体说明。

生产函数的被解释变量为各市的地区生产总值，在处理过程中选择以2004年为基期，计算各城市地区生产总值的真实值，以剔除价格因素的影响，实现数据可比。解释变量包括各地劳动力数量（L）、资本存量（K）、工业用电量（EC）和工业二氧化硫排放量（SO_2）。考虑到年初和年末的劳动人口存在较大差别，且在年关附近的时间段劳动力流动性较大，为了相对准确地反映各地真实劳动力要素投入情况，本节以各地年初劳动人口数量与年末劳动人口数量的算术平均值作为劳动力数量指标的数值。在资本存量指标中，由于统计年鉴中并未直接公布各地的资本存量数据，因此需要进行估算。在计算中以永续盘存法为基础，参考张军等（2004）和刘常青等（2017）的方法，以及康继军等（2015）对重庆市资本存量计算的相关方法，以2004年为基期，对我国29个省（市、自治区）共281个地级市和4个直辖市（以下统称为城市）的资本存量进行估算。

本章在计算绿色全要素生产率的过程中，考虑了能源消耗和环境污染因素的影响，因此需要选择具体表征能源和环境因素的指标。随着我国工业技术的迅速革新以及产业的快速发展，电力已经成为我国工业企业的主要终端消费能源之一，电力消耗在我国各类工业园区能源消费中占相当大比重，并且逐年上升。此外，比起能源消费总量，工业用电量可以相对更加真实地反映出在生产过程中所投入的能源资源情况，而剔除了居民生活中所消耗的能源（如居民燃气使用量等）对模型的影响。因此，本章以工业用电量作为表征地区能源消耗的生产要素投入指标。在反映环境污染的指标中，考虑到二氧化硫是工业生产的主要污染物之一，亦是对城市环境

造成破坏的"罪魁祸首",同时综合数据准确性和可获得性等客观因素,参考 Zhang 等(2018)的处理方法,将工业二氧化硫排放量作为体现环境因素的投入指标。数据来源主要为《中国城市统计年鉴》、《新中国六十年统计资料汇编》和各省的统计年鉴等资料。

三 回归结果与分析

计算样本包括 285 个城市 13 年的统计数据,共 3962 个观测样本。各基本指标变量的描述性统计情况如表 8-1 所示。

表 8-1 变量描述性统计

变量	平均值	标准差	最大值	最小值
GDP(亿元)	1269.68	1994.1	28178.65	35.86
L(万人)	92.63	133.3	1729.08	5.58
K(亿元)	2858.66	4184.0	52548.78	54.78
EC(亿度)	48.11	79.8	990.15	0.11
SO_2(万吨)	6.29	6.3	68.31	0.0012

用 Stata 14 软件对上述超越对数随机前沿生产函数模型进行回归分析,结果见表 8-2。

表 8-2 模型估计结果

变量	系数	P 值	变量	系数	P 值
$\ln L$	0.373**	0.013	$\ln L \times \ln EC$	−0.039***	0.001
$\ln K$	0.298*	0.092	$\ln L \times \ln SO_2$	−0.093***	0.000
$\ln EC$	−0.049	0.542	$\ln K \times \ln EC$	0.005	0.661
$\ln SO_2$	0.107*	0.092	$\ln K \times \ln SO_2$	0.041***	0.000
t	0.048	0.198	$\ln EC \times \ln SO_2$	0.013**	0.036
$0.5t^2$	−0.009***	0.000	$t\ln L$	−0.007***	0.000
$0.5(\ln L)^2$	0.129***	0.000	$t\ln K$	0.012***	0.002
$0.5(\ln K)^2$	0.010	0.572	$t\ln EC$	−0.002*	0.070
$0.5(\ln EC)^2$	0.020***	0.000	$t\ln SO_2$	−0.002	0.153
$0.5(\ln SO_2)^2$	0.01***	0.000	截距项	11.726***	0.000
$\ln L \times \ln K$	0.053**	0.018			

注:*、**、***分别表示在 10%、5%、1% 的水平下显著。

回归结果显示模型估计结果比较好,基本符合理论预期。在包括常数项在内的 21 个自变量中,有 16 个变量系数在至少 10% 的水平下显著,其中有 11 个解释变量的系数在 1% 的水平下显著。此外,模型整体通过了 Gamma 检验,表明模型解释能力比较好。

利用生产函数模型的系数估计结果,计算相应的生产效率变化指标、技术变化指标与规模效率变化指标值,通过将三个因子相乘,得出最终绿色全要素生产率的值。由于篇幅原因,文中只列出我国四个直辖市、河北省及山西省共 26 个城市 2005 ~ 2016 年的绿色全要素生产率,如表 8 - 3 所示。285 个城市完整的 GTFP 测度结果列于附录当中。由于在计算分解因子的过程中需要计算指标的变化情况,因此无法计算 2004 年的绿色全要素生产率。

表 8 - 3 26 个典型城市 2005 ~ 2016 年的绿色全要素生产率

地区	城市	2005年	2006年	2007年	2008年	2009年	2010年	2011年	2012年	2013年	2014年	2015年	2016年
直辖市	北京	0.954	1.083	1.005	0.972	0.982	0.991	1.001	0.993	0.993	0.969	0.952	1.198
	天津	0.936	0.832	0.948	0.912	0.906	0.893	0.937	0.948	0.954	0.980	0.969	1.082
	上海	0.879	0.956	1.039	0.993	1.022	1.019	1.011	1.021	0.962	1.083	1.003	1.079
	重庆	0.822	0.851	0.987	0.925	0.922	0.941	0.869	0.908	0.915	0.955	0.965	1.106
河北省	石家庄	0.874	0.852	0.975	0.921	0.937	0.938	0.915	0.963	0.958	0.931	0.995	1.003
	唐山	0.813	0.855	0.885	0.861	0.866	0.906	0.905	0.942	0.951	0.969	0.989	1.096
	秦皇岛	0.871	0.847	0.965	0.927	0.925	0.967	0.880	0.933	0.932	0.984	0.956	1.039
	邯郸	0.850	0.864	0.999	0.886	0.883	0.913	0.870	0.923	0.867	0.969	0.976	0.990
河北省	邢台	0.887	0.840	0.924	0.906	0.915	0.947	0.933	0.963	0.959	0.949	0.968	0.960
	保定	0.888	0.901	0.990	0.932	0.940	0.984	0.878	0.956	0.954	0.973	0.984	0.992
	张家口	0.886	0.807	0.895	0.864	0.861	0.874	0.890	0.936	0.928	0.945	0.982	1.070
	承德	0.789	0.756	0.860	0.868	0.862	0.893	0.890	0.930	0.925	0.928	0.959	0.979
	沧州	0.795	0.847	0.934	0.868	0.899	0.872	0.885	0.889	0.959	0.926	0.950	0.986
	廊坊	0.835	0.805	0.909	0.870	0.893	0.924	0.923	0.949	0.984	0.956	1.007	0.977
	衡水	0.866	0.915	1.013	0.947	0.926	0.933	0.955	0.948	0.949	0.925	0.957	1.013

续表

地区	城市	2005年	2006年	2007年	2008年	2009年	2010年	2011年	2012年	2013年	2014年	2015年	2016年
山西省	太原	0.919	0.854	0.977	0.913	0.986	0.937	0.944	0.961	0.965	0.955	0.961	1.038
	大同	0.921	0.845	0.944	0.892	0.923	0.862	0.875	0.905	0.905	0.936	0.971	1.082
	阳泉	0.812	0.834	0.874	0.853	0.898	0.849	0.891	0.909	0.933	0.938	0.966	1.005
	长治	0.847	0.901	0.951	0.966	0.903	0.884	0.883	0.917	0.909	0.916	0.959	1.033
	晋城	0.794	0.845	0.907	0.882	0.889	0.895	0.905	0.910	0.897	0.920	0.925	0.993
	朔州	0.804	0.827	0.857	0.740	1.003	0.747	0.848	0.876	0.897	0.910	0.968	1.109
	晋中	0.816	0.787	0.900	0.840	0.967	0.857	0.909	0.913	0.910	0.910	0.924	1.052
	运城	0.846	0.831	1.008	0.782	0.960	0.926	0.904	0.882	1.053	0.863	0.882	1.064
	忻州	0.811	0.845	0.969	0.828	0.817	0.821	0.843	0.875	0.863	0.881	0.877	0.959
	临汾	0.789	0.912	0.952	0.906	0.925	0.890	0.857	0.906	0.897	0.907	0.940	1.005
	吕梁	0.752	0.834	0.797	0.864	1.004	0.919	0.914	1.016	0.792	0.873	0.951	1.016

图 8-2 展示了我国部分城市 2005~2016 年平均绿色全要素生产率的变化情况，我国部分城市在 2005 年、2011 年和 2016 年的平均绿色全要素生产率分别为 0.841、0.951 和 0.993，总体上保持了比较稳定的增长水平。

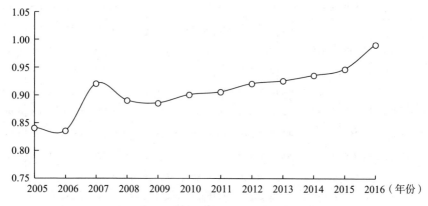

图 8-2 我国平均绿色全要素生产率（2005~2016年）

具体来看，在 12 年中平均绿色全要素生产率最高的 10 个城市分别为北京市（1.008）、上海市（1.006）、海口市（0.986）、深圳市（0.980）、广州市（0.972）、中山市（0.969）、杭州市（0.985）、青岛市（0.961）、

苏州市（0.959）及宁波市（0.955）。其中，北京市和上海市是直辖市，也是我国目前经济最发达的地区；深圳市是我国的经济特区，毗邻香港，同时也是我国重要的贸易港口之一，聚集了平安、华为、腾讯等众多大型金融与高新技术企业；广州市、杭州市与海口市均为省会城市，在省内的发展优势明显，存在较明显的省内资源集聚情况，其中海口市是海南省的主要旅游城市之一，第三产业占经济总量比重大，利用特有的地理优势和资源禀赋实现了低能耗、低污染情况下的高速经济发展，因此在本节测算的平均绿色全要素生产率中排到了第三的位置，仅次于北京市和上海市；青岛市、苏州市、宁波市及中山市均为省内发展状况相对良好的城市，同时依托省份优势和自身的资源特色，在平均绿色全要素生产率测算内处于较高的水平。

在 12 年中平均绿色全要素生产率最低的 10 个城市分别为平凉市（0.865）、酒泉市（0.861）、渭南市（0.860）、莆田市（0.860）、陇南市（0.857）、商洛市（8.856）、定西市（0.849）、北海市（0.849）、安顺市（0.844）和防城港市（0.825）。这些城市较为相似的特点是地处我国西部地区（莆田市除外），所在省份的经济发展并不突出，且城市在省内的地位和资源占有情况处在相对较低的水平。

从省级层面出发，2005～2016 年平均绿色全要素生产率最高的省份是浙江省（0.939），其次是广东省（0.935）和山东省（0.929），这三省均处在我国东部沿海地区，体现出了强大的技术转换能力和较高的环境治理水平。平均绿色全要素生产率相对较低的省区是广西壮族自治区（0.884）、贵州省（0.887）和甘肃省（0.888）[1]，地理位置的劣势和资源禀赋匮乏，使这些地区难以仿照东部沿海省份以高新技术产业和金融产业等带动经济高质量增长的发展模式，只能更多地依赖高能耗、高污染的传统重工业和制造业。此外，深处内陆地区和复杂的地形，也限制了这些地区的贸易活动、技术和资本引进以及旅游业的发展，这也直接体现了修建高速铁路等具有显著"时空压缩"效应的基础设施的重要性和

---

[1] 由于我国众多西部省份城市的统计数据缺失，因此一些省份的 GTFP 测度仅包含了极少的样本城市，如贵州省仅含有 4 个城市，新疆维吾尔自治区仅有乌鲁木齐市和克拉玛依市。

必要性。

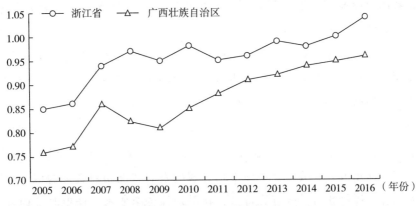

图 8 - 3　浙江省与广西壮族自治区平均绿色全要素生产率

　　整体来看，与经济发展情况基本相同，在绿色全要素生产率的变化趋势中，也存在较明显的"东强西弱"现象，图 8 - 3 展示了浙江省和广西壮族自治区的平均绿色全要素生产率变化情况。本节测度的城市绿色全要素生产率与地区经济发展水平具有较强的相关性，也从侧面印证了计算结果的真实性和可靠性。同时，计算结果中也体现出，海南省虽然在经济总量上无法与大省份抗衡，但是利用自身资源禀赋发展出了独特的低能耗、低污染的经济增长模式，在保持经济快速增长的同时，达到了环境友好的目标，真正实现了经济高质量发展。

第三节　高速铁路与城市绿色全要素生产率增长实证分析

一　模型介绍与数据说明

　　本节将高速铁路开通视为一次准自然实验，利用评估政策冲击效应常用的 DID，来实证研究高速铁路建设与开通对城市绿色全要素生产率的影响。同时，为了尽可能地避免在选择样本过程中的选择性偏误带来的内生性问题，本节利用倾向得分匹配（PSM）的方法，对实验组样本与对照组样本进行一一匹配，力求测算出更准确的冲击效应结果。下文将具体阐述

BM – DID 的详细应用过程。

本节致力于研究开通和运营高速铁路这一事件会对城市绿色全要素生产率造成怎样的影响，为了量化评估这种影响，需要计算各城市开通高速铁路后的 $GTFP$ 和假如这些城市未开通高速铁路的 $GTFP$ 的差值：

$$E(GTFP_{it} \mid t = 1) - E(GTFP_{it} \mid t = 0) \tag{8.7}$$

其中，i 表示城市个体，t 表示时间。若城市已开通高速铁路，$t = 1$；反之，$t = 0$。然而，各个城市开通高速铁路与否是既定事实，即我们无法观测到高速铁路城市在未开通高速铁路情况下的 $GTFP$。为了解决此问题，引入双重差分模型，为开通运营高速铁路的城市（实验组）选择与其相似的未开通高速铁路的城市作为对照组，将对照组城市的 $GTFP$ 作为实验组城市未开通高速铁路情况下的 $GTFP$ 替代值，再进行时间维度上的差分，即可得到我们需要的净效应结果：

$$ATT_{it} = E(GTFP_{t=1}^{T} - GTFP_{t=0}^{T} \mid D = 1) - E(GTFP_{t=1}^{c} - GTFP_{t=0}^{c} \mid D = 0) \tag{8.8}$$

式（8.8）中，$D = 1$ 表示实验组，$D = 0$ 表示对照组；为了更直观地区分组别，T 表示实验组，C 表示对照组。

对式（8.8）进行等价变换，可得出应用双重差分模型进行冲击效应评估的基本模型如下：

$$Y_{i,t} = \beta_0 + \beta_1 treat_{it} \times time_{it} + \beta_2 treat_{it} + \beta_3 time_{it} + \beta_4 X_{it} + \varepsilon_{it} \tag{8.9}$$

在式（8.9）中，$Y_{i,t}$ 是被解释变量，即为各城市的绿色全要素生产率（$GTFP$）；$treat_{it}$ 是表征处理效应的虚拟变量，具体来说，在所选择的窗口期内开通高速铁路的城市（处理组城市）取值为 1，在窗口期内未开通高速铁路的城市（样本组城市）取值为 0；$time_{it}$ 是表征时间效应的虚拟变量，在高速铁路开通时间点之前取值为 0，在高速铁路开通时间点之后取值为 1；$treat_{it} \times time_{it}$ 是处理效应和时间效应的交互项，其系数大小显示了开通高速铁路这一事件对于各城市绿色全要素生产率的净冲击效应。因此，系数 β_1 是我们在该模型中主要关注的统计量；X_{it} 表示其他会对城市绿色全要素生产率产生影响的控制变量；ε_{it} 是随机误差项。

PSM 方法的详细原理是通过 Logit 回归模型，计算出所有实验组城市

和可能作为对照组城市的样本全体成为"高速铁路城市"的概率（各城市的得分），然后在对照组样本全体中——挑选出与各个实验组城市得分相近的城市作为对照样本，从而剔除由地区发展差异因素导致的内生性问题，应用 PSM-DID 方法的具体过程如下。

（一）选择实验窗口、处理组和对照组样本池

在窗口期选择上，自 2008 年时速 350 公里的京津城际铁路开通以来，我国进入了高速铁路网络建设的高速发展时期，到 2019 年底，我国已通车高速铁路运营里程长达 3.5 万公里，覆盖了占全国人口近 80% 的城市（地区）。具体来看，我国在 2010 年之后开始高速铁路线路大面积通车，其中 2013 ~ 2015 年和 2017 ~ 2018 年是我国高速铁路线路建成通车的高峰期，鉴于上文中对城市绿色全要素生产率的测算仅到 2016 年，同时考虑到高速铁路效应的时滞性，选择 2011 ~ 2016 年作为整个 DID 实证研究的区间，选择我国 2013 ~ 2014 年开通运营高速铁路的地级市作为实验组样本。其中，为了减少样本间的异质性和内生性问题，在实验组样本中剔除了发展水平较高且作为地区铁路枢纽的所有直辖市、省会城市和经济特区。选择在 2011 ~ 2016 年内所有未开通高速铁路的普通地级市作为对照组样本池。经过筛选得出的实验组城市样本有 36 个，对照组样本池中包括 90 个城市，其地区分布情况如表 8 - 4 所示。

表 8 - 4　实验组和对照组分布

组别	实验组	对照组
城市总数	36 个	90 个
分布情况	河北省（2 个）、山西省（3 个）、辽宁省（1 个）、浙江省（4 个）、广东省（5 个）、广西壮族自治区（7 个）、湖北省（3 个）、江西省（5 个）、四川省（4 个）、陕西省（2 个）	河北省（3 个）、山西省（6 个）、辽宁省（5 个）、江苏省（7 个）、浙江省（2 个）、安徽省（9 个）、福建省（2 个）、江西省（3 个）、河南省（5 个）、湖北省（5 个）、湖南省（8 个）、广东省（12 个）、广西壮族自治区（6 个）、四川省（11 个）、陕西省（6 个）

（二）计算各城市开通高速铁路得分

使用 Logit 回归模型，计算各实验组城市和对照组总样本城市可能成为

高速铁路城市的概率，模型形式如下：

$$\text{Logit}(P_{it} \mid treat_{it} = 1) = \beta_0 + \beta_1 X_{it} + \varepsilon_{it} \tag{8.10}$$

在回归模型（8.10）中，P_{it} 表示各城市开通运营高速铁路的概率，即得分。X_{it} 是影响各个城市成为"高速铁路城市"的协变量，在变量选取方面主要从城市经济发展程度、对外贸易水平以及社会因素角度出发，共选取了规模以上工业企业数量（N）、一般财政支出（FE）、当年实际使用外资额（FC）、城市客运总量（P）和人口密度（D）5 个指标，作为评估各城市修建开通高速铁路概率的解释变量。ε_{it} 为随机误差项。通过 Logit 回归，得出模型系数 β_0 和 β_1 的期望值，再将各城市解释变量数据代入线性模型，计算得出每个样本的最终得分。由于通过 DID 模型评估高速铁路开通效应的时间窗口为 2013 ~ 2014 年，因此选择 2010 ~ 2012 年的数据计算各城市开通高速铁路的概率，数据来源为《中国城市统计年鉴》。

（三）根据得分进行城市匹配

通过控制各个城市的经济水平、贸易能力和人口等社会因素，使得拥有相同开通高速铁路概率的城市进行匹配，从而尽可能地减少选择性偏误。此外，为了最大限度地避免内生性问题和样本差异，本节在一对一匹配过程中遵循三个原则。①两个城市的倾向得分相近，保证其是否开通高速铁路是一项准自然随机事件。②在两个城市得分相近的基础上，尽可能地选择同一省份的城市作为匹配对象，对于在省内没有得分相近的城市可以匹配的情况，选择相邻省份得分相近的城市进行匹配。比如，在实验组中广西钦州市的得分为 0.364，在对照组全样本城市中，广西壮族自治区内与钦州市得分最近的是柳州市，其得分为 0.281 分，与钦州市有较大差距。在这种情况下，选择相邻省份广东省的潮州市（0.366 分）作为钦州市的匹配对象。③在匹配满足上述两点的基础上，尽可能地选择具有相似地理条件的城市进行匹配，如是否沿海、地形情况等。

通过 PSM 方法，在 90 个对照组全样本城市中，对 36 个实验组城市进行一对一匹配，最终筛选出 72 个用于 DID 实证分析的实验组和对照组

城市。

二 实证结果及分析

使用 PSM 方法对实验组样本城市进行一对一匹配的根本目的在于避免盲目选择对照组城市带来的内生性问题，同时缩小实验组城市和对照组城市的样本差异，满足双重差分法的共同趋势假设。在匹配之后，实验组和对照组样本的协变量应满足平衡性检验，即各个协变量在不同组别间的差异较小。在利用倾向得分匹配进行样本筛选前后，36 个实验组样本城市和 90 个对照组总样本及匹配后的 36 个对照组样本城市各协变量的平衡性情况如表 8 - 5 所示。

表 8 - 5　匹配前后协变量平衡性检验

指标	PSM 匹配前			PSM 匹配后		
	实验（36）	控制（90）	差异	实验（36）	控制（36）	差异
规模以上工业企业数量 N（万家）	0.095	0.083	0.012 *	0.095	0.090	0.005
一般财政支出 FE（亿元）	0.018	0.012	0.006 **	0.018	0.016	0.002
当年实际使用外资额 FC（亿元）	4.3	3.7	0.6 *	4.3	4.2	0.1
城市客运总量 P（万人）	0.9	0.6	0.3 ***	0.89	0.90	- 0.01
人口密度 D（人/平方公里）	0.04	0.044	- 0.004	0.04	0.038	0.002

注：*、**、*** 分别表示在10%、5%、1%的水平下显著。

从表 8 - 5 的协变量平衡性检验结果可以看出，在应用 PSM 方法进行匹配之后的对照组样本与实验组样本间的差异显著降低。其中，匹配前后城市客运总量间的组间差异降低了 94%，其他各协变量的组间差异也降低了 50% 以上。值得注意的是，在匹配之前，控制组样本各个协变量的均值全部大幅低于实验组样本数据，这也从侧面验证了这些协变量确实可以影响城市是否有更大的机会成为"高速铁路城市"的猜想，进而说明了应用 PSM 方法进行一对一匹配的重要性与必要性。可以看到，在匹配后虽然大多数协变量的组间差异仍为正值，但是差异绝对值已经

大幅度减小，并且在客运总量变量上出现了控制组样本数据略高于实验组样本数据的情况，这证明匹配结果是显著良好的。

　　运用双重差分法进行回归分析的前提条件，是实验组样本和对照组样本满足"平行趋势假设"，即两个样本组数据的被解释变量在事件窗口之前保持一致的发展趋势，否则说明被解释变量的变化，还会受到除解释变量和控制变量以外其他因素的影响，因而难以满足自然实验的属性，导致应用双重差分方法估计的结果有偏、不一致。在应用 PSM 方法进行匹配前后，实验组样本与对照组全样本、实验组样本与匹配后的对照组样本的城市平均绿色全要素生产率变化情况分别如图 8-4 和图 8-5 所示。

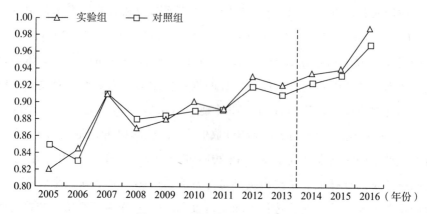

图 8-4　PSM 前平行趋势检验

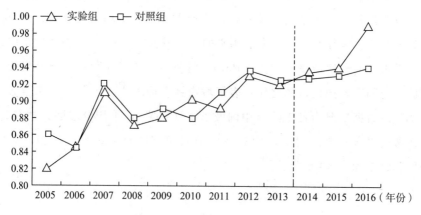

图 8-5　PSM 后平行趋势检验

从图 8 - 4 和图 8 - 5 可以看出，无论是否应用 PSM 方法进行匹配筛选，在事件窗口期之前，实验组样本和对照组样本的绿色全要素生产率的发展趋势都高度相似，即均满足进行 DID 回归分析的 "平行趋势假设"。需要注意的是，在进行 PSM 匹配之前，实验组样本和对照组全样本的绿色全要素生产率在事件窗口期之后依旧保持了相似的增长趋势。而在运用 PSM 方法对对照组样本进行筛选后，实验组样本和对照组样本的绿色全要素生产率在事件窗口期之后出现了明显的增长速度差异，这进一步说明 PSM 匹配方法充分剔除了其他因素对绿色全要素生产率的影响，使得接下来应用 DID 方法进行估计的结果更加准确、可信。

应用回归模型（8.3）对筛选出的 72 个实验组和对照组样本数据进行 DID 回归。时间范围为 2011～2016 年，事件窗口期为 2013～2014 年，即实验组样本城市均是在 2013～2014 年开通运营高速铁路的。在具体处理上，考虑到高速铁路建设对经济增长的推动作用具有滞后性，对高速铁路开通事件在模型中均进行滞后一期处理，如在 2013 年开通高速铁路的城市，其 2013 年的时间虚拟变量 time 取值为 0，在 2014 年起取值为 1。全部对照组城市的时间虚拟变量 time 在 2013 年取值为 0，在 2014 年取值为 1。在控制变量的选择上，主要出发点是寻找恰当的影响城市绿色全要素生产率的重要因素，基于此，选择了绿化覆盖率（GC）作为环境角度的控制变量代理指标，选择科教投入（S）作为科技创新和技术进步的代理指标，计算方式是各城市每年教育投入和科研投入的算术平均值。此外，还引入了如下变量：表征城市金融发展水平的人均贷款额（FIN）；表征城市房地产发展水平的房地产投资占比（REI），计算方法为各年份房地产开发投资完成额与固定资产投资额之比；表征城市社会服务水平的每千人医生数量（DTP）。数据来源为各年的《中国城市统计年鉴》，采用分步回归的方法，依次考察引入各个控制变量后对整体回归模型的具体影响。模型（8.3）的回归结果如表 8 - 6 所示。

表 8 - 6　双重差分回归结果

变量	模型（1）	模型（2）	模型（3）	模型（4）	模型（5）	模型（6）
$treat \times time$	0.017 ** (0.0082)	0.019 *** (0.007)	0.018 *** (0.007)	0.017 *** (0.006)	0.017 *** (0.006)	0.017 *** (0.006)
$treat$	- 0.003 (0.0018)	- 0.006 (0.002)	- 0.007 * (0.004)	- 0.008 (0.004)	- 0.009 * (0.004)	- 0.010 * (0.004)
$time$	0.028 *** (0.011)	0.030 *** (0.011)	0.0221 *** (0.01)	0.021 *** (0.01)	0.018 *** (0.01)	0.018 *** (0.01)
$\ln S$	—	0.016 *** (0.006)	0.009 *** (0.006)	0.009 *** (0.006)	0.008 *** (0.006)	0.007 *** (0.006)
GC	—	—	0.007 * (0.004)	0.006 ** (0.003)	0.006 (0.005)	0.006 * (0.004)
$\ln FIN$	—	—	—	0.011 * (0.006)	0.009 *** (0.003)	0.009 ** (0.004)
$\ln REI$	—	—	—	—	0.009 *** (0.003)	0.008 *** (0.003)
$\ln DTP$	—	—	—	—	—	0.007 * (0.004)
截距项	0.926 *** (0.16)	0.903 *** (0.16)	0.721 *** (0.18)	0.705 *** (0.18)	0.657 *** (0.18)	0.646 *** (0.17)
adj. R^2	0.182	0.219	0.214	0.230	0.267	0.273

注：*、**、*** 分别表示在 10%、5%、1% 的水平下显著。

表 8 - 6 展示了用 DID 模型评估的高速铁路开通对城市绿色全要素生产率的影响作用。从分步回归的整体来看，模型回归的拟合优度逐步升高，这说明各个解释变量对城市绿色全要素生产率变化的解释能力逐渐增强，从而显示了各个解释变量引入的准确性。可以看出，在不引入任何控制变量的基础回归模型（1）中，我们重点关注的双重差分变量 $treat\_time$ 的系数为 0.017，通过了 5% 水平下的显著性检验，该结果基本证实了本章有关高速铁路建设对城市绿色全要素生产率有明显推动作用的假设。在随后逐步引入其他控制变量的过程中，各个控制变量对城市绿色全要素生产率的提升也起到了重要的解释作用，但是高速铁路作用的显著性明显提高。在纳入了所有控制变量的回归模型（6）中，$treat\_time$ 变量的系数为 0.017，达到了 1% 的显著性水平，这说明高速铁路的开通与运营确实对城市绿色全要素生产率的提升有显著的推动作用，同时显著性程度的提升也

印证了控制变量引入的合理性。

　　从各个解释变量的回归结果来看，科教投入变量（S）在各个回归模型中均通过了1%的显著性水平检验，且系数大小仅次于"高速铁路开通"和房地产投资占比变量（REI）的系数值，说明科学研发和教育投入会在极大程度上影响一个城市绿色全要素生产率的提升，也揭示了技术进步和人才培育才是拉动经济高质量增长的原动力。绿化覆盖率（GC）的回归系数值为正，说明绿化程度和环境质量也会对绿色全要素生产率起到正向促进作用，主要作用机制有两点：第一，绿化程度较高的城市可以在一定程度上反映出政府对于环境保护的重视程度，其对高污染、高排放工厂和企业的惩治力度也会较大，因此城市整体污染水平较低，绿色全要素生产率得以提升；第二，绿化水平高的城市往往居住环境更好，因此在与其他同等经济发展水平城市的人才引进竞争中占据优势，而高技术人才又是推动城市科技进步和创新发展的主要动力，从而对绿色全要素生产率起到拉动作用。但是其显著性水平较低，系数相对较小，说明与其他显著影响到地区经济发展和劳动力进步的指标相比，绿化覆盖率对绿色全要素增长率提升的拉动能力相对较弱。表征城市金融发展水平的控制变量人均贷款额（FIN），以及表征房地产发展水平的变量房地产投资占比（REI）的回归系数显著性良好，且系数值较高，分别为0.009和0.008。这说明金融产业的发展，对地区经济增长起到了重要的带动作用，如何让金融更好地服务于实体经济，如何使更多企业可以享受到更便捷的融资信贷服务，如何促进这一经济润滑剂更流畅、更广泛地覆盖社会的各个层面，将是值得各地区政府部门和金融从业人员深入思考的重要议题。建设性用地指标开发权的交易是各地政府的主要财政收入来源之一，因此房地产业发展水平对经济增长和绿色全要素生产率提升起到显著促进作用，是符合我们的基本认知与猜想的，这也印证了将房地产发展指标作为控制变量的必要性。表征城市社会服务水平的每千人医生数量（DTP）的回归系数为0.007，通过了10%的显著性水平检验，说明更高的社会服务质量、更大的社会"正外部性"、更少的"城市病"，是可以促进城市绿色全要素生产率提升的，这也为各地政府进一步优化公共服务、提升社会福利水平提供了实证支撑。

第四节　稳健性检验

一　反事实检验

上文通过 PSM-DID 方法，实证检验了高速铁路的开通运营对于城市绿色全要素生产率的提升有显著推动作用，同时也证明了科教投入、金融发展水平等控制变量指标，也会对绿色全要素生产率起到显著影响。为了探究这一实证结果的稳健性，本节采用反事实检验的方法对回归模型进行深入的检验分析。反事实检验的操作方法可以分为以下两种：第一，通过改变实验区间，使用原回归模型对在新研究区间内的实验组和对照组样本城市进行回归分析，并观测回归系数的统计量和显著性；第二，在相同的研究区间和事件窗口期内，重新选择没有开通高速铁路的城市作为实验组城市，使用原模型进行回归分析，观测模型的回归结果和显著性水平。两种检验方法的具体操作步骤如下。

（1）改变实验区间。以 2008～2016 年作为总体研究区间，把高速铁路开通事件的窗口期从原实验中的 2013～2014 年改为 2011～2012 年，用于 DID 回归的样本城市不变，即将 36 个 2013～2014 年开通运营高速铁路的地级市作为实验组，将 36 个 2008～2016 年未曾开通高速铁路的城市作为对照组。在回归模型中，与原实验不同之处在于时间虚拟变量 $time_{i,t}$ 从在真实高速铁路开通之时取 1（2013～2014 年），变为 2008～2011 年取值为 0，2012～2016 年取值为 1。由此，就可以观测在开通运营高速铁路这一事件没有发生的时间段内模型的回归结果，从而检验模型的稳健性。

（2）改变实验组城市。保持 2011～2016 年总体实验区间和 2013～2014 年的高速铁路开通事件窗口期不变，选择在 2013～2014 年并没有开通运营高速铁路的城市作为实验组样本，保持对照组样本不变。其中，实验组样本城市从用来进行倾向得分匹配的 90 个对照组样本池中得出，基于 3 个匹配原则，选出 36 个与既定对照组样本得分相近的地级市作为该反事实检验的实验组城市。通过原 DID 模型回归分析，观测改变实验组城市方法下的反事实检验结果。数据来源为各年《中国城市统计年鉴》。

本节分别使用这两种方法对模型稳健水平进行检验，为了保证检验的全面性和系统性，回归模型选用了不加任何控制变量的基础模型（1）、加入科教投入与城市绿化覆盖率的回归模型（3），以及纳入全部5个控制变量的回归模型（6）。检验结果如表8-7所示。

表8-7　反事实稳健性检验结果

变量	方法一：改变实验区间			方法二：改变实验组城市		
	模型（1）	模型（3）	模型（6）	模型（1）	模型（3）	模型（6）
$treat \times time$	0.005 (0.006)	0.005 (0.005)	0.004 (0.005)	-0.011 (0.01)	-0.008* (0.005)	-0.006 (0.05)
$treat$	-0.064 (0.16)	-0.082 (0.24)	-0.093 (0.28)	-0.018 (0.04)	-0.021 (0.04)	-0.036* (0.02)
$time$	0.109* (0.06)	0.104** (0.05)	0.099** (0.04)	0.007 (0.02)	0.007 (0.02)	0.006 (0.02)
$\ln S$	—	-0.003* (0.002)	-0.005 (0.006)	—	0.144** (0.06)	0.120** (0.06)
GC	—	0.099 (0.12)	0.111 (0.26)	—	0.202 (0.46)	0.1700* (0.41)
$\ln FIN$	—	—	0.140* (0.075)	—	—	0.022 (0.09)
$\ln REI$	—	—	0.004** (0.002)	—	—	0.046*** (0.02)
$\ln DTP$	—	—	0.206 (0.31)	—	—	0.003 (0.005)
截距项	1.740** (0.84)	1.20*** (0.56)	1.043*** (0.31)	0.100*** (0.04)	0.097*** (0.03)	0.084*** (0.03)
adj. R^2	0.085	0.092	0.197	0.106	0.177	0.208

注：*、**、***分别表示在10%、5%、1%的水平下显著。

表8-7报告了上述两种反事实检验方法的回归结果。可以看出，在两种反事实检验方法中，表征高速铁路开通对城市绿色全要素生产率影响作用的差分项 $treat \times time$ 系数的显著性均大幅降低。在方法一中，$treat \times time_{is}$ 系数在三个模型中均未达到10%的显著性水平，不能拒绝系数值为0的原假设，且系数值大幅降低，表明高速铁路开通事件对绿色全要素生产率变化的冲击效应大幅度减小。在方法二中，$treat \times time$ 的系数虽然在回

归模型（3）中通过了10%水平下的显著性检验，但是系数正负值与原实验相反，这违背了经济增长的基本逻辑和正常的思维认知，说明回归结果是不可置信的。此外，在两种反事实方法的检验中，回归模型的拟合优度普遍大幅低于原回归模型，说明自变量对因变量变化的解释能力较弱，这也反映出了在改变研究区间和改变实验组城市的反事实情况下模型的不稳定性。

通过两种反事实方法检验结果可以看出，在不存在高速铁路开通运营这一事实的情况下，进行 DID 模型回归得出的分析结果并不显著，即通过反事实方法证明了在其他控制变量存在的情况下，城市绿色全要素生产率的显著提升，确实是来源于高速铁路开通这一事件的推动作用，该过程是对高速铁路开通是绿色全要素生产率提升的必要条件的证明。

二 改变时间窗口检验

改变时间窗口检验旨在证明高速铁路开通是绿色全要素生产率提升的充分条件，具体方法是选择除 2013~2014 年外其他时间窗口中开通高速铁路的城市作为实验组样本，使用原回归模型进行检验分析。在本节中，选择 2011~2012 年作为时间窗口，保持原模型中 36 个对照组城市不变，使用 PSM 方法对 2011~2012 年所有开通高速铁路的地级城市进行匹配，最终得出了 31 个实验组样本城市，进行 DID 回归分析的总区间为 2008~2016 年，数据来源为各年《中国城市统计年鉴》。模型回归结果见表 8-8。

表 8-8　改变时间窗口的检验结果

变量	模型（1）	模型（3）	模型（6）
$treat \times time$	0.024（0.007）***	0.021（0.007）***	0.019（0.007）***
$treat$	-0.010（0.006）*	-0.009（0.005）	-0.006（0.005）*
$time$	0.017（0.02）	0.015（0.02）*	0.013（0.02）**
$\ln S$	—	0.007（0.003）**	0.004（0.003）**
GC	—	0.014（0.03）	0.013（0.015）
$\ln FIN$	—	—	0.019（0.005）***
$\ln REI$	—	—	0.012（0.006）**

变量	模型（1）	模型（3）	模型（6）
lnDTP	—	—	0.005（0.02）
截距项	0.888（0.33）***	0.841（0.34）***	0.786（0.34）***
adj. R^2	0.163	0.205	0.221

注：*、**、***分别表示在10%、5%、1%的水平下显著。

从表8-8报告的DID回归结果可以看出，选用经过PSM匹配后的2011～2012年的"高速铁路城市"作为实验组进行分析的结果是稳健的。其中，两个虚拟变量的交互项 $treat \times time$ 的回归系数在三个模型中均在1%的水平下显著，系数值为正，且数值大小与原实验系数值接近，同时，各个控制变量的回归系数大小和显著性水平也与原实验基本相仿。从整体来看，三个回归模型的拟合优度随着控制变量的引入逐渐上升，绝对值大小也基本达到了原实验模型的拟合优度结果，这些检验结果证明了原实验的整体设计和模型设定具有良好的稳定性。在变换了时间窗口的情况下，对高速铁路开通和绿色全要素生产率进行双重差分回归的结果依然是显著的，说明高速铁路开通这一事件确实显著影响了城市绿色全要素生产率的提升，从而证明了高速铁路开通是绿色全要素生产率提升的充分条件。

第五节 本章小结

本章首先计算了城市绿色全要素生产率。参考Balk（2001）、Orea（2002）及匡远凤和彭代彦（2012）的分解方法，根据绿色全要素生产率的变化来源，将绿色全要素生产率分解为生产效率变化、技术变化、规模效率变化与产出组合效应四种因子。然后，通过回归估计设定的超越对数增长形式的随机前沿生产函数，利用回归结果得出的系数估计值计算得出四种因子数值，再相乘得出各城市相应的绿色全要素生产率。在变量代理指标的具体选择中，以城市年度工业用电量作为表征能源消费的具体指标，以工业二氧化硫排放量作为表征环境污染的具体指标。在样本范围的选择中，依照我国城市行政划分，综合考虑《中国城市统计年鉴》中的数

据完整程度，筛选出了我国 4 个直辖市和 281 个普通地级市作为测算绿色全要素生产率的样本城市。在测度区间选择中，选择以行政区划变动较少的 2005 年作为起始年份，对 2005~2016 年我国城市绿色全要素生产率进行测算。

测算结果显示，2005~2016 年我国总体绿色全要素生产率处于稳定提升状态，在 12 年间保持了 1.39% 的年均增长速度，这与我国在改革开放后经济水平一直处于上升状态的基本情况相吻合。但是，我国城市绿色全要素生产率的提升速度远低于同期我国国民生产总值的增长速度，这说明在现阶段我国仍依赖高要素投入作为经济增长的主要推动力，仍处于高投资、高能耗、高排放的粗放型发展模式之中，经济转型依然任重而道远。聚焦地区来看，城市绿色全要素生产率水平呈现明显的"东高西低"态势，这与我国目前的经济发展状况相吻合，也从侧面说明了本书测度的绿色全要素生产率是基本真实可信的。

进一步，通过应用 PSM - DID 方法，实证检验了高速铁路的开通运营对城市绿色全要素生产率的促进作用。其中，倾向匹配得分方法的运用，主要是为了尽可能地避免由于选择性偏误而对回归结果造成的内生性影响。通过 Logit 回归模型，由协变量计算出所有实验组城市和可能作为对照组城市的样本全体成为"高速铁路城市"的概率（各城市的得分），然后在对照组样本全体中按照特定的匹配方法——挑选出与各个实验组城市得分相近的城市作为对照样本。协变量是指可能对样本得分值产生影响的因素指标，在本书中即表示可能会对各城市是否修建开通高速铁路产生影响作用的因素。在 Logit 回归模型中，具体选择了规模以上工业企业数量（N）、一般财政支出（FE）、当年实际使用外资额（FC）、城市客运总量（P）和人口密度（D）5 个协变量指标。最终通过 PSM 方法筛选得到了 36 个实验组样本和 36 个控制组样本作为 DID 回归分析的样本城市。

在 DID 回归中，选择了绿化覆盖率（GC）、科教投入（S）、人均贷款额（FIN）、房地产投资占比（REI）及每千人医生数量（DTP）共 5 个指标作为控制变量，即分别从环境规制、技术创新水平、经济发展程度和社会公共服务质量等方面进行多维度的研究。分步回归的结果显示在模型中

引入不同控制变量的情况下，组别虚拟变量和时间虚拟变量的交叉项均达到了较高的显著性水平，说明高速铁路的开通运行对城市绿色全要素生产率水平有显著的促进作用。此外，研究还发现科教投入、金融发展水平、房地产发展水平及社会服务水平也对城市绿色全要素生产率产生了不同显著程度的影响，其中金融发展水平和科教投入对绿色全要素生产率的影响相对较大。

本章的研究结论展示出我国目前仍处在实现经济高质量发展的重要转型期，高速铁路的修建对绿色全要素生产率的提升起到了明显的促进作用，这一结论为我国进一步大力发展交通基础设施提供了实证依据，同时也为我国如何在今后顺利完成经济增长模式转型，实现经济可持续、高质量发展，人民生活水平日益提升的美好蓝图提供了可供思考的努力方向。针对上述结论，本章提出以下四点建议。

（1）注重环境保护与污染治理，推进经济高质量、可持续发展。习近平总书记在党的十九大报告中指出了坚持人与自然和谐共生，树立和践行绿水青山就是金山银山理念的重要性，并提出要在新时期继续坚决坚持节约资源和保护环境的基本国策①。当下我国正处于经济发展模式转型的重要阶段，各地区政府应当从整体和长远出发，打造适合地区要素特征和资源禀赋的发展规划，切勿为了完成短时期内的经济增长目标，盲目上马高投资、高排放的"政绩工程"。以牺牲环境换取的经济增长是低质量且不可持续的，政府部门应关注环境保护和污染治理，推动地区产业结构优化和产业升级，真正探索出在环境友好的条件下实现经济又好又快增长的发展之路。

（2）深入优化高速铁路网络布局。诚然，高速铁路的兴建可以显著提升地区的资本和劳动力引入能力，但同时也要考虑到便捷的交通可能带来的要素外溢情况，对于不同发展水平和不同发展模式的城市来说，高速铁路的开通运营带来的经济利益和发展潜力不尽相同。因此，各地区政府应根据自身发展状况，切实制定适合的发展规划，切勿忽略资源要素禀赋和

---

① http:∥www. xinhuanet. com∥politics/2017－10/18/c_1121820368. htm.

发展阶段，盲目"抢线争路"。对于规划者来说，应充分考量高速铁路建设的预期成本和收益关系，兼顾各地区的地理条件及区域经济发展关系，权衡线路建成所带来的潜在发展机会和风险，设计出可以实现"局部风险最小，整体利益最大"的高速铁路建设规划。

（3）加大科研与教育投入，努力提升科技创新和技术转化能力。在我国现阶段，很多处于中西部地区的内陆城市仍然将高投资、高能耗的传统工业产业作为当地大力发展的支柱产业，政府长期为这些产业提供补贴和优惠政策，包括税收减免和低利率贷款等措施，而忽视了对基础教育和科技创新的投入及对高新技术产业的扶持。正所谓"冰冻三尺非一日之寒，积土成山非斯须之作"，对教育的投入功在当下、利在千秋。人才和创新是实现经济增长的根本驱动力，应加大教育投入力度，同时积极推进政策创新，努力留住本地高技术人才并吸引外地高技术人才和高新技术企业落户，为科技类初创企业提供政策支持和良好的孵化环境，从而真正实现经济可持续发展。

（4）重视城市生态文明建设及社会服务质量水平提升。在当下，生活环境和生活质量成为越来越多青年人才选择工作城市的考量内容之一，这个年轻的群体往往拥有较高的素质水平和创造能力，是推动地区技术进步和创新能力提升的主力军，同时他们也可以在就业时获得较多的选择余地，因而往往将居住环境因素及社会公共服务质量因素纳入权衡范围。对于城市管理者来说，应该认识到惩治污染行为、保护环境、为居民营造良好的生活氛围、努力改善公共服务质量、提升社会福利水平、消除"城市病"、增加社会"正外部性"对于人才引入和推动经济发展的重要性。

第九章

高速铁路与房价

在过去十年中，中国主要城市的房价大幅上涨，在带来许多家庭资产激增的同时，也引发了人们对房地产价格泡沫和住房承受能力的担忧。例如，Zheng 和 Saiz（2016）发现，2006~2013 年，北京房价年均增长率为27.4%，另外有35个城市房价的年均增速为14.3%。同时，中国的高速铁路建设一直在蓬勃发展，越来越多的中国人可以享受到高速铁路的便利性（Chen，Haynes，2015；Cao et al.，2013；Jiao et al.，2017）。截至2019年底，全国铁路的营业里程为13.9万公里，其中3.5万公里为高速铁路线路。

中国雄心勃勃的高速铁路计划是否对经济发展有利，不仅取决于实际产出的增长，还取决于市场对中国经济可持续增长的信心（Zheng，Kahn，2013）。房价可以反映当前时期的经济影响，更重要的是，可以反映居民对未来经济增长的信心。此外，城市房价是影响城市之间，尤其是大城市与小城市之间竞争的最重要因素之一。由此看来，房价通常代表一个城市的未来发展潜力。

尽管铁路基础设施对房价的影响已有广泛研究，但研究结果并不一致。一些学者发现改善铁路运输设施对住房价值会产生积极影响（Bajic，1983；Knaap et al.，2001；Debrezion et al.，2007，2011；Duncan，2011），而另一些则发现影响很小（Andersson et al.，2010；Zhang et al.，2014）。此外，大多数分析集中在城市轨道交通项目，有关城市之间交通方式（如高速铁路）对城市内部问题（如房价）影响的研究很有限。高速铁路与常

规轨道交通在服务市场和距离方面有所不同。高速铁路为一种优质的地面运输方式，使用该系统的乘客与使用传统铁路服务的乘客有很大不同（Zhao et al.，2018）。此外，与城市内部交通系统不同，高速铁路通常提供城际运输服务（Button，2012）。由于具有速度优势，高速铁路能够将住房和劳动力市场连接成为一个通勤区域（Blum et al.，1997），这样就可以使更大范围的通勤成为可能。总体而言，由于迄今为止的实证研究有限，因此尚不清楚高速铁路的发展与中国全国城市级房地产市场的繁荣之间是否存在联系。

本章的研究旨在通过建立理论框架，并建立具有综合数据集的固定效应模型，扩展基础设施对经济发展影响的现有研究视角，对基础设施投资的外部性进行深入讨论，根据房地产市场的反映对基础设施投资的外部性进行定量计算，加深对高速铁路与区域经济发展关系的理解。本章的研究与以往有关高速铁路与房价的研究有以下几点不同。

首先，本章提供了一个理论框架，可为之后的实证研究提供一般的理论基础，该实证研究进一步评估了高速铁路发展与城市房价变化之间的联系，从而有助于深刻理解高速铁路与房价之间的系统性和因果关系。

其次，与采用省级数据的现有研究或在某个区域内选择一条高速铁路路线进行研究不同，本章利用了全国的数据集，其中包括 2009 ~ 2016 年285 个中国城市的数据。在这期间经历过两次中国高速铁路发展的革命性事件：2009 年，京津城际铁路建成通车，这是中国第一条时速超过 350 公里、拥有完全自主知识产权的高速铁路线路；截至 2015 年底，中国基本完成了"四纵四横"的国家高速铁路网建设。因此，本章能够探究不同阶段高速铁路对城市房价的影响。此外，我们的研究根据国家颁布的若干相关政策，将所有选定的城市分为三个等级，以更好地了解高速铁路对不同城市房价影响的差异。

第一节　高速铁路如何影响房价：理论框架

本章主要关注高速铁路发展在城市房价变化中所起到的作用。图 9 - 1

展示了高速铁路发展与房价变化之间联系的概念性框架，为我们的实证分析提供了理论基础。该框架同样适用于其他运输方式。影响房价的变量有很多，包括人口流入、土地供应、资源集中等，高速铁路开通促进了这一系列重要变量发挥协同作用，最终影响了房价。具体而言，可以从三个维度分析这种因果关系：需求侧、供给侧以及其他外部因素。

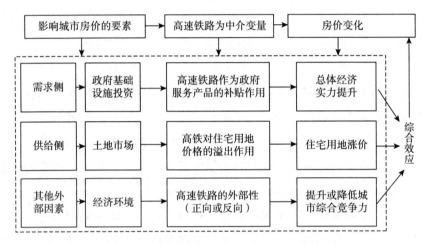

图 9-1　高速铁路与城市房价之间因果关系的理论框架

从需求的角度来看，高速铁路是城市基础设施体系的重要组成部分，也是政府提供的一种典型公共产品，它发挥着公共产品的"补贴效应"。高速铁路开通对可达性产生了短期影响，并且不可避免地对经济活动的迁移、集聚和扩散产生了长期影响（Chen，Hall，2011；Ureña et al.，2009）。除了节省旅行时间，高速铁路开通引起的连通性变化在经济发展中起着更重要的作用（Dupuy，1991），比如扩大了市场，使周边城市的生产商能够更便捷地将产品运输到中心城市（Spiekermann，Wegener，2006）。政府对高速铁路的投资在短期可能是亏损的，但它带来的是更好的经济环境（Sasaki et al.，1997；Albalate，Bel，2012），由此促进经济增长，并最终促进房价上涨。

从供给的角度来看，从土地价格到房价存在着直接和间接的传导机制。一方面，政府大规模征用土地建设公共设施将减少住宅用地；另一方面，引入高速铁路后，城市将进一步吸引更多与商业、教育或医疗资源相

关的基础设施建设。此外，对商业用地（如办公楼和工厂）的需求上升也将挤压住宅用地的供应。因此，兴建高速铁路所引起的对土地市场的激烈竞争可能对房价产生溢出效应（Bowes，Ihlanfeldt，2001）。

此外，高速铁路导致不同城市之间房价变化的差异还有其他一些外部原因。例如，高速铁路通过与其他运输方式，如航空（Chen，Haynes，2017）和高速公路（Raturi，Verma，2017）的竞争，进一步降低交易成本并提高经济效率。此外，高速铁路网络加强了大城市与小城市以及中心城市和卫星城市之间的联系，有利于分工专业化，使资源分配更加有效（Pol，2003），从而促进区域间和区域内的发展。此外，有证据表明高速铁路可以增加居民出行的时间（Armando et al.，2017），释放旅行需求，从而带来一些旅游城市的房价增长。

第二节　实证模型与变量

本章通过自然实验检验交通基础设施网络对城市房价的影响，使用固定效应模型进行基本回归，并使用动态面板数据模型的广义矩估计法（GMM）进行稳健性检查。我们还通过区分城市类型与区域类型，以进一步研究其经济影响。

一　基本回归模型：固定效应模型

使用 2009～2016 年 285 个城市的面板数据来研究高速铁路与房价之间的关系，基本回归模型为：

$$y_{it} = \beta_0 + \beta_1 HSR_{it} + \beta_2 pop_{it} + \beta_3 airport_{it} + \beta_4 rail_{it} + \beta_5 save_{it} + \beta_6 loan_{it} + \mu_i + \varepsilon_{it}$$

$$(9.1)$$

其中，i 表示 285 个城市之一，t 代表年份，因变量 y_{it} 是城市平均房价的对数。关键变量 HSR_{it} 是虚拟变量，表示城市 i 是否开通高速铁路。若城市 i 开通高速铁路，则 $HSR_{it} = 1$；否则，$HSR_{it} = 0$。回归结果中包括滞后项 $HSR_{i,t-1}$，以研究高速铁路对房价的动态影响。pop_{it}、$airport_{it}$、$rail_{it}$、$save_{it}$ 和 $loan_{it}$ 是控制变量，pop_{it} 代表人口水平，$airport_{it}$ 表示城市是否拥有机场，

$rail_{it}$ 表示城市是否拥有普通铁路，$save_{it}$（储蓄）和 $loan_{it}$（贷款）代表了城市的金融发展水平。u_i 是未观察到的城市特定固定效应，ε_{it} 是误差项。

对模型进行 Hausman 检验，以验证共同效应和回归因子的正交性，来评估固定效应模型是否比随机效应模型更合适。回归中使用最小二乘虚拟变量（LSDV）法，其中包括所有城市的虚拟变量，以第一个城市北京为基准城市。为了检验高速铁路对房价影响的时间滞后效应，将虚拟变量的滞后项 $HSR_{i,t-1}$ 包括在基本回归中作为当前值的替代变量。

二 动态面板数据模型

资产定价的有效市场理论认为，房地产价格反映了未来租金的预期现值。该理论表明，城市房地产价格的动态变化应反映主要基础设施投资的预期影响。考虑到房价的动态性，构建如下动态面板数据模型：

$$y_{it} = \beta_0 + \beta_1 y_{i,t-1} + \beta_2 HSR_{i,t-1} + \beta_3 HSR_{it} + \beta_4 pop_{it} + \beta_5 airport_{it} +$$
$$\beta_6 rail_{it} + \beta_7 save_{it} + \beta_8 loan_{it} + \mu_i + \varepsilon_{it} \tag{9.2}$$

使用差分 GMM 方法（Arellano，Bond，1991）以及系统 GMM 方法（Arellano，Bover，1995；Blundell，Bond，1998）估算公式（9.2）。

根据 Arellano 和 Bond（1991）、Arellano 和 Bover（1995）、Blundell 和 Bond（1998）做了以下两个检验：第一个是针对过度识别的 Sargan 检验，检验了工具的整体有效性；第二个是二阶序列，检验误差项 ε_{it} 没有序列相关的假设。在没有二阶序列相关的零假设下，检验统计量渐近分布为标准正态分布。

三 城市及区域分类回归

根据国家正式公布的若干城市分类标准，将中国城市分为三种类型。在研究样本城市中，有 9 个国家中心城市、27 个区域中心城市和 249 个其他地级市。我们引入了城市分类虚拟变量和交叉项，以研究不同城市的异质性。加入城市分类虚拟变量的回归模型为：

$$y_{it} = \beta_0 + \beta_1 HSR_{it} + \beta_2 HSR_{it} \times N_i + \beta_3 HSR_{it} \times R_i$$
$$+ \beta_4 N_i + \beta_5 R_i + \beta_6 X_{it} + \mu_i + \varepsilon_{it} \tag{9.3}$$

其中 N_i 和 R_i 为城市分类虚拟变量。当城市 i 为国家中心城市时，$N_i = 1$；否则，$N_i = 0$。当城市 i 为区域中心城市时，$R_i = 1$；否则，$R_i = 0$。向量 X_{it} 是控制变量。

因此，对于国家中心城市、区域中心城市和其他地级城市，公式 (9.3) 可以写为公式 (9.4) 至公式 (9.6)：

$$y_{it} = (\beta_0 + \beta_4) + (\beta_1 + \beta_2)HSR_{it} + \beta_6 X_{it} + \mu_i + \varepsilon_{it}, \quad N_i = 1 \tag{9.4}$$

$$y_{it} = (\beta_0 + \beta_5) + (\beta_1 + \beta_3)HSR_{it} + \beta_6 X_{it} + \mu_i + \varepsilon_{it}, \quad R_i = 1 \tag{9.5}$$

$$y_{it} = \beta_0 + \beta_1 HSR_{it} + \beta_6 X_{it} + \mu_i + \varepsilon_{it}, \quad N_i = 0, R_i = 0 \tag{9.6}$$

同样，将区域虚拟变量引入回归模型，$east_i$ 和 $central_i$ 定义为区域虚拟变量。当城市 i 为东部城市时，$east_i = 1$；否则，$east_i = 0$。当城市 i 为中部城市时，$central_i = 1$；否则，$central_i = 0$。

四 变量

现有文献中影响房价的传统因素包括城市人口（pop）、市场潜力（mp，定义为相邻城市的距离加权购买力）以及其他城市内部因素，如绿化、医疗保健、教育、高速公路、铁路和军事。此外，加入了金融发展因素，如储蓄和贷款（Zhang et al.，2012），以避免财政泡沫对研究结果的干扰。一方面，房地产投资在很大程度上受到金融供给的干扰；另一方面，国家通过金融手段进行宏观政策调控。表 9-1 中显示了变量的定义和描述性统计。

表 9-1 变量描述性统计（285 个城市，2009~2016 年）

变量	定义	均值	标准差	最小值	最大值
y	房价，取对数	8.819	0.489	7.470	10.964
HSR	城市是否有高速铁路	0.276	0.447	0	1
pop	人口，取对数	4.610	0.772	2.716	7.804
$airport$	机场变量	0.459	0.499	0	1
$rail$	铁路变量	0.934	0.248	0	1
$save$	储蓄总额/GDP	0.845	0.396	0.043	4.136
$loan$	贷款总额/GDP	1.559	2.260	0.062	84.661

我们收集了 2010~2016 年 285 个中国地级及以上城市的面板数据，该研究的数据源包括以下五个部分。

（1）房价数据 y 为 285 个城市的房地产价格（商品房交易价格），单位为元。数据来源于 ANJUKE（https://anjuke.com）。

（2）开通高速铁路的城市根据《全国铁路旅客列车时刻表》（2010~2016 年）整理。开通高速铁路的城市，$HSR_i = 1$；否则，$HSR_i = 0$。

（3）人口数据 pop 为城市总人口，以控制不同城市之间居民特征的异质性，单位为万人。数据来源于《中国城市统计年鉴》（2011~2017 年）。

（4）GDP、储蓄（save）和贷款（loan）数据均来源于《中国城市统计年鉴》（2011~2017 年），单位为万元。

（5）机场数据 airport 来源于中国民航局公布的《全国机场生产统计公报》（2010~2016 年）。在以下两种情况下，视为城市 i 没有机场：①该机场获得了经营许可，但尚未开通任何航班；②该机场停运关闭一年以上。有民用航空机场的城市，$airport_i = 1$；否则，$airport_i = 0$。

第三节　回归结果与分析

一　动态面板数据模型的回归结果

从表 9-2 中的基本回归结果可以看到，高速铁路对城市房价产生了显著的积极影响，并且对 HSR_t 的影响程度大于对 HSR_{t-1} 的影响程度，主要原因为以下两点。

首先，市民可能有一种心理预期，即在某市正式宣布兴建高速铁路之前房价会上涨。其次，中国商品住宅的销售通常采用预售制度，从而在高速铁路开工前刺激了房价。我们还对 HSR_{-n} 的系数做了回归，结果显示 HSR_{-n} 的估计系数并不显著。根本原因之一可能是高速铁路线路新投入使用时，公共服务和配套基础设施还不完善，另一个原因是房地产通常需要一年的预售时间。

表 9-2 高速铁路与房价：动态面板数据模型的基本回归及广义据估计（GMM）回归

	基本回归：固定效应模型		动态面板数据模型	
			差分 GMM	系统 GMM
$HSR_{i,t-1}$	0.139 ***	—	0.048 *	0.073 ***
	(0.204)	—	(0.025)	(0.024)
HSR_{it}	—	0.185 ***	0.072 **	0.086 **
	—	(0.022)	(0.036)	(0.036)
$y_{i,t-1}$	—	—	0.670 ***	0.805 ***
	—	—	(0.056)	(0.036)
pop	0.382 ***	0.491 ***	0.361 ***	0.185 ***
	(0.051)	(0.053)	(0.070)	(0.053)
airport	-0.018	-0.021	0.065	-0.038
	(0.060)	(0.066)	(0.053)	(0.119)
rail	0.033	0.027	-0.171 **	-0.220 ***
	(0.140)	(0.154)	(0.070)	(0.083)
save	-0.058	-0.064	0.234 ***	0.238 ***
	(0.053)	(0.056)	(0.076)	(0.079)
loan	0.049 ***	0.070 ***	0.016 **	-0.003
	(0.010)	(0.010)	(0.009)	(0.011)
截距项	6.803 ***	6.189 ***	1.027 **	0.864 **
	(0.301)	(0.320)	(0.478)	(0.341)
检验	adj. R^2 = 0.340 Hausman 检验（P = 0.00）	adj. R^2 = 0.326 Hausman 检验（P = 0.00）	Sargan 检验（P = 0.00）第一阶段回归（P = 0.00）第二阶段回归（P = 0.38）	Sargan 检验（P = 0.00）第一阶段回归（P = 0.00）第二阶段回归（P = 0.28）

注：由于数据缺失，样本中不包括西藏。* 、** 、 *** 分别表示在 10% 、5% 、1% 的水平下显著。

考虑到房价变化为动态过程，我们通过动态面板数据使用 GMM 方法进行估计。GMM 方法的优点在于能够减少解释变量之间的多重共线性问题，以及因变量和解释变量之间的内生性问题。表 9-2 中第 4 列与第 5 列显示了一阶差分 GMM 和系统 GMM 的估计值比较。当在动态面板数据模型中同时包含滞后因变量 $y_{i,t-1}$ 和滞后自变量 $HSR_{i,t-1}$ 时，引入高速铁路会使城市住房价格上涨。

高速铁路、人口和金融发展在基本回归中对房价都有显著的积极影响，这表明高速铁路网络中样本城市的房价变化，主要是由需求和基础设

施改善驱动的。从一阶差分 GMM 估计值和系统 GMM 估计值来看，高速铁路、人口和金融发展对房价均存在不同程度的正向影响。根据表 9 - 2 第 2 列的回归结果，高速铁路是评估城际房价变化的重要变量，促使房价上涨 13.9%。

二 城市分类虚拟变量及分区域虚拟变量回归结果

（一）不同城市分类回归结果

表 9 - 3 显示了不同城市层次结构的影响分布结果，我们对混合数据和面板数据进行了比较。结果显示，高速铁路对城市房价的影响，在不同等级的城市之间存在差异，这与以前的几项研究结果相一致（Zheng, Kahn, 2013；Andersson et al., 2010）。高速铁路对全国中心城市和区域中心城市房价的影响均显著，而对小城市房价的影响不显著。此外，对国家中心城市（N，大城市）房价影响的平均效果，要强于区域中心城市（R，中型城市）和其他地级城市（O，小城市）。

表 9 - 3 高速铁路对不同级别城市房价的影响

变量	混合数据模型		面板数据模型	
	估计值	标准差	估计值	标准差
HSR	- 0.003	0.028	0.049	0.033
$HSR \times N$	0.600 ***	0.078	0.317 ***	0.056
$HSR \times R$	0.349 ***	0.061	0.196 ***	0.048
N	0.087 *	0.077	—	—
R	0.102 **	0.048	—	—
pop	0.122 ***	0.021	0.482 ***	0.052
$airport$	0.083 ***	0.027	- 0.017	0.065
$rail$	0.040	0.082	0.023	0.150
$save$	- 0.171 ***	0.033	- 0.043	0.055
$loan$	0.086 ***	0.014	0.061 ***	0.010
截距项	8.049 ***	0.129	6.256 ***	0.313
检验	adj. R^2 = 0.4632		adj. R^2 = 0.3735 Hausman 检验（P = 0.00）	

注：由于数据缺失，样本中不包括西藏。* 、** 、***分别表示在 10%、5%、1% 的水平下显著。

　　在混合数据模型中，我们可以使用虚拟变量 N 和 R 作为解释变量，而在固定效应模型中，为每个城市引入虚拟变量会引致城市虚拟变量和城市分类虚拟变量之间的完全多重共线性问题，因此固定效应模型排除了虚拟变量 N 和 R。从表9－3的结果可以看出，高速铁路开通使全国中心城市和区域中心城市的房价分别上涨31.7%和19.6%。从其他控制变量的估计系数可以看出，人口和金融发展对房价上涨有显著影响，铁路的估计系数不显著。

（二）分地区回归结果

　　表9－4显示了高速铁路对不同区域房价的影响结果，分别对混合数据和面板数据进行了回归。在混合数据模型中，高速铁路对城市房价的影响由东部向西部逐渐降低，这意味着区域之间存在一定程度的差距。但是，随着高速铁路的开通，区域差距逐渐缩小。从回归结果来看，$HSR \times east$ 和 $HSR \times central$ 的系数不显著，而代表西部地区高速铁路的 HSR 估计值为 0.145，在固定效应模型中在1%的水平下显著。

表9－4　高速铁路对不同地区房价的影响

变量	混合数据模型		面板数据模型	
	估计值	标准差	估计值	标准差
HSR	0.021	0.063	0.145 ***	0.048
$HSR \times east$	0.135 **	0.070	0.064	0.056
$HSR \times central$	0.014	0.073	0.025	0.064
$east$	0.336 ***	0.039	—	—
$central$	0.089 **	0.043	—	—
pop	0.211 ***	0.016	0.485 ***	0.053
$airport$	0.140 ***	0.026	− 0.021	0.066
$rail$	− 0.036	0.082	0.030	0.154
$save$	− 0.117 ***	0.032	− 0.069	0.056
$loan$	0.090 ***	0.012	0.070 ***	0.010
截距项	7.419 ***	0.110	6.214 ***	0.321
检验	adj. $R^2 = 0.4791$		adj. $R^2 = 0.3373$ Hausman 检验（P = 0.00）	

注：由于数据缺失，样本中不包括西藏。** 、*** 分别表示在5%、1%的水平下显著。

表 9 - 4 的结果与 Sun、Yuri（2016）的发现完全相反。高速铁路开通推动了相对落后的中西部地区一些国家级或地区级中心城市的房价上涨，分别以重庆、成都、西安、郑州和武汉为代表。这些高速铁路枢纽城市通常具有较大的经济规模，并且具有较丰富的娱乐、教育和医疗资源，基础设施相对发达，因此吸引了周围小城市或农村地区的人口，从而增加了城市的最终需求，如住房需求。

三　更多城市内部解释变量的子样本估计（35 个主要城市）

以上关于全国 285 个城市的基准研究可能有一些局限性。首先，许多小城市近年来才开通高速铁路，我们无法观测到长期影响；其次，网站（ANJUKE，https://anjuke.com）上无法获得更早期小城市的房价数据；最后，诸如限购、土地使用、地铁开通等政策，在城市层面的房价研究中都很重要，但是很难获得小城市的数据。因此，本节对 35 个主要城市进行了更详细的研究。表 9 - 5 显示了用 35 个城市子样本估计的变量定义和描述性统计。由于所有选定的城市都有机场，因此在控制变量中删除了机场变量。

表 9 - 5　描述性统计（35 个主要城市，2008 ~ 2016 年）

变量	定义	均值	标准差	最小值	最大值
y（元）	房价（取对数）	8.819	0.506	7.828	10.725
HSR（哑元）	高速铁路	0.530	0.499	0	1
pop（万人）	人口（取对数）	4.487	0.676	5.850	7.803
restr（哑元）	限购政策	0.384	0.487	0	1
metro（条）	地铁	1.768	3.410	0	18
rail（哑元）	铁路	0.997	0.056	0	1
save（%）	居民存款/GDP	0.861	0.255	0.079	1.995
loan（%）	贷款余额/GDP	0.700	2.240	0.062	4.629
land（平方公里）	可用土地	0.308	0.073	0.189	0.714

资料来源：房价数据来源于中国国家统计局；地铁数据来源于每个城市的轨道交通集团网站；限购政策数据来源于市政府门户网站；可用土地数据来源于《中国城市统计年鉴》。

子样本估计的结果报告在表 9 - 6 中，与表 9 - 3 中的基本回归结果基

本相似。值得注意的是，高速铁路的开通导致城市房价上涨了20.7%。此外，限购政策并不能立即影响房价，这可能是由于我们的统计调查与政策实施时间间隔较久，而此类政策一般在实施一年内在一定程度上能够降低和稳定房价。此外，新地铁的开通可以提高房价，但比高速铁路对城市房价的影响要小。

表9-6　高速铁路与房价固定效应模型稳健性检验（35个主要城市，2008~2016年）

变量	（1）		（2）		（3）	
	估计值	标准差	估计值	标准差	估计值	标准差
HSR_{it}	0.207 ***	0.026	0.147 ***	0.024	0.142 ***	0.026
$restr_{it}$	—	—	0.017	0.018	—	—
$restr_{i,t+1}$	—	—	—	—	-0.039 **	0.019
pop	0.840 ***	0.100	0.501 ***	0.098	0.505 ***	0.114
$metro$	—	—	0.076 ***	0.010	0.060 ***	0.011
$rail$	0.000	0.171	-0.047	0.142	-0.030	0.137
$save$	-0.194 **	0.076	-0.255 ***	0.081	-0.208 **	0.082
$loan$	0.203 ***	0.026	0.136 ***	0.031	0.131 ***	0.034
$land$	—	—	0.100	0.326	-0.110	0.019
截距项	3.511 ***	0.640	5.648 ***	0.634	5.686 ***	0.734
检验	adj. R^2 = 0.5785 Hausman 检验（P = 0.00）		adj. R^2 = 0.5888 Hausman 检验（P = 0.00）		adj. R^2 = 0.5251 Hausman 检验（P = 0.00）	

注：括号内的统计量为标准误。** 、*** 分别表示在5%、1%的水平下显著。

四　高速铁路对不同城市对之间的影响

如前文所述，高速铁路网络可以加强大城市与小城市以及中心城市与卫星城市之间的联系，有利于分工专业化，从而促使区域间和区域内资源分配效率提高（Pol，2003）。本节为了进一步了解高速铁路对城市房价影响的时空分布，我们加入了更多城市内部变量，如穿过城市的高速铁路线路数量（Wang et al.，2017），以及城市间变量，如城市规模和选定典型城市对之间的最小旅行时间，从微观层面进行分析以佐证之前的研究发现。

城市间有三种经济效应：虹吸效应、扩散效应和协同效应。虹吸效

应是指经济扩张的城市或地区会吸引人口流入、资本流入和贸易活动，从而加快自身发展速度并降低了周边地区的发展速度。扩散效应意味着，经济扩张中心城市的资源和人才可能会流入周边地区，刺激及促进这些地区的发展。随着周边城市基础设施的改善，它们会逐渐缩小与经济中心城市的发展差距。协同效应是指，两个或多个效用相互作用，使其复合影响大于单独效应之和。回归结果表明，不同城市对之间的经济效应各不相同：在大城市－小城市对中，可以观察到虹吸效应和扩散效应同时存在，而协同效应通常在大城市－大城市对中产生，同时，这些效应都随着高速铁路线路的增加以及旅行时间的减少而更加显著。

（一）大城市－小城市对之间的影响

大城市－小城市对中的城市群体，在规模上有所不同，城市对之间的旅行时间很短，大约为30分钟。如图9－2所示，在大城市－小城市对中观察到了虹吸效应（用阴影矩形表示）和扩散效应（用空白矩形表示）。而且当大城市的高速铁路数量增加时，以上两种效应加强。在空间分布格局上，虹吸效应大多发生在北部和内陆腹地，如焦作和郑州、宝鸡和西

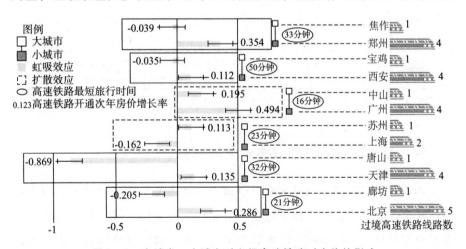

图9－2　大城市－小城市对之间高速铁路对房价的影响

资料来源：http://www.nra.gov.cn/。

安、唐山和天津、北京和廊坊等城市对，城市之间的旅行时间越短，虹吸效应越显著。相比之下，在东南沿海地区，如上海和苏州、中山和广州之

间，观察到了扩散效应，当旅行时间减少时，这种经济现象更加明显。

（二）大城市－大城市对之间的影响

这种类型的城市对在规模上相似，但是它们之间的旅行时间比大城市－小城市对长，通常在 1～1.5 小时。图 9－3 表明，在这些城市对中，观察到了协同效应以及经济一体化（由空白矩形表示），而南北方地区之间没有明显差异。有趣的是，当旅行时间减少，如南京和合肥，以及两个高速铁路枢纽城市之间的线路数量之差减小时，协同效应更加明显。然而，东北地区的大连和沈阳市的房价同时下降，可能是其他主要高速铁路枢纽（如北京和天津）的虹吸效应，或是这两个城市自身经济疲软所致。

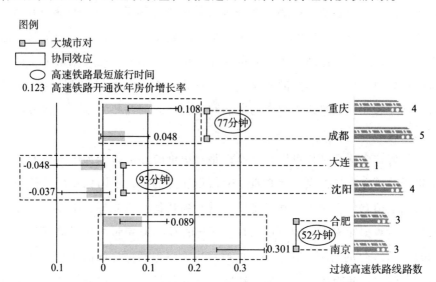

图 9－3　大城市－大城市对之间高速铁路对房价的影响

资料来源：http://www.nra.gov.cn/。

第四节　本章小结

近年来，中国的房地产价值经历了指数级增长，引起了公众和政府的广泛关注。除了需求的增加，投机行为通常被视为主要因素。此外，高速铁路等交通基础设施的改善起到了一定的促进作用。本章主要对高速铁路发展是否以及在何种程度上影响中国城市房价进行实证研究，从而对基础

设施投资的外部性进行更深入的讨论。

本章利用 2009 ~ 2016 年全国 285 个地级及以上城市的高速铁路、房价、金融、人口和交通变量的面板数据,以高速铁路开通作为自然实验,检验高速铁路网络对城市房价的影响,然后采用固定效应模型进行动态面板数据模型的基准回归以及 GMM 估计以检验稳健性。为了评估不同城市的差异以及区域不平衡,我们还将城市和区域分类,设置哑元变量进行进一步的计量经济学回归。此外,对典型城市对进行了虹吸效应、扩散效应和协同效应等经济效应的检验。

本章主要有三个发现:第一,高速铁路开通导致城市房价上涨了13.9%,全国中心城市和地区中心城市的房价分别上涨 31.7% 和 19.6%;第二,随着高速铁路的发展,区域不平衡现象得到缓解,房地产价格上涨也刺激了一些欠发达地区中心城市的经济增长;第三,在大城市 - 小城市对中观察到虹吸效应和扩散效应,而协同效应通常发生在大城市 - 大城市对中,随着高速铁路线路数量的增加和旅行时间的缩短,以上经济效应都更加显著。

尽管本章研究结果可以就高速铁路对房价的经济影响为中国以及其他国家相关研究人员提供一些观点,但值得注意的是,中国独特的政治结构以及土地国有化可能使实施大型项目具有独特优势。此外,本章的研究是根据选定数据样本进行的,仅反映了新建的 G 和 C 字母开头的高速铁路在2009 ~ 2016 年的情况。在进一步的研究中,将包括更详细的代理变量,如城市之间的空间距离、乘坐高速铁路的乘客数量、高速铁路的数量等城市间的因素,以及高速铁路站的数量、市中心到车站的距离等城市内的因素。此外,影响房价的其他变量,如绿化率、教育及医疗变量,也非常值得研究。

|第十章|
高速铁路与贸易开放

　　20世纪90年代以来，中国实施了以降低关税和非关税壁垒为主要内容的贸易开放改革，随着关税的下调和非关税壁垒的减少，国内商品与外国商品的竞争态势已经发生变化（龚秀国、邓菊秋，2001；Nicita et al.，2014；Edmond et al.，2015）。简单平均关税率从1997年的17.5%下降至2012年的9.9%，必然对国内商品市场造成前所未有的影响（阮建青等，2010；Amiti，Konings，2007）。在关税较高的情况下，外国进口商品价格普遍高于国内同类商品价格，对国内零售市场造成的影响并不突出。推行贸易开放不仅促进了国外商品的大量进口，带来商品选择的多样化，更为突出的是能够加强国内同类商品竞争，降低国内商品的价格，理论上这一机制也被称为关税传导（Nicita，2009；Marchand，2012）。与一般关税研究相比，关税传导主要针对的是贸易开放对国内销售市场的直接影响，简言之，就是从市场最终零售价格角度，更为准确直观地检验关税变化对国内市场的影响。但是，不同消费市场运输成本的差异势必造成不同的竞争效果，原因在于运输成本的存在影响了进口商品的实际定价水平，进而决定其市场竞争力，最终引起消费市场价格反应的不一致（Atkin，Donaldson，2015；Donaldson，2018）。

　　同时，伴随着知识经济的到来，具有"时空压缩"效应的高速铁路应运而生。虽然高速铁路表面上只与旅客运输有关，与货物运输并没有直接关系，但是高速铁路对货运铁路所产生的外部性，提高了中国整个铁路运输系统的效率。具体表现为高速铁路吸引了许多原来选择普通列车的乘

客，释放出交通资源用于货物运输，使普通铁路的货运压力大大降低，从而解决了高速铁路时代以前铁路运输难的问题，提高了传统铁路运输的时效性（Combes，2011；Cheng et al.，2015；Redding，2016）。因此，在贸易开放的条件下，高速铁路的开通能够缩短进口商品进入当地消费市场的时间，降低商品从进口边境到达消费者手中的贸易成本，提高进口商品的市场竞争能力，增强关税下降对消费市场的冲击，从而更大限度地影响当地的消费市场价格（Tierney，2012；Vickerman，2015）。反之，在非高速铁路地区，铁路运输集中客运与物流运输，大量的客运需求挤占了货物运输资源，导致运输成本居高不下，进口商品的竞争能力相对较弱，关税下降对当地消费品价格的影响较小。所以，高速铁路开通与否对不同消费市场运输成本的作用有较大差异，从而能够影响关税传导机制的实际发挥效果。

基于以上分析，本章立足运输成本，从高速铁路建设视角解读贸易开放政策对不同地区消费品价格的差异性影响。一方面，通过构建结构性理论模型解释进口关税下降对国内零售市场商品价格的作用机制，并在考虑国内运输成本的基础上，分析高速铁路建设如何通过降低进口商品进入当地消费市场的运输成本，影响国内商品价格的下降幅度。此外，模型中还将考虑商品自身物理特征对高速铁路建设"释放效应"的影响。另一方面，将中国进口关税与国内市场零售价格匹配，并基于沿线高速铁路城市信息，运用 DID 研究方法深入探讨进口关税下降对国内不同零售市场的差异影响，实证检验高速铁路建设对关税传导的影响大小，并通过区分商品对铁路运输的依赖程度，验证高速铁路建设对不同商品的关税传导存在差异性促进作用。通过从国内运输成本新视角来探讨贸易开放对国内消费品价格的影响，在理论和实证上检验高速铁路建设是否影响贸易开放带来国内消费品价格下降的福利效应，本章不仅在研究贸易开放对国内零售市场的实际影响上具有重大意义，同时也通过直接衡量高速铁路的"释放效应"，为扎实推进"三去一降一补"中的"降成本"环节提供理论支撑和实证依据。本章主要有如下四个创新点。

第一，运输成本下降对企业运行效率和区域经济发展的作用已经得到

了大量文献的支持（范欣等，2017；张勋等，2018；Baum-Snow et al.，2017），但是由于缺乏微观消费品价格数据，国内运输成本如何通过影响进口商品市场定价，决定国内零售商品的市场价格，进而影响居民消费水平的机制仍然缺乏实证结果的支持。本章首次构建结构性框架理论模型，直接分析运输成本下降对国内消费市场的影响，因为消费商品价格的直接报价与居民的生活水平直接相关，能够反映出在关税下降时，国内运输成本下降对居民消费商品价格的作用机制，所以，本章从贸易开放视角研究国内运输成本和居民消费商品价格的微观机制（Atkin，Donaldson，2015；Donaldson，2018）。并且，运输成本的降低往往需要方便快捷的交通基础设施，虽然高速铁路建设对地理经济和劳动力市场的实际作用不仅在实证研究中存有异议（Willigers，Wee，2011；Cheng et al.，2015），而且这种间接衡量高速铁路建设对居民福利效应的渠道也存在缺陷，但是中国的高速铁路建设通过其运输外部性释放了铁路资源，使物流更加便利，能够降低商品进入当地消费市场的运输成本。因此，基于高速铁路开通对运输成本的影响视角，本章研究反映了高速铁路建设对居民消费商品价格的作用机制，直接衡量了高速铁路建设对居民福利影响的"释放效应"，也完善了高速铁路建设的相关研究。

第二，现有文献往往分析贸易开放对国内整体消费品价格的影响，却忽视了国内消费市场的差异性，尤其是对中国规模较大且城市经济特征千差万别的国内消费市场而言，即使关税下降能够降低商品的进口成本，由于进入当地零售市场的运输成本存在巨大差异，进口商品的实际定价水平有所不同，市场竞争反应也会不一致，进而引起价格变化幅度的地区差异。因此，在应对统一的贸易开放时，关注个体城市的差异显得尤为重要（Marchand，2012；Han et al.，2016）。本章拟从高速铁路建设视角研究国内运输成本变化对关税传导的影响，原因在于高速铁路建设的"释放效应"能够直接有效地降低进口商品进入当地零售市场的运输成本，加强国内市场竞争，更大限度地发挥关税下调的竞争作用，降低当地商品价格。所以贸易开放带来的国内消费价格下降对是否存在高速铁路建设的地区，其效果具有显著差异性。通过首次将贸易开放、商品零售价格与消费市场运输成本问题

联系起来，本章也从微观层面填补了高速铁路建设对中国关税传导影响的研究空白，丰富了贸易开放对国内消费市场区域差异性影响的研究。

第三，已有研究通常使用居民调查数据计算的平均花费作为商品的市场价格，但这一假定在微观层面缺乏明确的理论和证据支持。原因在于，根据居民调查数据计算的商品价格反映了居民的消费偏好，与市场零售价格之间存在一定的市场加成，因此无法准确反映关税变化对消费市场价格的实际影响。本章使用国家发改委价格监控中心提供的城市零售价格数据和世界贸易组织公布的我国商品进口关税数据，得到了 2001~2012 年覆盖 139 个地级城市的 75 种零售商品的微观数据信息，并且结合全国高速铁路线路的沿线城市信息，在城市、商品、年份多维度的数据库匹配基础上，对关税传导与不同消费市场商品价格联系的差异性进行实证检验，首次准确地刻画出关税传导过程和详细机制，分析关税传导的区域和产品差异性，弥补了现有文献对关税传导衡量的缺陷。

第四，本章研究结论首次揭示了高速铁路建设如何影响中国贸易开放对国内消费市场的竞争机制。首先，进口关税的下降有助于降低进口商品的价格，增加进口商品的种类和数量，加剧国内市场的竞争，降低国内消费品价格。在不考虑高速铁路开通的影响时，全国平均关税传导水平约为 15%。但是，在高速铁路开通之后，实验组地区的关税传导水平显著提高，说明高速铁路建设能够释放铁路资源，便利铁路物流运输，降低商品的运输成本，加强贸易开放对国内消费市场的竞争效应，从而有助于进一步降低高速铁路城市的商品价格。其次，更深层次的分组检验发现，虽然这种促进效应存在普遍性，但因为不易腐消费品对铁路运输的依赖程度更高，因此高速铁路建设对这部分商品关税传导的促进作用也更为显著。根据腐烂速度指标（水活度）对商品进行分组回归的结果也验证了以上分析。并且，高速铁路建设对关税传导的作用具有明显的地区差异，体现为沿海港口地区的关税传导水平受高速铁路建设的影响更大。此外，因为高速铁路建设规划时优先选择经济发达、具有政治优势的主要中心城市（Faber，2014），考虑到这种现象的存在，以及高速铁路开通的时间差异对关税传导的影响可能导致估计结果产生偏误，本章通过样本重新选择等方法

进行稳健性检验，结果与基本结论保持一致。

第一节　理论模型

参照现有文献的设定（Crucini et al.，2005；Nicita，2009；Marchand，2012），假设国内消费市场 c 代表性家庭对 i 商品的消费由国内商品和进口商品共同决定，该市场代表性家庭对 i 商品的总消费函数为：

$$C_{ci} = (DO_{ci})^{\alpha_{ci}} (IM_{ci})^{1-\alpha_{ci}} \tag{10.1}$$

其中，DO_{ci} 和 IM_{ci} 分别表示代表性家庭对国内商品和进口商品 i 的购买量，α_{ci} 为国内消费品对总消费函数的影响因子，反映出家庭对商品的一种自然选择特征，其值越大，表明国内商品代表性家庭对该商品的总消费影响能力越强，取值在 $0 \sim 1$。因为 c 地区消费的国内商品价格与国内原产地之间的运输成本相关，且进口商品 i 与该商品的进口关税和运输成本相关，所以在冰山成本条件下国内商品价格和进口商品价格分别由（10.2）式和式（10.3）决定：

$$P_{ci}^{do} = P_{oi} + D_{oci}(H_c, DR_i, \delta) \tag{10.2}$$

$$P_{ci}^{im} = P_i^B(1 + \tau_i) + d_{ci}(H_c, DR_i, \delta) \tag{10.3}$$

其中，P_{ci}^{do} 和 P_{ci}^{im} 分别表示消费市场 c 国内商品和进口商品 i 的市场价格，P_{oi} 表示国内商品的原产地价格，$D_{oci}(H_c, DR_i, \delta)$ 表示从国内原产地 o 运至消费市场 c 的运输成本，P_i^B 表示进口商品的边境价格（本国货币标价），τ_i 表示商品 i 的关税水平，$d_{ci}(H_c, DR_i, \delta)$ 表示运输至消费市场 c 的运输成本，$D_{oci}(H_c, DR_i, \delta)$ 和 $d_{ci}(H_c, DR_i, \delta)$ 均与 c 地区是否存在高速铁路建设（Hc）以及商品 i 的腐烂速度（DR_i）有关，δ 表示其他与商品无关且可能会影响运输成本的外生变量。由于高速铁路建设有助于释放铁路运输资源，提高货物运输的效率，降低商品运输成本（Cheng et al.，2015；Donaldson，2018），因此 $\partial D_{oci}(H_c, DR_i, \delta)/\partial H_c < 0$，$\partial d_{ci}(H_c, DR_i, \delta)/\partial H_c < 0$；因为腐烂速度越快的商品在运输过程中对保鲜技术要求越高，运输成本也越高，所以，$\partial D_{oci}(H_c, DR_i, \delta)/\partial DR_i > 0$，$\partial d_{ci}(H_c, DR_i, \delta)/\partial DR_i > 0$。

通过建立拉格朗日函数求出在效用最大化时，代表性家庭对国内商品和进口商品的最优消费：

$$\frac{\partial l}{\partial DO_{ci}} = \alpha_{ci}(DO_{ci})^{\alpha_{ci}-1}(IM_{ci})^{1-\alpha_{ci}} - \lambda P_{ci}^{do} = 0 \tag{10.4}$$

$$\frac{\partial l}{\partial IM_{ci}} = (1-\alpha_{ci})(DO_{ci})^{\alpha_{ci}}(IM_{ci})^{-\alpha_{ci}} - \lambda P_{ci}^{im} = 0 \tag{10.5}$$

$$\frac{\alpha_{ci}}{1-\alpha_{ci}}\frac{IM_{ci}}{DO_{ci}} = \frac{P_{ci}^{do}}{P_{ci}^{im}}$$

由式（10.4）和式（10.5）可知：根据家庭对商品 i 的支出水平预算约束 I_{ci}，可求出国内商品和进口商品的最优消费量函数，如式（10.6）所示：

$$DO_{ci} = \frac{\alpha_{ci}I_{ci}}{P_{ci}^{do}}, IM_{ci} = \frac{(1-\alpha_{ci})I_{ci}}{P_{ci}^{im}} \tag{10.6}$$

消费者对特定商品的总消费水平由居民对国内及进口商品的消费量共同决定，那么总消费品的零售价格也与国内商品和进口商品的消费以及价格有关，在收入约束条件下，应当满足式（10.7）：

$$P_{ci}C_{ci} = P_{ci}^{do}DO_{ci} + P_{ci}^{im}IM_{ci} = I_{ci} \tag{10.7}$$

其中，P_{ci} 表示商品 i 在消费市场 c 的最终市场零售价格，将式（10.6）代入式（10.7）得到：

$$P_{ci} = A(P_{ci}^{do})^{\alpha_{ci}}(P_{ci}^{im})^{1-\alpha_{ci}}, A = \frac{1}{\alpha_{ci}^{\alpha_{ci}}(1-\alpha_{ci})^{1-\alpha_{ci}}} \tag{10.8}$$

与现有文献保持一致，最终零售品价格不仅受本地商品的价格影响，同时也与该进口商品的价格有关（Nicita，2009；Marchand，2012；Han et al.，2016），其对零售价格的影响能力与 α_{ci} 有关。当 α_{ci} 取值为零时，说明进口商品的价格对当地零售市场无影响；反之，当 α_{ci} 取值为 1 时，进口商品对该商品的价格存在绝对影响。根据式（10.2）和式（10.3）可知，c 地区国内商品 i 的价格与商品国内原产地到达 c 地区的运输成本相关，且进口商品 i 与该商品的进口关税与运输成本相关，并且式（10.8）表明，家庭最终消费品价格由国内商品与进口商品的价格共同决定。因此，进口

关税和高速铁路开通与否将影响国内最终消费品价格。具体分析如下：将式（10.2）和式（10.3）代入式（10.8），并求偏导可得：

$$\frac{\partial \ln P_{ci}}{\partial \ln(1 + \tau_i)} = v(\tau_{ci}) = \frac{P_i^B(1 - \alpha_{ci})(1 + \tau_i)}{P_i^B(1 + \tau_i) + d_{ci}(H_e, DR_i, \delta)} < 1 \qquad (10.9)$$

由此，可以得到本章的结论。

理论结果：关税传导存在不完全性，即进口关税下降带来国内零售商品价格下降，但下降幅度小于关税下降幅度。进一步对式（10.9）求偏导：

$$\frac{\partial v(\tau_{ci})}{\partial H_e} = \frac{-(1 - \alpha_{ci})(1 + \tau_i)P_i^B}{[P_i^B(1 + \tau_i) + d_{ci}(H_e, DR_i, \delta)]^2} \frac{\partial d_{ci}(H_e, PT_i, \delta)}{\partial H_e} > 0 \qquad (10.10)$$

式（10.10）说明存在高速铁路建设的消费市场由于运输效率更高，货物运输成本更低，因此关税传导水平更高。为此，本章提出的推论为：

推论（1）：高速铁路建设对关税传导存在显著的促进作用。在式（10.10）基础上，对商品腐烂速度 DR_i 求偏导，可知：

$$\frac{\partial v^2(\tau_{ci})}{\partial H_e \partial DR_i} = \frac{2(1 - \alpha_{ci})(1 + \tau_i)P_i^B}{[P_i^B(1 + \tau_i) + d_{ci}(H_e, DR_i, \delta)]^3} \frac{\partial^2 d_{ci}(H_e, PT_i, \delta)}{\partial H_e \partial DR_i} < 0 \qquad (10.11)$$

式（10.11）表明随着运输商品腐烂速度的不断加快，其对保鲜技术的要求不断提高，高速铁路建设对关税传导的促进作用变小，原因在于高速铁路建设通过释放铁路客运资源便利了货物运输，有利于进口商品以低运输成本进入消费市场，加强当地市场的竞争，从而提高关税传导水平。但是由于腐烂速度快、高保鲜要求的商品运输成本高，因此并不依赖铁路运输，从而关税传导作用受到高速铁路建设的影响较小。因此，根据式（10.11），本章可以提出以下推论：

推论（2）：高速铁路建设对关税传导的促进作用与商品的物理特征有关，具体表现为对较快腐烂速度商品的关税传导影响较弱。

第二节　模型设定与数据说明

一　数据说明

本章根据中国价格信息中心（CPIC）数据库的分类标准整理提取了

2001～2012 年中国城市居民消费品价格数据[①]，这些商品覆盖了居民生活中的绝大部分生活必需品，与居民日常消费息息相关，具有很强的代表性。为准确检验关税下降对国内商品价格的影响机制，本节将价格库中的商品名称与 HS 六分位编码的关税进行匹配，能够准确反映商品维度的进口关税信息，验证关税传导的作用。因为本章研究的重点在于高速铁路建设是否会影响关税传导作用的发挥，因此本节还根据中华人民共和国国家铁路局、中国铁路总公司网站等新闻报道或公开信息资料收集整理高速铁路实际开通时间数据。当然本节也做了一些必需的技术性处理和匹配。

二 计量模型设定

为了检验在贸易开放视角下，高速铁路开通对国内消费市场价格的影响，本章运用 DID 方法对高速铁路建设这一政策冲击进行实证分析。首先，设定虚拟变量 *Treat* 表示消费市场所属组别，如果消费市场属于实验组则取 1，属于对照组则取 0。其中，实验组是存在高速铁路的地区，对照组是不存在高速铁路的地区。考虑到 2008 年动车组投入运营的京津线是中国进入高速铁路时代的标志（Shaw et al.，2014），因此，本节选取 2008年作为高速铁路政策执行的时间点，将 2008 年及之后开通高速铁路的城市作为实验组，将未开通高速铁路的城市作为对照组。其次，用虚拟变量 *Post* 表示高速铁路建设的冲击期间，因为不同城市开通高速铁路的时间存在差异，为避免对高速铁路"释放效应"的偏估，根据不同城市高速铁路实际开通的时间设定 *Post*，如果在高速铁路开通年份及之后则取值为 1，否则为 0。具体模型形式表示如下：

---

① 中国价格信息中心（CPIC）数据库是我国最为完备的微观价格监测数据库，也是目前可得最新的微观价格数据库。国家发改委价格监测中心每周对 62 个大中城市的 484 种特定商品价格进行系统采集，详细汇报了每种商品的名称、商品等级、计价单位、所属地区（城市）、价格名称（购进价格、零售价格等 13 种）、采价点、商品周度价格以及采集日期。其中，商品价格可以归纳为以下 11 大类：（1）城市居民服务价格；（2）居民食品价格；（3）工业生产资料价格；（4）农资价格；（5）棉花收购价格；（6）农副产品收购价格；（7）涉农收费价格；（8）原粮收购价格；（9）日用工业消费品价格；（10）生猪价格；（11）鸡蛋价格。

$$\ln price_{cit} = \alpha_0 + \alpha_1 Tariff_{it} + \alpha_2 Tariff_{it} \times Treat_c \times Post_{ct} + \alpha_3 Tariff_{it} \times Treat_c$$

$$+ \alpha_4 Treat_c \times Post_{ct} + \alpha_5 X_{ct} + \varphi_c + \delta_i + \mu_t + \gamma_{ci} + \varepsilon_{cit} \tag{10.12}$$

其中，i 表示商品，t 表示时间，c 表示以地级市为单位的消费市场；模型中的被解释变量 $\ln price_{cit}$ 为商品价格的对数；$Tariff_{it} = \ln(1 + \tau_{it})$，$\tau_{it}$ 表示 t 年商品 i 的进口关税水平；虚拟变量 $Treat_c$ 表示城市是否属于实验组，若属于实验组城市则取 1，若属于对照组城市则取 0；虚拟变量 $Post_{ct}$ 表示政策冲击时间，由不同城市的高速铁路实际开通时间决定。对于实验组而言，高速铁路开通前后的关税传导弹性系数分别为 $\alpha_1 + \alpha_3$ 和 $\alpha_1 + \alpha_2 + \alpha_3$，因此，高速铁路政策冲击对实验组关税传导机制的影响大小为 α_2。本章的其他城市控制变量如下[①]。①城市居民消费占 GDP 比重。如果居民消费支出比重越高，那么该城市居民的消费需求越旺盛，从而推动物价水平上涨。②城市高速公路里程。发达的交通运输网络能有效降低运输成本，进而降低商品价格。因此，本章参考 Han et al.（2016）的做法，在控制变量中加入地级市层面城市高速公路里程的对数值，用以衡量该城市的基础设施水平。③零售超市数量。在竞争市场中，同类商品的供给商众多，导致商家定价权小，商品价格受市场供求制约明显，零售市场价格较低，而在垄断市场，商家具有较大的定价优势，商品价格偏高（黄新飞等，2014；Hanner et al.，2015）。因此，本章采用人均零售超市数量的对数来衡量各城市零售商品的供给规模。此外，为了避免在回归过程中遗漏重要解释变量，在回归中均控制商品、城市和年份以及城市 – 行业（γ_{ci}）的固定效应和城市层面的聚类稳健标准差。

第三节　计量结果与分析

一　基准回归

根据前文对实证模型的设定，本章采用 DID 方法检验研究假说，即高速铁路建设是否会影响关税传导作用的发挥。本章将 2008 年及之后存在高

---

① 其他城市控制变量的数据均来自《中国区域经济统计年鉴》和《中国城市统计年鉴》。

速铁路的城市作为实验组，2008 年之后不存在高速铁路的城市设定为对照组，对总体消费品样本进行回归检验，同时加入城市、年份、商品、城市 – 行业固定效应和控制变量，得到表 10 – 1 第（1）~（2）列的实证结果。此外，由于实验组中部分城市的高速铁路开通时间为 2012 年，政策冲击发生之后的样本时间段较短，对整体高速铁路政策效应的发挥可能存在影响，因此，为了检验基本结果的稳健性，删除实验组中 2012 年建设高速铁路的城市重新进行 DID 估计，具体结果见表 10 – 1 的第（3）~（4）列。

结果显示，无论是否加入其他城市控制变量，进口关税（*Tariff*）的估计系数均在 1% 的水平下显著为正且小于 1，表明进口关税的降低带来进口商品价格的下降和种类、数量的增加，加强了国内消费品市场的竞争，从而降低了消费品价格，这与现有的研究是一致的（Nicita，2009；Han et al.，2016）。通过上文分析可知，关税变量（*Tariff*）与时间虚拟变量（*Post*）以及组别虚拟变量（*Treat*）交乘项的回归系数能够反映出政策冲击前后实验组关税传导水平的变化，而由第（2）列回归结果可知，在高速铁路开通前后，实验组的关税传导水平分别约为 27% 和 36%。说明高速铁路的开通为实验组关税传导的提升贡献了 9%，原因在于实验组城市在高速铁路开通之后，能够有效释放铁路资源，降低运输成本，增强进口商品对国内消费品的竞争，因此价格的下降幅度更大（Atkin，Donaldson，2015；Vickerman，2015；Donaldson，2018）。第（3）~（4）列的回归结果表明，*Tariff* × *Post* × *Treat* 变量的系数在 1% 的水平下显著为正，说明从实验组中删除 2012 年建设高速铁路城市并不会影响本节的结论。同时，高速铁路开通对实验组的关税传导水平提升了 12 个百分点，相比于全样本回归结果中的 9 个百分点，作用更为显著。原因在于，部分城市的高速铁路开通时间相对较晚，对关税传导的影响可能存在年份差异，从而导致整体样本高速铁路建设的平均效应降低。

表 10 – 1　基准回归结果

变量	（1）	（2）	（3）	（4）
Tariff	0.153 ***	0.149 ***	0.172 ***	0.167 ***
	（8.84）	（8.66）	（9.48）	（9.28）

续表

变量	（1）	（2）	（3）	（4）
Tariff × Post × Treat	0. 126 *** （14. 08）	0. 090 *** （9. 97）	0. 157 *** （14. 20）	0. 128 *** （11. 32）
Tariff × Treat	0. 120 *** （4. 23）	0. 118 *** （4. 16）	0. 103 *** （3. 54）	0. 101 *** （3. 50）
Post × Treat	− 0. 509 *** （ − 4. 17）	− 0. 186 （ − 1. 52）	− 0. 309 ** （ − 2. 27）	− 0. 025 （ − 0. 18）
城市变量	不控制	控制	不控制	控制
固定效应	控制	控制	控制	控制
adj. R^2	0. 086	0. 097	0. 080	0. 091

注：括号内为 t 值。** 、 *** 分别表示在 5% 、1% 的水平下显著。

二 影响机制的进一步分析

由理论机制可知，高速铁路建设能够释放铁路运输资源，降低货物运输成本，从而有助于进口商品进入国内消费市场，增强当地消费市场竞争，降低消费品价格。但是，一般认为，易腐消费品与不易腐消费品对铁路运输的依赖程度存在显著差异。易腐消费品的保存时间相对较短，对运输条件要求较高，并不依赖铁路运输，因此高速铁路建设释放的铁路资源对其运输成本的影响较小，进而对这部分商品关税传导的提升效果可能并不显著；反之，不易腐消费品的铁路运输成本相对较低，所以对铁路运输的依赖程度更高，高速铁路建设对其影响更大。因此，为了更细致地考察高速铁路建设对关税传导的作用，本节将在区别易腐消费品和不易腐消费品的基础上，进行分样本回归，结果如表 10 − 2 所示。通过比较不易腐消费品样本和易腐消费品样本回归结果中的 *Tariff × Post × Treat* 项可以发现，无论是显著性还是绝对值，前者都远远高于后者，说明高速铁路建设之后，不易腐消费品的关税传导水平更高，但易腐消费品的关税传导变化并不显著。结合理论机制分析，不易腐消费品由于其自身的商品特点对铁路运输的依赖程度更高，受高速铁路建设的影响更大。因此，在关税下降时竞争作用更加凸显，价格下降幅度更大，即高速铁路建设对关税传导机制的促进效果更显著。进一步从具体商品来看，商品的腐烂速度与其自身水

活度（Water Activity，AW）相关，反应机理为水活度通过改变脂质氧化、非酶褐变和蛋白质氧化三者之间的协同作用从而引起食品氧化变质的加速进行（张朦等，2014；Hajmeer，2003），具体表现为 AW 值越高，腐烂速度更快。因此，参照国际标准化组织（ISO）、美国公职分析化学师协会 - 食品药品管理局（AOAC-FDA）的做法，将 AW 作为食品腐烂速度的指标，对匹配库中的 75 种消费品进行划分。

表 10 - 2　高速铁路建设对关税传导的商品差异（两大类）

变量	(1)	(2)	(3)	(4)
	易腐消费品		不易腐消费品	
$Tariff$	0.036 ***	0.036 ***	0.766 ***	0.757 ***
	(5.44)	(5.46)	(38.13)	(37.73)
$Tariff \times Post \times Treat$	0.0004	0.0001	0.067 ***	0.054 ***
	(0.057)	(0.08)	(5.57)	(4.47)
$Tariff \times Treat$	0.0073 *	0.0068 *	0.055	0.046
	(1.83)	(1.69)	(1.63)	(1.38)
$Post \times Treat$	- 0.082 ***	- 0.0742 ***	- 0.401 ***	- 0.254 *
	(- 4.77)	(- 4.32)	(- 2.89)	(- 1.82)
城市变量	不控制	控制	不控制	控制
固定效应	控制	控制	控制	控制
adj. R^2	0.147	0.149	0.158	0.163

注：括号内为 t 值。* 、*** 分别表示在 10% 、1% 的水平下显著。

根据 AW 值对消费品进行的分类回归可进一步印证以上分析，在表 10 - 3 的第（1）~（2）列中，$Tariff \times Post \times Treat$ 项的回归系数并不显著，说明高水活度商品如蔬菜、水果等腐烂速度快，铁路运输无法满足其对高保鲜运输的要求，所以其并不依赖铁路运输，即使高速铁路开通能够释放铁路资源，降低货物运输成本，对其关税传导的影响也并不显著；反之，低水活度商品和无水活度商品具备不易腐烂、易于保存的特征，有利于大规模利用铁路运输，因此高速铁路开通能够显著加强进口关税下降带来的市场竞争，促进当地商品的价格大幅下降。尤其是无水活度商品如衣服、家电等，可以完全依靠铁路运输，因此高速铁路建设对其关税传导的影响更为

明显,体现为高速铁路政策冲击之后,关税下降对实验组商品价格的影响幅度上升了约 5%,而高速铁路开通对低水活度商品的关税传导提升效果仅为 2% 左右,对高水活度商品的影响并不显著。

表 10 - 3　高速铁路建设对关税传导的商品差异（根据水活度分组商品）

变量	(1)	(2)	(3)	(4)	(5)	(6)
	高水活度商品		低水活度商品		无水活度商品	
Tariff	0.185 *** (14.14)	0.186 *** (14.17)	0.020 *** (2.57)	0.022 *** (2.77)	0.654 *** (77.30)	0.643 *** (58.29)
Tariff × Post × Treat	0.0006 (0.76)	0.0003 (0.38)	0.030 *** (3.58)	0.023 *** (3.08)	0.066 *** (7.29)	0.055 *** (4.90)
Tariff × Treat	0.039 *** (4.92)	0.038 *** (4.82)	0.026 ** (2.18)	0.026 ** (2.18)	0.044 ** (2.57)	0.042 ** (2.19)
Post × Treat	0.042 (1.35)	0.048 (1.52)	- 0.491 *** (- 7.84)	- 0.425 *** (- 6.32)	- 0.423 ** (- 2.48)	- 0.277 (- 1.44)
城市变量	不控制	控制	不控制	控制	不控制	控制
固定效应	控制	控制	控制	控制	控制	控制
adj. R^2	0.174	0.177	0.109	0.133	0.158	0.163

注:括号内为 t 值。 ** 、 *** 分别表示在 5% 、1% 的水平下显著。

三　高速铁路建设影响关税传导的城市差异

上文的回归结果验证了高速铁路建设通过降低运输成本、促进国内消费市场竞争从而影响关税传导的机制,并通过区别不易腐和易腐消费品进一步探讨本章的理论推论。高速铁路建设对不同地区货物运输的影响可能存在差异,原因在于:一方面,沿海港口城市多样化的运输方式及复杂的交通网络为进口商品提供了运输便利,高速铁路建设释放了铁路资源,更加有利于当地铁路货物运输;另一方面,沿海港口城市集中了主要的进口商品,高速铁路的建设极大地便利了进口商品的进入,加强了当地消费市场的竞争,因此关税下降对消费品价格的影响更大。反之,内陆偏远地区由于与港口距离较远,即使高速铁路建设释放了铁路资源,所产生的影响也可能较小。为了进一步考察高速铁路建设对关税传导的正向效应,本节将样本中的沿海港口城市与内陆城市进行分组,对基准回归结果进行再次

估计，结果如表 10 - 4 所示。结果表明，沿海城市的高速铁路建设对关税传导的促进作用更强，体现为交乘项（$Tariff \times Post \times Treat$）系数的绝对值大于内陆城市样本的回归结果。可能的原因如下：内陆地区自身铁路资源缺乏，高速铁路建设释放的铁路资源有限，对货物运输的影响较小。此外，由于内陆地区比较偏远，交通运输成本难以下降，因此，高速铁路建设对进口商品进入当地消费市场的影响较小，关税传导机制发挥作用较弱。这一回归结果与现有文献是一致的。

表 10 - 4　高速铁路建设影响关税传导的城市差异

变量	(1)	(2)	(3)	(4)
	港口城市		内陆城市	
$Tariff$	0. 208 ***	0. 2. 7 ***	0. 129 ***	0. 125 ***
	(6. 68)	(6. 69)	(6. 17)	(6. 01)
$Tariff \times Post \times Treat$	0. 146 ***	0. 115 ***	0. 107 ***	0. 044 **
	(14. 09)	(11. 08)	(5. 54)	(2. 26)
$Tariff \times Treat$	0. 086 **	0. 079 *	0. 121 ***	0. 119 ***
	(1. 99)	(1. 85)	(2. 98)	(2. 97)
$Post \times Treat$	- 0. 917 ***	- 0. 638 ***	- 0. 145	- 0. 374 *
	(- 5. 75)	(- 4. 00)	(- 0. 76)	(- 1. 94)
城市变量	不控制	控制	不控制	控制
固定效应	控制	控制	控制	控制
adj. R^2	0. 091	0. 102	0. 084	0. 097

注：括号内为 t 值。 * 、 ** 、 *** 分别表示在 10% 、 5% 、 1% 的水平下显著。

第四节　本章小结

本章基于运输成本视角，从高速铁路开通与否解读贸易开放政策对不同地区消费品价格的差异性影响。通过构建结构性框架模型，从理论上证明高速铁路建设通过运输外部性释放铁路资源，使物流更加便利，降低商品进入当地消费市场的运输成本，从而加强进口关税下降对国内消费品价格的影响。所以，在存在高速铁路的地区，贸易开放对当地消费品价格的影响程度更深，即高速铁路建设对关税传导存在更加明显的推动作用，并

且这种促进作用与商品自身的物理特征有关，高速铁路开通之后，不易腐消费品关税传导水平的提升效果更为显著。在实证中，本章首次通过中国价格信息中心数据库提供的城市消费品价格数据，以及世界贸易组织提供的中国进口关税数据，得到2001~2012年全国139个城市75种商品的关税水平和市场零售价格，在构建沿线高速铁路建设指标的基础上，运用DID方法实证检验了高速铁路开通对关税传导的促进作用，通过直接衡量高速铁路的"释放效应"对国内运输成本的影响，深入探讨了进口关税下降对国内零售市场影响机制的差异性事实。研究结果表明：一方面，进口关税下降有助于降低进口商品的价格，增加进口商品的种类和数量，加剧国内市场的竞争，从而降低国内消费品价格；另一方面，高速铁路建设能够显著促进关税传导作用的发挥。商品分组检验的研究发现，易腐消费品尤其是蔬菜、水果对铁路运输的依赖程度较低，因此，相比于不易腐消费品，高速铁路建设对这部分商品关税传导的提升效果较小。最后，高速铁路建设对关税传导的作用具有明显的地区差异，体现为沿海港口地区的关税传导机制受高速铁路建设的影响更大。因此，从关税传导这一新角度分析高速铁路开通对贸易开放的促进作用，本章最直接地衡量并体现出国内运输成本对贸易开放机制的影响。虽然高速铁路建设能够协助加强城市群经济、信息、劳动力和技术的流动，显著提升沿线城市的市场竞争力，但巨大的建设成本和财政费用使高速铁路在经济发展中的作用一直存在争议。因此，本章从高速铁路建设角度对关税传导的城市差异进行解读，验证高速铁路建设的实际政策意义，对于继续抓好"三去一降一补"具有重要的现实意义。保证国内居民多样化消费需求和享受贸易开放福利的关键在于积极引入国际商品竞争，降低国内消费品价格。这就要求优化国内贸易环境，继续加强铁路、航空等基础设施建设，从而降低国内运输成本，保证进口商品能够快速进入国内消费市场，满足居民多样化的产品需求，增加居民福利。为了进一步改善民生，提高居民消费和生活水平，至少应从两方面推进：一方面，应当进一步推进贸易开放进程，加强国内市场竞争，从而降低国内消费品价格，提高居民购买力，增加居民消费篮子商品

的多样性选择；另一方面，扎实推进"降成本"，加强基础设施建设，尤其是要缓解铁路客运压力，释放货运铁路资源，降低商品的国内运输成本，从而更大限度地发挥贸易开放对国内消费品价格的正面效应，提高居民在对外开放条件下的福利水平。

|第十一章|

结论与研究展望

第一节　主要结论

近年来以高速铁路为代表的大规模基础设施投资，使中国基础设施的数量大幅增加，质量得到了空前的改进，极大地降低了地区之间人员和商品流动的时间和成本。本书通过系统研究高速铁路建设如何降低中国城市间旅行时间、提高交通效率，从而促进全国所有城市的经济增长及趋同发展，为我国跨越"中等收入陷阱"，实现"两个一百年"目标，提供理论及实证依据。

本书主要利用中国 285 个地级及以上城市的面板数据，首先探讨了开通高速铁路以后 2010～2016 年中国区域经济增长和趋同发展现象。现有的经济增长实证研究证实了投资和人力资本以外的许多因素，包括交通基础设施对经济增长有明显的促进作用，但很少有人将高速铁路作为经济增长的解释变量，或作为促进区域经济增长与趋同发展的有效工具进行研究。

作为中国独一无二的基础设施建设，高速铁路充分利用了中国广阔的国土和巨大的人口优势，如果能够强力促进城市经济发展与区域经济增长趋同，那么，中国就可以通过高速铁路发展来保持经济稳定增长。

本书大量的数据分析和实证检验结果表明：首先，尽管高速铁路通行的时间不是很长，但是，其对城市的经济增长表现出显著的促进作用；其次，高速铁路的运行不是拉大了区域增长差距，而是显著地促进了区域经

济增长的趋同。总体而言，高速铁路促进经济趋同发展的作用明显高于一些文献所说的"虹吸"作用。

在本书的样本城市中，高收入的城市有一些已经跨越"中等收入陷阱"，有一些正在跨越。但是，有 50% 以上地级城市的人均 GDP 还不到 6000 美元。也就是说，城市之间的人均 GDP 差距巨大。因此，整个国家要实现跨越"中等收入陷阱"的目标，必须具备两个必要条件：一个是发达城市在跨越"中等收入陷阱"以后还必须继续增长，而且要提高增长质量；另一个是落后的城市要迎头直追，整体增长速度要快于相对发达城市的增长速度。

本书以高速铁路促进城市经济增长作为切入点，首先证明高速铁路能够促进整体的经济增长，包括发达和落后城市在内。其次证明，高速铁路可以缩小城市发展水平的差距，也就是说，高速铁路发展使相对落后的城市的增长速度快于相对发达的城市。这两个结果刚好与上述跨越"中等收入陷阱"的两个必要条件相对应。因此，本书的研究不仅证明了开篇的两个理论假设，更证明了高速铁路建设使中国具备了跨越"中等收入陷阱"的基本条件。当然，我们不能把中国经济的稳定增长都归功于高速铁路，其他的发展条件也很重要，如投资、技术进步、人力资本、高速铁路以外的其他交通基础设施等。在本书的实证研究模型中，这些高速铁路以外的变量，都起到了或多或少的正面影响，只不过高速铁路的影响在不同的模型中都表现得尤其突出和显著。

在研究方法上，首先，建立一个内生经济增长的理论分析框架，从理论上讨论高速铁路如何通过压缩时空加快生产要素流通速度，产生巨大和多样的经济外部性，实现对全国所有城市经济增长的促进作用，对城市之间的趋同发展产生促进作用。其次，通过简单的统计分析，尤其是样本城市劳均 GDP 的基尼系数计算分析全国城市经济发展的趋同走向。最后，建立适合中国城市经济内生经济增长的理论模型，植入高速铁路变量，以及高速铁路与城市初始劳均 GDP 的交叉变量，一步一步地分析高速铁路如何影响人口流动、资本流动、城市经济增长，影响城市之间经济发展的收敛速度，来验证前文的两个基本理论假设。

不同的实证回归结果得出的结论是一致的，有关高速铁路的变量都有预期的回归结果。其他生产要素，如投资、人力资本、人口增长、公路运输及金融服务也对区域经济增长发挥重要作用，尽管有些因素并不像高速铁路的作用一样显著。

为了证实内生增长模型的结果是稳健可靠的，我们把全样本分为东、中、西，以及东中、东西、中西六个不同的子样本或子样本集，进行同样的回归分析，其结果不仅考虑了样本的异质性，也考虑不同区域集合之间是否存在同样的经济增长及趋同发展现象。子样本的所有回归结果与全样本的回归结果都非常稳健，尤其是高速铁路及其与城市初始劳均 GDP 的交叉项的参数估计结果，都与全样本对应参数的回归结果没有本质差异，证明我们的实证模型是可靠的，回归结果是稳健的。

为避免内生性问题，我们寻找工具变量，进一步进行 TSLS 估计。结果表明，开通高速铁路哑元变量 *HSR* 的系数在研究的样本区间内为正且显著。

为了进一步验证本章结论的稳健性，我们选择京沪高速铁路沿线城市经济增长的趋同情况进行分析，对高速铁路沿线城市的经济增长收敛情况进行计量经济学实证检验，并采用双重差分模型对京沪高速铁路对城市经济增长及趋同发展的影响进行了实证研究。使用同一时间开通的一条高速铁路，可以在稳健性检验中有效处理高速铁路的时变特征。结果依然证明了前文的结论。

进一步基于城市间铁路旅行时间和经济溢出效应讨论开通高速铁路对沿线城市经济增长的作用机制，研究发现，经济增长极对其经济腹地城市的经济溢出效应是高速铁路建设在沿线城市经济增长中发挥积极作用的重要传导机制。京津冀、长三角经济增长极通过铁路系统对其经济腹地城市的经济增长发挥明显的辐射带动作用，铁路旅行时间减少60分钟，分别能使其经济腹地城市的经济增长速度提高0.24%和0.57%。大规模建设高速铁路带来的城市间交通效率的提高和旅行时间的缩短，促进了高速铁路沿线经济腹地城市的经济增长，但珠三角经济增长极对其经济腹地城市的经济溢出效应尚未通过铁路旅行时间的缩短表现出来。

实证的第二部分和第三部分，也就是本书的第五章和第六章分别从物质资本和人力资本两大生产要素方面，深入研究高速铁路对经济增长及收敛的影响因素和传导机制。第五章系统研究高速铁路建设和开通对中国全社会固定资产投资增长的作用，定量分析了高速铁路对投资和经济溢出的影响和传导机制，增强了对高速铁路如何促进社会经济发展的认识。利用三种不同的计量经济学方法，从不同角度证明两个理论假设：一是高速铁路建设促进我国全社会固定资产投资，从而为经济长期可持续发展奠定物质基础，提升全国整体技术水平；二是高速铁路投资没有挤占其他行业的投资，相反，高速铁路投资通过上下游漫长的产业链拉动全国各行各业投资的增长。

不管是采用简单的投资模型回归、双重差分法，还是倾向得分匹配双重差分法，实证结果都是一样的，本书提出的两个理论假设都得到了有效验证。实证结果证明，相对于没有开通高速铁路的城市，开通高速铁路城市的社会固定资产投资率、吸引外资率、房地产投资率、排除掉房地产或交通与邮政投资以后的其他社会固定资产投资率，都有显著提升。因为高速铁路的出现，全国、东部、中部及西部城市的投资增长率每年平均分别提高2.2个百分点、1.5个百分点、7个百分点和4.2个百分点。高速铁路拉动全社会固定资产投资率的提升幅度是非常可观的，如果没有高速铁路建设，中国经济很难有如此持续稳定的增长速度。

中部城市投资率对高速铁路开通的反应水平明显高于东部和全国的平均水平，一方面证明高速铁路推动了中部地区的投资率提升，另一方面证明了高速铁路促进了中部地区经济的快速崛起，缩小了与东部地区的经济发展差距。

实证研究的第三部分，也就是第六章，聚焦高速铁路对人口流动与迁移的影响。利用双重差分法、倾向得分匹配双重差分法证明了高速铁路大大加速了人口流动，对城市人口迁移的结构性变化有非常显著的影响，会使一些人口净迁入城市的人口开始走向其他城市，或使人口净迁出的城市开始有迁移人群进入，高速铁路的开通甚至会使一些人口净迁入城市的人口迁入数量大幅增加。

此外，本部分还通过高速铁路对人口迁移影响的代理变量，即城市的商品房销售面积来检验，使结果更加稳健。结果显示，高速铁路开通对商品房销售面积有显著的正向作用，间接证明高速铁路开通对人口迁移具有促进作用。其中，对中部地区的影响最为明显，对西部地区的影响也在逐渐扩大，甚至超越了全国平均水平。西部地区的高速铁路发展终止了西北高速铁路与中原高速铁路长期"两地分居"的局面，疏通了西部发展的主动脉。在中国"一带一路"倡议大框架下，包括宝兰高速铁路在内的西部地区高速铁路不仅是中国连接欧亚大陆桥的重要组成部分，更是"一带一路"倡议不可或缺的有机体。西部高速铁路的建成通车，使我国的高速铁路网更加发达完善，不仅能够疏通西部发展的主动脉，密切区域人员交流和经贸往来，促进东、中、西部地区经济社会协调发展，而且将显著提高亚欧大陆桥铁路通道的运输能力，对增强我国与中亚国家的互联互通，推动"丝绸之路经济带"建设，具有重要意义。

西北地区的石油和天然气储量丰富、人口稀少、地域文化浓厚、旅游资源丰富、气候环境优越，使得近年来投资西部、开发西部非常迫切。未来，西北地区与欧盟各国的人流、物流、经济流将相互交融。无论是从地理角度，还是促进国内经济发展的角度来看，西部高速铁路建设都表现出不可替代的重要性。相信在铁路网不断完善、运能不断提升的今天，它必然带动中国经济实现新的发展，助力"一带一路"建设。

第七章从环境角度分析高速铁路的外部性，首先运用空间计量技术构造了基于全国 285 个城市的地理距离空间权重矩阵，使用广义空间二段最小二乘法考察了高速铁路可达性对雾霾污染的影响。结果表明，我国城市的雾霾污染在空间上存在明显的正自相关关系，而且地区间雾霾污染的空间相关性不断加强。对于全国以及东、中部地区，高速铁路可达性提升对雾霾污染有明显的负向作用，平均旅行时间越短，雾霾污染越少，即高速铁路发展带来旅行时间缩短，能够抑制雾霾污染。

此外，建立三重差分模型，加入城市人口数及产业结构因素进行研究后发现，人力资本越丰富的城市，高速铁路的污染减排效果越显著。人力资本较少的城市，减少污染和排放的效果较差。第三产业越发达的城市，

高速铁路的污染减排效果越显著。以上结果也反映了技术效应与产业结构效应对我国的环境污染具有显著的影响作用。要减少环境污染，必须加强技术创新、提高能源效率、提高生产率、调整产业结构与能源结构。进一步，借助中介效应模型对高速铁路可达性对雾霾污染影响的传导途径进行识别检验。结果显示，高速铁路可达性提升显著促进了资源配置效率提高、产业调整升级以及技术知识水平进步，从而抑制了雾霾污染。

第八章研究了高速铁路对城市绿色全要素生产率提升的作用。以新古典经济学经济增长理论中的全要素生产率为切入点，结合我国的经济发展模式，纳入了能源与环境因素，利用 SFA-Malmquist 模型测算了我国 285 个城市 2005～2016 年的绿色全要素生产率，再通过双重差分与倾向得分匹配相结合的 "匹配差分法"，实证分析了高速铁路建设与开通运营与城市绿色全要素生产率提升的关系，主要结论如下。2005～2016 年我国城市总体绿色全要素生产率处于稳步提升状态，城市平均绿色全要素生产率从 2005 年的 0.839 增长到 2016 年的 0.992，12 年间的平均增长率为 1.39%，该增速显著低于我国同期国内生产总值的增长速度，说明我国经济仍处在以高投资、高能耗、高排放的粗放型发展模式当中，优化产业结构、加大创新投入，实现环境友好、可持续的高质量发展，仍是我国今后经济社会发展的重要目标之一。

2005～2016 年，我国平均绿色全要素生产率最高的 5 个城市分别为北京市（1.008）、上海市（1.006）、海口市（0.986）、深圳市（0.980）和广州市（0.972），除海口市外的 4 个城市均为我国东部沿海地区的一线城市，在交通便利程度、对外贸易水平、劳动力质量和金融发展水平等方面均占有明显优势，城市吸引和培育了众多高新技术企业，这些企业拥有更高的科技转化能力和更大的资金支持，使城市在由劳动力和资本密集型生产模式向技术密集型生产模式转变的过程中走在了我国的前列。海口市为海南省省会，在省内拥有绝对的要素资源优势，同时合理利用海南省得天独厚的旅游资源，因此在这一期间实现了低排放、高增长的发展成就，因此在绿色全要素生产率测算中排到了第三名的位置。这 12 年间，平均绿色全要素生产率最高的三个省份为浙江省（0.939）、广东省（0.935）和山

东省（0.929），整体来看，在绿色全要素生产率测度结果中依然呈现明显的"东高西低"格局，这与我国经济发展历程基本吻合，也从侧面说明了便利的交通和繁荣的贸易对地区发展的重要性。

通过 PSM-DID 模型的实证分析和稳健性检验，证明了高速铁路的开通和运营对城市绿色全要素生产率的提升起到了显著的推动作用。一方面，高速铁路的修建提升了运送乘客的单位能源效率，从而促进绿色全要素生产率的提升；另一方面，高速铁路的开通为城市引入投资和劳动力提供了有利条件，要素和资源的迅速涌入加速了当地企业的科技创新和技术转化，促进了地区绿色全要素生产率的提升。从整体角度出发，高速铁路的建设极大地优化了地区之间的要素配置，便捷的运输条件有利于各地区充分发挥自身的资源禀赋优势，对于城市间的经济集聚和产业结构升级起到了重要作用，因而促进了我国城市绿色全要素生产率的提升。此外，对控制变量进行回归的结果显示，城市科教投入、对环境的规制水平、金融发展水平、房地产发展水平及社会服务质量均会对绿色全要素生产率产生显著影响。

第九章讨论高速铁路对房价的影响。利用 2009 ~ 2016 年全国 285 个地级及以上城市的高速铁路、房价、金融、人口和交通变量的面板数据，以高速铁路开通作为自然实验，检验高速铁路网络对城市房价的影响。将城市和区域分类，设置哑元变量，进一步评估不同城市的差异以及区域不平衡状况。此外，对典型城市对进行了虹吸效应、扩散效应和协同效应等经济效应的检验。

第九章有三个主要发现：第一，高速铁路开通导致城市房价上涨了13.9%，全国中心城市和地区中心城市的房价分别上涨 31.7% 和 19.6%；第二，随着高速铁路的发展，区域不平衡现象得到缓解，房地产价格上涨也刺激了一些欠发达地区中心城市的经济增长；第三，在大城市－小城市配对中，观察到虹吸效应和扩散效应，而协同效应通常发生在大城市－大城市的配对中，随着高速铁路线路数量的增加和旅行时间的缩短，以上经济效应都更加显著。

第十章从关税传导与零售价格方面研究高速铁路的外部性。主要基于

运输成本视角，从高速铁路开通与否解读贸易开放政策对不同地区消费品价格的差异性影响。通过构建结构性框架模型，从理论上证明高速铁路建设通过运输外部性释放铁路资源，使物流更为便利，降低商品进入当地消费市场的运输成本，从而加强进口关税下降对国内消费品价格的影响。所以，开通高速铁路的地区，贸易开放对当地消费品价格的影响程度更深，即高速铁路建设对关税传导存在更加明显的推动作用，并且这种促进作用与商品自身的物理特征有关，高速铁路开通之后，不易腐消费品关税传导水平的提升效果更为显著。在实证中，首次通过中国价格信息中心数据库提供的城市消费品价格数据与世界贸易组织提供的中国进口关税数据，得到 2001 ~ 2012 年全国 139 个城市 75 种商品的关税水平和市场零售价格，在构建沿线高速铁路建设指标的基础上，运用 DID 方法实证检验了高速铁路开通对关税传导的促进作用，通过直接衡量高速铁路释放效应对国内运输成本的影响，深入探讨了进口关税下降对国内零售市场影响机制的差异性事实。

研究结果表明：一方面，进口关税的下降有助于降低进口商品的价格，增加进口商品的种类和数量，加剧国内市场的竞争，从而降低国内消费品价格；另一方面，高速铁路建设能够显著促进关税传导机制发挥作用。商品分组检验的研究发现，易腐消费品尤其是蔬菜、水果对铁路运输的依赖程度较低，因此，相比于不易腐消费品，高速铁路建设对这部分商品关税传导的提升效果较小。高速铁路建设对关税传导的作用具有明显的地区差异，体现为沿海港口地区的关税传导机制受高速铁路建设的影响更大。因此，从关税传导这一新角度分析高速铁路开通对贸易开放的促进作用，本章最直接地衡量并体现出国内运输成本对贸易开放机制的影响。

整本书的研究思路可以总结如下：我们在详细梳理了中国高速铁路发展进程的基础上，构建了高速铁路如何通过缩短旅行时间带来更高效率的理论框架。根据经典经济增长理论及模型，首先，验证了高速铁路开通对于推动中国经济发展、区域经济增长收敛具有不可替代的正向作用；其次，深入探讨高速铁路开通如何推动中国经济发展。结果证明，高速铁路对全国以及东部、中部、西部各地区的投资增长、人口迁移、环境质量改

善、绿色全要素生产率提高、房价变化、贸易开放等方面，都有显著的推动作用，从而影响经济增长及区域经济协调发展。

与世界其他国家相比，中国幅员辽阔、人口众多、城市化和工业化处于高速发展阶段，为了实现经济长期可持续增长，需要缩小区域发展差距、挖掘内部增长空间。中国建设高速铁路具有技术成熟、创新力强、征地及建设速度快等特征，任何其他国家都很难同时具备中国在供需两侧的优越条件。也就是说，高速铁路是过去十年，也是未来几十年推动中国经济社会长期朝着"稳中有进、稳中向好"方向发展的重要利器，是中国跨越"中等收入陷阱"的重要手段。

2020年初，新冠肺炎疫情暴发，并在全球迅速蔓延，给全球经济带来冲击。面对严峻的国内外经济形势，中国推动经济发展的"三驾马车"之一的对外贸易在经受连续两年中美贸易战和科技封锁以后，将继续遭受更大的外部冲击。消费在第一季度大幅下滑不可避免，第二季度能否恢复到正常水平还很难预测。因此，唯一能够强劲阻止经济下滑、促进增长的就是投资。但是，投资必须有长期的经济效率，还要对经济持续增长具有短期、长期的巨大推动作用。中共中央政治局常务委员会在2020年4月8日召开的会议中提出了许多促进经济发展的建议和措施，归纳起来就是在市场、农用土地、人口、信息产业四个方面同时发力。一方面，通过释放人口和土地红利，利用市场力量，挖掘现有生产要素的发展潜力，增强中国经济应对外部冲击的韧劲；另一方面，通过加速推进基础设施建设，包括高速铁路建设，创造就业，为持续稳定的社会经济发展，提供更为强劲的支撑力量。

基于本书的研究结论，可以得到以下三点启示。

第一，党的十九大报告提出贯彻新发展理念，建设现代化经济体系，将实施区域协调发展战略作为其中的重要内容。在中国共产党的领导下，我国的经济建设取得了举世瞩目的成就，一大批东部沿海地区的经济中心城市已经成功跨越了"中等收入陷阱"。深化供给侧结构性改革，继续加强以高速铁路为代表的先进制造业和基础设施网络建设，使珠三角、长三角和京津冀三大经济增长极已经跨越了"中等收入陷阱"的城市带动中西

部地区和东北老工业基地全面跨越"中等收入陷阱",实现内生经济增长。中国高速铁路可以在经济建设领域为全面建成小康社会目标的实现做出重要贡献。

第二,一国内部由于生产要素可以自由流动,地区之间以人均产出衡量的经济发展水平趋同是长期经济增长的必然结果。参考发达国家经济发展的历史经验,中国最终会形成多个人口、资本高度集聚的城市群,大多数的劳动力将围绕城市中的第二、第三产业就业,城市群以外的区域将转变为人口密度小、生态环境良好的农业产业化生产基地和自然保护地。中国高速铁路将通过推动要素资源高效流动,特别是人力资源更为有效的重新配置,促进这一经济发展历程的实现,使不同的区域按照自身比较优势协调发展。因此,在经济政策选择上,不必担心高速铁路建设会产生生产要素向大城市集聚的"虹吸效应",只要这些要素资源是按照社会主义市场经济规律进行配置,最终的结果都将是促进中国地区之间的经济增长趋同,而不是相反。

第三,中国高速铁路通过引进吸收西方发达国家的先进技术,依托广阔的国内市场坚持自主创新,是发展中国家利用经济后发优势,实现经济赶超的成功案例。中国在高速铁路建设领域的成功经验可以作为在国际上加强"南南合作",帮助其他发展中国家特别是"一带一路"沿线国家加快基础设施建设,融入全球贸易版图,进而实现与中国优势互补、合作共赢的宏观经济政策参考。党的十九大报告中指出"中国将继续发挥负责任大国作用,积极参与全球治理体系改革和建设,不断贡献中国智慧和力量"。通过积极推动"高速铁路走出去"战略,为广大发展中国家的现代化基础设施建设提供支持,在国际市场上树立中国制造、中国标准的品牌,对于提高国家软实力、重塑全球治理体系意义重大。

高速铁路的发展始于经济发展水平较高、人口密度高于全国其他地区的中国东部地区。由于高速铁路对经济增长趋同具有明显影响,中国政府飞快地在中西部地区也建设起越来越多的高速铁路线路。根据"十三五"规划(2016~2020年),中国的目标是在2030年之前建起"八纵八横"的高速铁路线网络。

接下来的十年将是中国充分证明高速铁路对经济增长和趋同发展的影响的重要时期。如果中国成功实现这一发展目标，利用高速铁路提升经济发展水平，到 21 世纪中叶，从中高收入国家跨越为高收入发达经济体，就可能创造另一个世界经济奇迹。此外，中国将高速铁路作为经济发展推动力的发展经验对世界其他一些类似的经济体也有着深远的借鉴意义。

第二节　研究展望

本书从宏观层面分析了高速铁路对中国区域经济发展的作用，尽管得到了一些基本的结论，但研究仍有待进一步展开。接下来可以从微观层面进行案例研究，可以基于定性的研究方法，通过结构性问卷调查和半结构性访谈的形式取得第一手资料，更加细致地研究高速铁路对我国城市经济增长和区域经济趋同发展的重要作用。例如，以京沪高速铁路、沪汉蓉高速铁路为例，研究经济增长中心在开通高速铁路之后对促进沿线城市人员往来交流和改善投资环境的积极作用。

高速铁路快速、安全、方便的特点，使中国人在城市之间出差和旅行的交通方式发生了根本性变化。虽然高速铁路带来的旅行方式变化能够被人们所感知，并被大量定性地描述，但是考虑到高昂的建设成本和较高的票价，对高速铁路开通带来的经济回报仍需要收集一手数据资料进行定量研究，特别是要采用经济学方法测算无法被直接观测到的高速铁路带来的经济外部性。

京沪高速铁路是国内首条在财务上实现盈利的高速铁路线路，考虑到航空运输往返机场和等待起飞的时间，以及航空运输容易受天气影响的特征，京沪高速铁路成为越来越多旅客在北京和上海两大中国经济中心之间通勤的首选，并串联起沿线华东、华北地区的许多城市。目前，尚未全线贯通的沪汉蓉高速铁路沿长江横贯中国东西，将中国东、中、西部地区连成一个整体，对发挥长三角经济增长极的溢出效应意义重大。

通过实地走访调研京沪高速铁路、沪汉蓉高速铁路连接起来的经济中心城市，可以获得在旅客运输方面，高速铁路与航空运输、高速公路各自

的特征和优劣势等第一手资料，从而测算高速铁路相比于其他旅行方式的经济成本和时间成本节约。通过研究高速铁路开通带来的其他交通系统的运输压力减少和效率提升，得到全社会福利分析的数量结果。

一方面，高速铁路的开通提升了在经济中心城市之间交通出行的便捷程度；另一方面，对于高速铁路沿线城市来说，其面临围绕高速铁路站点重新规划布局城市功能，依托高速铁路和经济增长极溢出效应实现城市转型升级的难得契机。可以选择多座新开通高速铁路站点的沿线城市，采取实地调研和典型案例分析的研究方法，讨论经济欠发达地区依托高速铁路获得经济跨越式增长的可能性。

高速铁路作为一种载客量大的现代化交通系统，能够压缩交通时间及减少旅客来源地与目的地的实际距离（或旅游点与市场的距离），给旅游需求带来显著影响。因此，后续研究可以详细考察高速铁路开通对旅游业发展的影响。

随着全球收入的不断增加，以及交通基础设施的完善，不同国家和地区的政府逐步放宽入境政策，减少对入境旅游的限制。教育普及和知识水平提升，加上信息科技及网上购物平台的高速发展，出外旅游包括境内及境外旅游，变得更加方便，也更容易负担。按联合国世界旅游组织（UN-WTO）统计，2015 年全球整体入境旅客数量达 12 亿人次，较 2005 年的 8.08 亿人次增加 48.5%。同年全球整体旅游收入达到 1.44 万亿美元（当年价格），较 2005 年的 0.82 万亿美元（当年价格）增加 75.6%。2005 ~ 2015 年全球国内生产总值由 47.39 万亿美元（当年价格）增加到 74.51 万亿美元（世界银行数据），增加 57.2%。旅游收入占全球国内生产总值的比例从 1.73% 上升到 1.93%。

在人民收入增长及交通科技长足进步的条件下，我国旅游业迅速发展，其中，高速铁路的推动和促进作用显著。除了作为交通工具服务旅客之外，高速铁路本身也可被视为一个旅游点。利用高速铁路作为切入点，研究高速铁路如何推动旅游业发展，是一个非常值得深入研究和讨论的课题。

高速铁路能够大大缩短旅行时间，受天气因素影响较少，票价大多在

可承受范围，所以利用高速铁路替代航空交通作为旅行交通工具变得可能。与飞机相比，高速铁路载客量大、停靠站点多，更容易创造辐射效应推动旅游业发展。旅游业为劳动密集型行业，能够创造大量工作岗位，同时带动零售、餐饮和住宿等相关行业发展，对经济增长能够产生很大的乘数效应。按照旅游经济理论，旅游需求最重要的来源为本地旅客，即国内旅客。这一点从我国旅游业数据可以得到证明。旅游业在高速铁路推动下，已经成为我国经济内生增长的一个重要源泉，也是缩小区域增长差距、城乡差距和减少贫困的有效途径。

在我们的研究过程中，除了考虑一系列经济及社会因素外，需要加入高速铁路及机场哑元变量和旅游点知名度哑元变量，以计量高速铁路能否推动旅游需求增长，与其他基础设施及旅游点能否产生协同效应，并比较高速铁路开通前后所出现的变化。此外，由于哑元变量未能够完全反映不同城市高速铁路的联系紧密程度，因此，今后的研究可以进一步利用《全国铁路旅客列车时刻表》的数据，导入不同城市与最近旅游中心或经济增长极的高速铁路旅行时间数据，以反映高速铁路开通后对不同城市旅游需求的影响。

旅游需求的增加，包括旅客数量和旅游收入的增加，可视为旅游业发展中一种形象化显示，是促进旅游业长远发展的必要条件。旅游业发展状况还包括不同旅游点的相互竞争，以及旅客数量及旅游收入的空间分布状况、分布特征等。高速铁路能够压缩交通时间及缩短旅客来源地与目的地的实际距离，给旅游业的市场环境带来根本性的变化，能够缩短原来偏远地区到邻近旅游中心的交通时间，旅客进行连线游同时到访热门及偏远地区的情况将会增加，推动旅游需求上升，带动溢出效应，或将形成新的旅游热点。

参考文献

[1] Alesina, A., Campante, F. R. and Tabellini, G., "Why is Fiscal Policy Often Procyclical?" *Journal of the European Economic Association* 6 (2008): 1006 – 1036.

[2] Algieri, B., "An Econometric Estimation of the Demand for Tourism: The Case of Russia," *Tourism Economics* 12 (2006): 5 – 20.

[3] Ahlfeldt, G. M. and Feddersen A., "From Periphery to Core: Measuring Agglomeration Effects Using High-speed Rail," *Journal of Economic Geography* 17 (2017): 1 – 36.

[4] Ahlfeldt, G. M., "The Train Has Left the Station: Do Markets Value Intracity Access to Intercity Rail Connections?" *German Economic Review* 12 (2011): 312 – 335.

[5] Ahlfeldt, G. M., "From Periphery to Core: Measuring Agglomeration Effects Using High-speed Rail," *Journal of Economic Geography* 5 (2015): 1 – 36.

[6] Ahmed, E. M., "Green TFP Intensity Impact on Sustainable East Asian Productivity Growth," *Economic Analysis and Policy* 42 (2012): 67 – 78.

[7] Albalate, D. and Bel, G., *The Economics and Politics of High-speed Rail: Lessons from Experiences Abroad*, Rowman and Littlefield Publishers: Lanham, MD, USA, 2012.

[8] Amiti, M. and Konings, J., "Trade Liberalization, Intermediate Inputs,

and Productivity: Evidence from Indonesia," *American Economic Review* 97 (2007): 1611 – 1638.

[9] Amos, P. , Bullock, D. and Sondhi, J. , "High-speed Rail: The Fast Track to Economic Development?" 2010, World Bank Working Paper 55856.

[10] Andersson, D. E. , Shyr, O. F. and Fu, J. , "Does High-speed Rail Accessibility Influence Residential Price? Hedonic Estimates from Southern Taiwan," *Journal of Transport Geography* 18 (2010): 166 – 174.

[11] Arellano, M. and Bond, S. , "Some Tests of Specification for Panel Data: Monte Carlo Evidence and an Application to Employment Equations," *The Review of Economic Studies* 58 (1991): 277 – 297.

[12] Arellano, M. and Bover, O. , "Another Look at the Instrumental Variable Estimation of Error-components Models," *Journal of Econometrics* 68 (1995): 29 – 51.

[13] Armando, C. , Luigi, P. and Ilaria, H. , "Hedonic Value of High-speed Services: Quantitative Analysis of the Students' Domestic Tourist Attractiveness of the Main Italian Cities," *Transportation Research Part A Policy and Practice* 100 (2017): 348 – 365.

[14] Aschauer, D. A. , "Is Public Expenditure Productive?" *Journal of Monetary Economics* 23 (1989): 177 – 200.

[15] Atack, J. , Bateman, F. , Haines, M. and Margo, R. A. , "Did Railroad Induce or Follow Economic Growth? Urbanization and Population Growth in the American Midwest, 1850 – 1860," *Social Science History* 2 (2009): 171 – 197.

[16] Atkin, D. and Donaldson, D. , "Who's Getting Globalized? The Size and Implications of Intra-national Trade Costs," National Bureau of Economic Research Working Paper, No. 21439, 2015.

[17] Bajic, V. , "The Effects of a New Subway Line on Housing Prices in Metropolitan Toronto," *Urban Study* 20 (1983): 147 – 158.

[18] Balk, B. M. , "Scale Efficiency and Productivity Change," *Journal of*

Productivity Analysis 15 （2001）: 159 – 183.

[19] Banerjee, A. E. D. and Qian, N. , "On the Road: Access to Transportation Infrastructure and Economic Growth in China," MIT Working Paper, No. 17897, 2012.

[20] Baron, R. M. and Kenny, D. A. , "The Moderator-mediator Variable Distinction in Social Psychological Research: Conceptual, Strategic, and Statistical Considerations," *Journal of Personality and Social Psychology* 51 （1986）: 1173 – 1182.

[21] Barrón, I. , Campos J. , Gagnepain, P. , Nash C. , Ulied A. and Vickerman, R. , "Economic Analysis of High Speed Rail in Europe," Fundación BBVA, 2012: 1 – 136.

[22] Barro, R. J. , "Government Spending in a Simple Model of Endogenous Growth," *Journal of Political Economy* 98 （1990）: 103 – 125.

[23] Barro, R. J. , "Economic Growth in A Cross Section of Countries," *Quarterly Journal of Economics* 106 （1991）: 407 – 443.

[24] Barro, R. J. , "Economic Growth and Convergence Applied Especially to China," NBER Working Paper, no. 21872, 2016.

[25] Barro, R. J. and Sala-i-Martin, X. , "Convergence," *Journal of Political Economy* 100 （1992）: 223 – 251.

[26] Barro, R. J. and Sala-i-martin, X. , *Economic Growth* （Second Edition）, The MIT Press, 2003, p. 134.

[27] Baum-Snow, N. , "Did Highways Cause Suburbanization?" *Quarterly Journal of Economics* 122 （2007）: 775 – 805.

[28] Baum-Snow, N. , Brandt, L. , Henderson, J. V. , Turner M. A. and Zhang, Q. , "Roads, Railroads and Decentralization of Chinese Cities," *Review of Economics & Statistics* 99 （2017）: 435 – 448.

[29] Baum-Snow, N. , Henderson, J. V. , Turner, M. A. , Zhang, Q. H. and Brandt, L. , "Does Investment in National Highways Help or Hurt Hinterland City Growth?" *Journal of Urban Economics*, 115 （2020）:

103 – 124.

[30] Baum-Snow, N. and Kahn, M. E. , "The Effects of New Public Projects to Expand Urban Rail Transit," *Journal of Public Economics* 77 (2000): 241 – 263.

[31] Bhalla, A. S. , Yao, S. and Zhang, Z. , "Causes of Inequalities in China, 1952 to 1999," *Journal of International Development* 15 (2003): 939 – 955.

[32] Blum, U. , Haynes, K. E. and Karlsson, C. , "Introduction to the Special Issue: The Regional and Urban Effects of High-speed Trains," *The Annals of Regional Science* 31 (1997): 1 – 20.

[33] Blundell, R. and Bond, S. , "Initial Conditions and Moment Restrictions in Dynamic Panel Data Models," *Journal of Econometrics* 87 (1998): 115 – 143.

[34] Boarnet M. G. , "Spillovers and the Locational Effects of Public Infrastructure," *Journal of Regional Science* 38 (2010): 381 – 400.

[35] Borensztein, E. , Gregorio, J. D. and Lee, J. , "How does Foreign Direct Investment Affect Economic Growth," *Journal of International Economics* 45 (1998): 115 – 135.

[36] Bowes, D. R. and Ihlanfeldt, K. R. , "Identifying the Impacts of Rail Transit Stations on Residential Property Values," *Journal of Urban Economics* 50 (2001): 1 – 25.

[37] Brand, J. E. and Halaby, C. N. , "Regression and Matching Estimates of the Effects of Elite College Attendance on Educational and Career Achievement," *Social Science Research* 35 (2006): 749 – 770.

[38] Bryson, A. , "The Union Membership Wage Premium: An Analysis Using Propensity Score Matching," Discussion Paper No. 530, Centre for Economic Performance, London, 2002.

[39] Button, K. , "Is There Any Economic Justification for High-speed Railways in the United States?" *Journal of Transport Geography* 22 (2012):

300 - 302.

[40] Campos, J. and Rus, G. , "Some Stylized Facts about High-speed Rail: A Review of HSR Experience around the World," *Transport Policy* 16 (2009): 19 - 28.

[41] Cantos, P. , Gumbau-Albert, M. and Maudos, J. , "Transport Infrastructures, Spillover Effects and Regional Growth: Evidence of the Spanish Case," *Transport Reviews* 25 (2005): 25 - 50.

[42] Cao, J. , Liu, X. C. , Wang, Y. and Li, Q. , "Accessibility Impacts of China's High-speed Rail Network," *Journal of Transport Geography* 28 (2013): 12 - 21.

[43] Carlino, G. A. and Mills, E. S. , "The Determinants of County Growth," *Journal of Regional Science* 27 (1987): 39 - 54.

[44] Carlino, G. A. and Voith, R. , "Accounting for Differences in Aggregate State Productivity," *Regional Science and Urban Economics* 22 (1992): 597 - 617.

[45] Cascetta, E. , Papola A. , Pagloara, F. and Marzano, V. , "Analysis of Mobility Impacts of the High Speed Rome-Naples Rail Link Using Within-day Dynamic Model Service Choice Models," *Journal of Transport Geography* 19 (2011): 635 - 643.

[46] Chen. , C. L. , "Reshaping Chinese Space-economy Through High-speed Trains: Opportunities and Challenges," *Journal of Transport Geography* 22 (2012): 312 - 316.

[47] Chen, C. L. and Hall, P. , "The Impact of High-speed Trains on British Economic Geography: A Study of the UK's Inter City 125/225 and Its Effects," *Journal of Transport Geography* 19 (2011): 689 - 704.

[48] Chen, Z. and Haynes, K. E. , "Impact of High-speed Rail on International Tourism Demand in China," *Applied Economics Letters* 22 (2015a): 7 - 60.

[49] Chen, Z. and Haynes, K. E. , *Chinese Railway in the Era of High-*

Speed, Emerald Group Publishing Limited: Bingley, UK, 2015b.

[50] Chen, Z. and Haynes, K. E. , "Impact of High-speed Rail on Regional Economic Disparity in China," *Journal of Transport Geography* 65 (2017): 80 –91.

[51] Chen, G. and Silva, J. D. A. E. , "Regional Impacts of High-speed Rail: A Review of Methods and Models," *Transportation Letters* 5 (2013): 131 – 143.

[52] Chen, Z. , Xue, J. , Rose, A. Z. and Haynes, K. E. , "The Impact of High-speed Rail Investment on Economic and Environmental Change in China: A Dynamid CGE Analysis," *Transport Research Part A* 92 (2016): 232 –245.

[53] Cheng, Y. B. , Loo, P. T. and Vickerman, R. , "High-speed Rail Networks, Economic Integration and Regional Specialisation in China and Europe," *Travel Behaviour and Society* 2 (2015): 1 – 14.

[54] Cheng, H. and Yan, S. , "Foreign Direct Investment and Economic Growth: The Importance of Institutions and Urbanization," *Economic Development and Cultural Change* 51 (2003): 883 – 896.

[55] Chi, G. , "The Impacts of Highway Expansion on Population Change: An Integrated Spatial Approach," *Rural Sociology* 75 (2010): 58 – 89.

[56] Chi, W. , "The Role of Human Capital in China's Economic Development: Review and New Evidence," *China Economic Review* 19 (2008): 421 –436.

[57] Chow, G. C. , "Capital Formation and Economic Growth in China," *Quarterly Journal of Economics* 108 (1993): 809 – 842.

[58] Christensen, L. R. and Lau, J. L. J. , "Transcendental Logarithmic Production Frontiers," *The Review of Economics and Statistics* 55 (1973): 28 – 45.

[59] Chung, Y. H. H. , Färe, R. and Grosskopf, S. , "Productivity and Undesirable Outputs: A Directional Distance Function Approach," *Microeco-*

nomics 51 （1997）：229 - 240.

[60] Clercq, D. D. and Sapienza, H. J. , "Effects of Relational Capital and Commitment on Venture Capitalists Perception of Portfolio Company Performance," *Journal of Business Venturing* 21 （2006）：326 - 347.

[61] Combes, P. P. , "The Empirics of Economic Geography: How to Draw Policy Implications?" *Review of World Economics* 147 （2011）：567 - 592.

[62] Crucini, M. , Telmer, C. and Zachariadis, M. , "Price Dispersion: The Role of Distance Borders and Location," Meeting Papers 767, Society for Economic Dynamics, 2005.

[63] Cummins, J. G. , Hassett, K. A. and Hubbard, R. G. , "Tax Reforms and Investment: A Cross-Country Comparison," *Journal of Public Economics* 62 （1995）：237 - 273.

[64] Dan, I. , "Large Redevelopment Initiatives, Housing Values and Gentrification: The Case of the Atlanta Beltline," *Urban Studies* 46 （2009）：1723 - 1745.

[65] Dasgupta, B. , Lall, S. and Gracia, N. L. , "Urbanization and Housing Investment," Policy Research Working Paper, No. 7110, 2014.

[66] Debrezion, G. , Pels, E. and Rietveld, P. , "The Impact of Railway Stations on Residential and Commercial Property Value: A Meta-analysis," *Journal of Real Estate Finance and Economics* 35 （2007）：161 - 180.

[67] Debrezion, G. , Pels, E. and Rietveld, P. , "The Impact of Rail Transport on Real Estate Prices: An Empirical Analysis of the Dutch Housing Market," *Urban Study* 48 （2011）：997 - 1015.

[68] Demetriades, P. O. and Mamuneas, T. P. , "Intertemporal Output and Employment Effects of Public Infrastructure Capital: Evidence from 12 OECD Economies," *Economic Journal* 110 （2010）：687 - 712.

[69] Démurger, S. , "Infrastructure Development and Economic Growth: An Explanation for Regional Disparities in China?" *Journal of Comparative*

Economics 29 （2001）： 95 – 117.

[70] Ding, L. , Haynes, K. E. and Liu, Y. , "Telecommunications Infrastructure and Regional Income Convergence in China： Panel Data Approache, " *The Annals of Regional Science* 42 （2008）： 843 – 861.

[71] Donaldson, D. , "Railroads of the Raj： Estimating the Impact of Transportation Infrastructure, " *American Economic Review* 108 （2018）： 899 –934.

[72] Donaldson, D. and Hornbeck, R. , "Railroads and American Economic Growth： A 'Market Access' Approach, " *Quarterly Journal of Economics* 131 （2016）： 799 – 858.

[73] Duggal, V. , Salzman, C. and Klein, L. , "Infrastructure and Productivity： A Nonlinear Approach, " *Journal of Econometrics* 92 （1999）： 47 – 74.

[74] Dupuy, G. , *Lurbanissme des Reséaux： Theotiésetmétgodes*, Armand Collin： Paris, France, 1991.

[75] Duranton, G. , Morrow, P. M. and Turner, M. A. , "Roads and Trade： Evidence from the US, " *Review of Economic Studies* 81 （2013）： 681 – 724.

[76] Duranton, G. and Turner, M. A. , "Urban Growth and Transportation, " *The Review of Economic Studies* 79 （2012）： 1407 – 1440.

[77] Duncan, M. , "The Impact of Transit-oriented Development on Housing Prices in San Diego, CA, " *Urban Study* 48 （2011）： 101 – 127.

[78] Edmond, C. , Midrigan, V. and Xu, D. Y. , "Competition, Markups and the Gains from International Trade, " *American Economic Review* 105 （2015）： 3183 – 3221.

[79] Esfahani, H. S. and RamíRez, M. T. , "Institutions, Infrastructure, and Economic Growth, " *Journal of Development Economics* 70 （2003）： 443 – 477.

[80] Faber, B. , "Trade Integration, Marker Size and Industrialization： Evidence from China's National Trunk Highway System, " *Review of Economic Studies* 81 （2014）： 1046 – 1070.

［81］ Fan, C. C. , "Modeling Interprovincial Migration in China, 1985 –
2000," *Eurasian Geography & Economics* 46 （2005）: 165 – 184.

［82］ Fan, S. and Zhang, X. , "Infrastructure and Regional Economic Develop-
ment in Rural China," *China Economic Review* 15 （2004）: 203 – 214.

［83］ Färe, R. , Grosskopf, S. and Carl, A. , "Environmental Production
Functions and Environmental Directional Distance Functions," *Energy* 32
（2007）: 1055 – 1066.

［84］ Fishlow, A. , *American Railroads and the Transformation of the Antebel-
lum Economy*, Cambridge: Harvard University Press, 1965.

［85］ Fleisher, B. , Li, H. and Zhao, M. Q. , "Human Capital, Economic
Growth, and Regional Inequality in China," *Journal of Development Eco-
nomics* 92 （2010）: 215 – 231.

［86］ Fogel, R. W. , *Railroads and American Economic Growth: Essays in Eco-
nometric History*, University Microfilms International, 1964.

［87］ Freeman, L. C. , "Centrality in Social Networks' Conceptual Clarifica-
tion," *Social Networks* 1 （1979）: 215 – 239.

［88］ Fritsch, M. and Schilder, D. , "Does Venture Capital Investment Really
Require Spatial Proximity? An Empirical Investigation," *Environment and
Planning A*40 （2008）: 2114 – 2131.

［89］ Gao, Y. , Su, W. and Wang, K. , "Does High-speed Rail Boost Tourism
Growth? New Evidence from China," *Tourism Management* 72 （2019）:
220 – 231.

［90］ Givoni, M. , "Environmental Benefits from Mode Substitution: Compari-
son of the Environmental Impact from Aircraft and High-speed Train Oper-
ations," *International Journal of Sustainable Transportation*1 （2007）:
209 – 230.

［91］ Gleave, S. D. , *High Speed Rail: International Comparisons—Final Re-
port*, London: Commission for Integrated Transport, 2004.

［92］ Grossman, G. M. and Krueger, A. B. , "Economic Growth and the Envi-

ronment," *Quarterly Journal of Economics* 110 (1995): 353 – 377.

[93] Gundlach, E., "Regional Convergence of Output per Worker in China: A Neoclassical Interpretation," *Asian Economic Journal*, 11 (1997): 423 – 442.

[94] Gutiérrez, J. and Urbano, P., "Accessibility in the European Union: The Impact of the Trans-European Road Network," *Journal of Transport Geography* 4 (1996): 15 – 25.

[95] Gutiérrez, J., González, R. and Gómez G., "The European High-speed Train Network: Predicted Effects on Accessibility Patterns," *Journal of Transport Geography* 4 (1996): 227 – 238.

[96] Hailu, A. and Veeman, T. S., "Environmentally Sensitive Productivity Analysis of the Canadian Pulp and Paper Industry, 1959 – 1994: An Input Distance Function Approach," *Journal of Environmental Economics & Management* 40 (2000): 0 – 274.

[97] Hajmeer, M. N. and Basheer, I. A., "A Hybrid Bayesian-neural Network Approach for Probabilistic Modeling of Bacterial Growth/no-growth Interface," *International Journal of Food Microbiology* 82 (2003): 233 – 243.

[98] Han, J., Liu, R., Marchand, B. U. and Zhang, J., "Market Structure, Imperfect Tariff Pass-throughand Household Welfare in Urban China," *Journal of International Economics* 100 (2016): 220 – 232.

[99] Hanner, D., Hosken, D., Olson, L. M. and Smith, L. K., "Dynamics in a Mature Industry: Entry, Exit and Growth of Big-box Retailers," *Journal of Economics and Management Strategy* 24 (2015): 22 – 46.

[100] Hartman, R., "Uncertainty in Future Government Spending and Investment," *The Quarterly Journal of Economics* 100 (1985): 1339 – 1347.

[101] Herrerias, M. J. and Ordoñez, J., "New Evidence on the Role of Regional Clusters and Convergence in China (1952 – 2008)," *China Economic Review* 23 (2012): 1120 – 1133.

[102] Ho, C. and Li, D. , "Rising Regional Inequality in China: Policy Regimes and Structural Changes," *Papers in Regional Science* 87 (2008): 245 – 260.

[103] Holl, A. , "Transport Infrastructure, Agglomeration Economies, and Firm Birth: Empirical Evidence from Portugal," *Journal of Regional Science* 44 (2010): 693 – 712.

[104] Hulten, C. R. , Bennathan, E. and Srinivasan, S. , "Infrastructure, Externalities, and Economic Development: A Study of the Indian Manufacturing Industry," Working Paper, Birkbeck College, London, 2006.

[105] Hulten, C. R. and Schwab, R. M. , "Does Infrastructure Investment Increase of Productivity of Industry in the U. S. ?" In Lawrence J. Lau, ed. , Econometrics and the Cost of Capital. (Cambridge, MA: MIT Press, 2000), p. 89.

[106] Janic, M. , "High-speed Rail and Air Passenger Transport: A Comparison of the Operational Environmental Performance," *Proceedings of the Institution of Mechanical Engineers Part F Journal of Rail and Rapid Transit* 217 (2003): 259 – 269.

[107] Jia, S. , Zhou, C. and Qin, C. , "No Difference in Effect of Highspeed Rail on Regional Economic Growth on Match Effect Perspective?" *Transportation Research Part A*106 (2017): 144 – 157.

[108] Jian, T. , Sachs, J. D. and Warner, A. M. , "Trends in Regional Inequality in China," *China Economic Review* 7 (1996): 1 – 21.

[109] Jiang, Y. , "An Empirical Study of Openness and Convergence in Labor Productivity in the Chinese Provinces," *Economic Change and Restructuring* 45 (2012): 317 – 336.

[110] Jiao, J. , Wang, J. and Jin, F. , "Impacts of the High-speed Rail Lines on the City Network in China," *Journal of Transport Geography* 60 (2017): 257 – 266.

[111] Kanbur, R. and Zhang, X. , "Fifty Years of Regional Inequality in Chi-

na: A Journey Through Central Planning, Reform and Openness," *Review of Development Economics* 9: (2005): 87 – 106.

[112] Ke, X. , Chen, H. , Hong, Y. and Hsiao, C. , "Do China's High-speed Rail Projects Promote Local Economy? —New Evidence from a Panel Data Approach," *China Economic Review*, 44 (2017): 203 – 226.

[113] Khadaroo, J. and Seetanah, B. , "Transport Infrastructure and Tourism Development," *Annals of Tourism Research* 34 (2007): 1021 – 1032.

[114] Khadaroo, J. and Seetanah, B. , "The Role of Infrastructure in International Tourism Development: A Gravity Model Approach," *Tourism Management* 29 (2008): 831 – 840.

[115] Kim, K. S. , "High-speed Rail Developments and Spatial Restructuring: A Case Study of the Capital Region in South Korea," *Cities* 17 (2000): 251 – 262.

[116] Knaap, G. J. , Ding, C. and Hopkins, L. D. , "Do Plans Matter? The Effects of Light Rail Plans on Land Values in Station Areas," *Journal of Planning Education and Research* 21 (2001): 32 – 39.

[117] Kobayashi, K. and Okumura, M. , "The Growth of City Systems with High-speed Railway Systems," *Annals of Regional Science* 31 (1997): 39 – 56.

[118] Krugman, P. , "Scale Economies, Product Differentiation and the Pattern of Trade," *American Economic Review* 70 (1980): 950 – 959.

[119] Krugman, P. , "Increasing Returns and Economic Geography," *Journal of Political Economy* 9 (1991): 483 – 499.

[120] Krugman, P. , "The Myth of Asia's Miracle," *Foreign Affairs* 73 (1994): 62 – 78.

[121] Kumar, A. and Kober, B. , "Urbanization, Human Capital, and Cross-country Productivity Differences," *Economics Letters* 117 (2012): 14 – 17.

[122] Kune, B. C. and Mulder, N. , "Capital Stock and Productivity in French Transport: An International Comparison," Working Paper, 2000.

[123] Kwan, A. C. C. , Wu, Y. R. and Zhang, J. X. , "Fixed Investment and Economic Growth in China," *Economics of Planning* 32 (1999): 67 – 79.

[124] Lei, C. and Yao, S. , *Economic Convergence of Greater China* (Oxford and New York: Routledge Curzon, 2009), pp. 51 – 54.

[125] Lelieveld J. , Evans, J. S. , Fnais, M. , Giannadaki, D. and Pozzer, A. , "The Contribution of Outdoor Air Pollution Sources to Premature Mortality on a Global Scale," *Nature* 525 (2015): 367 – 371.

[126] Lemoine, F. , Poncet, S. and Ünal, D. , "Spatial Rebalancing and Industrial Convergence in China," *China Economic Review* 34 (2015): 39 – 63.

[127] Li, S. , "Population Migration and Urbanization in China: A Comparative Analysis of the 1990 Population Census and the 1995 National One Percent Sample Population Survey," *International Migration Review* 38 (2004): 655 – 685.

[128] Li, Z. and Xu, H. , "High-speed Railroad and Economic Geography Evidence from Japan," ADB Economics Working Paper, No. 485, 2016.

[129] Limão, N. and Venables, A. J. , "Infrastructure, Geographical Disadvantage, and Transport Costs," *The World Bank Economic Review* 15 (2001): 451 – 479.

[130] Liu, W. , "Reexamining the Income Inequality in China: Evidence from Sequential Panel Selection Method," *Economic Modelling* 31 (2013): 37 – 42.

[131] Lopez, E. , Gutierrez, J. and Gomez, G. , "Measuring Regional Cohesion Effects of Large-scale Transport Infrastructure Investments: An Accessibility Approach," *European Planning Studies* 16 (2008): 277 – 301.

[132] Loughran, T. , "The Impact of Firm Location on Equity Issuance," *Financial Management* 37 (2008): 1 – 21.

[133] Lucas, R. E., "On the Mechanics of Economic Development," *Journal of Monetary Economics* 22 (1988): 3–42.

[134] Mankiw, N. G., Romer, D. and Weil, D. A., "Contribution to the Empirics of Economic Growth," *Quarterly Journal of Economics* 107 (1992): 407–437.

[135] Marchand, B. U., "Tariff Pass-through and the Distributional Effects of Trade Liberalization," *Journal of Development Economics* 99 (2012): 265–281.

[136] Masson, S. and Petiot, R., "Can the High Speed Rail Reinforce Tourism Attractiveness? The Case of the High Speed Rail between Perpignan (France) and Barcelona (Spain)," *Technovation* 29 (2009): 611–617.

[137] Matus, K., Nam, K. M., Selin, N. E., Lamsal, L. N., Reilly, J. M. and Paltsev, S., "Health, Damages from Air Pollution in China," *Global Environmental Change* 22 (2012): 55–66.

[138] Mi, D., "Does Growth Follow the Rail? The Potential Impact of High-speed Rail on the Economic Geography of China," *Transportation Research Part A*133 (2018): 279–290.

[139] Monzón, A., Ortega, E. and López, E., "Efficiency and Spatial Equity Impacts of High-speed Rail Extensions in Urban Areas," *Cities* 30 (2013): 18–30.

[140] Mooij, R. A. and Ederveen, S., "Taxation and Foreign Direct Investment: A Synthesis of Empirical Research," CESifo Working Paper, No. 588, 2001.

[141] Nicita, A., "The Price Effect of Tariff Liberalization: Measuring the Impact on Household Welfare," *Journal of Development Economics* 89 (2009): 19–27.

[142] Nicita, A., Olarreaga, M. and Porto, G., "Pro-poor Trade Policy in Sub-Saharan Africa," *Journal of International Economics* 92 (2014) 252–265.

[143] Orea, L., "Parametric Decomposition of a Generalized Malmquist Pro-

ductivity Index," *Journal of Productivity Analysis* 18 (2002): 5 – 22.

[144] Ortega, E. , López, E. and Monzón, A. , "Territorial Cohesion Impacts of High-speed Rail at Different Planning Levels," *Journal of Transport Geography* 24 (2012): 130 – 141.

[145] Özlem, Ö. A. , "The Impact of Public Capital Stock on Regional Convergence in Turkey," *European Planning Studies* 18 (2010): 1041 – 1055.

[146] Petersen, M. A. and Rajan, R. G. , "Does Distance Still Matter? The Information Revolution is Small Business Lending," *Journal of Finance* 57 (2002): 2533 – 2570.

[147] Perkins, S. M. , Tu, W. and Underhill, M. G. , "The Use of Propensity Scores in Pharmacoepidemiologic Research," *Pharmacoepiemiology & Drug Safety* 9 (2015): 93 – 101.

[148] Piketty, T. and Qian, N. , "Income Inequality and Progressive Income Taxation in China and India, 1986 – 2015," *American Economic Journal: Applied Economics* 2 (2009): 53 – 63.

[149] Pol, P. , "The Economic Impact of the High-Speed Train on Urban Regions," In Proceeding of the 43rd European Regional Science Association ERSA Congress, Jyväskylä, Finland, 27 – 30 August, 2003.

[150] Prideaux, B. , "The Role of the Transport System in Destination Development," *Tourism Management* 21 (2000): 53 – 63.

[151] Puga, D. , "The Rise and Fall of Regional Inequalities," *European Economic Review* 43 (1999): 303 – 334.

[152] Qin, Yu. , "No County Left Behind? The Distributional Impact of High-speed Rail Upgrades in China," *Journal of Economic Geography* 17 (2017): 489 – 520.

[153] Raturi, V. and Verma, A. , "Analyzing Competition between High Speed Rail and Bus Mode Using Market Entry Game Analysis," *Transportation Research Procedia* 25 (2017): 2373 – 2384.

[154] Redding, S. J. , "Goods Trade, Factor Mobility and Welfare," *Journal*

of International Economics 101 (2016): 148 – 167.

[155] Redding, S. J. and Turner, M. A., "Transportation Costs and the Spatial Organization of Economic Activity," *Handbook of Regional and Urban Economics* 5 (2015) 1339 – 1398.

[156] Rephann, T. J. and Isserman, A., "New Highways as Economic Development Tools: An Evaluation Using Quasi-Experimental Matching Methods," *Regional Science and Urban Economics* 24 (1994): 723 – 751.

[157] Renaud, P., "The Importance of Being Connected. City Networks and Urban Government: Lyon and Eurocities (1990 – 2005)," *International Journal of Urban and Regional Research* 34 (2010): 260 – 280.

[158] Romer, P. M., "Increasing Returns and Long Run Growth," *Journal of Political Economy* 94 (1986): 1002 – 1037.

[159] Rosenbaum, P. R. and Rubin, D. B., "The Central Role of the Propensity Score in Observational Studies for Causal Effects," *Biometrika*, 70 (1983): 41 – 55.

[160] Röller, L. H. and Waverman, L., "Telecommunications Infrastructure and Economic Development: A Simultaneous Approach," *The American Economic Review* 91 (2001): 909 – 923.

[161] Rus, G. D. and Inglada, V., "Cost-benefit Analysis of the High-speed Train in Spain," *Annals of Regional Science* 31 (1997): 175 – 188.

[162] Ryan, S., "Property Values and Transportation Facilities: Finding the Transportation-Land Use Connection," *Journal of Planning Literature* 13 (1999): 412 – 427.

[163] Sala-i-Martin, X., "The Classical Approach to Convergence Analysis," *The Economic Journal* 106 (1996): 1019 – 1036.

[164] Sasaki, K., Ohashi, T. and Ando, A., "High-speed Rail Transit Impact on Regional Systems: Does the Shinkansen Contribute to Dispersion?" *Annals of Regional Science* 31 (1997): 77 – 98.

[165] Sánchez-Mateos, M. and Givoni, M., "The Accessibility Impact of A New

High-speed Rail Line in the UK—A Preliminary Analysis of Winners and Losers," *Journal of Transport Geography* 25 (2012): 105 – 114.

[166] Shaw, S. L., Fang, Z. and Tao, R., "Impacts of High Speed Rail on Railroad Network Accessibility in China," *Journal of Transport Geography* 40 (2014): 112 – 122.

[167] Shehata, E. A. E., "GS2SLS: Stata Module to Estimate Generalized Spatial Two Stage Least Squares Cross Sections Regression," Statistical Software Components, Boston College Department of Economics, 2012.

[168] Shirley, C. and Winston, C., "Firm Inventory Behavior and the Returns from Highway Infrastructure Investments," *Journal of Urban Economics* 55 (2004): 398 – 415.

[169] Smith, R. A., "Railways: How They May Contribute to A Sustainable Future," *Proceedings of the Institution of Mechanical Engineers Part F Journal of Rail and Rapid Transit* 217 (2003): 243 – 248.

[170] Spiekermann, K. and Wegener, M., "The Shrinking Continent: New Time-space Maps of Europe," *Environment and Planning B: Planning and Design* 21 (1994): 653 – 673.

[171] Spiekermann, K. and Wegener, M., "Accessibility and Spatial Development in Europe," *Science Regional* 5 (2006): 15 – 46.

[172] Spielmann, M. and Scholz, R., "Life Cycle Inventories of Transport Services: Background Data for Freight Transport," *The International Journal of Life Cycle Assessment* 10 (2005): 85 – 94.

[173] Solow, R. M., "A Contribution to the Theory of Economic Growth," *The Quarterly Journal of Economics* 70 (1956): 65 – 94.

[174] Solow, R. M., "Technical Change and the Aggregate Production Function," *Review of Economics and Statistics* 39 (1957): 312 – 320.

[175] Stiglitz, J. E., "From Miracle to Crisis to Recovery: Lessons from Four Decades of East Asian Experience," in *Rethinking the East Asian Miracle*, Edited by Joseph Stiglitz and Shahid Yusuf. Oxford: Oxford Univer-

sity Press, 2001.

[176] Straszheim, M. R. , "Researching the Role of Transportation in Region-al Development," *Land Economics* 48 (1972): 212 – 219.

[177] Sun, F. and Yuri, S. M. , "Economic Impact of High-speed Rail on Household Income in China," Transportation Research Board: Washington, DC, USA, 2016.

[178] Swan, W. , "Economic Growth and Capital Accumulation," *Economic Record* 32 (1956): 334 – 661.

[179] Taylor, J. and Carl, T. K. , "National Policy for Regional Development: Evidence from Appalachian Highways," NBER Working Paper, No. 22073, 2016.

[180] Tierney, S. , "High-speed Rail, the Knowledge Economy and the Next Growth Wave," *Journal of Transport Geography* 22 (2012): 285 – 287.

[181] The United Nations, *Multilingual Demographic Dictionary* (second edition), International Union for the Scientific Study of Population, 1982.

[182] Tsui, K. , "Economic Reform and Interprovincial Inequality in China," *Journal of Development Economics* 50 (1996): 353 – 68.

[183] Ureña, J. M. , Menerault, P. , Garmendia, M. , "The High-speed Rail Challenge for Big Intermediate Cities: A National, Regional, and Local Perspective," *Cities* 26 (2009): 266 – 279.

[184] Vickerman, R. , "High-speed Rail and Regional Development: The Case of Intermediate Stations," *Journal of Transport Geography* 42 (2015): 157 – 165.

[185] Wang, X. , Huang, S. , Zou, T. and Yan, H. , "Effects of the High Speed Rail Network on China's Regional Tourism Development," *Tourism Management Perspectives*1 (2012): 34 – 38.

[186] Wang, D. , Qian, J. , Chen, T. , Zhao, M. and Zhang, Y. , "Influence of the High-speed Rail on the Spatial Pattern of Regional Tourism—Take Beijing-Shanghai High-speed Rail of China as Example," *Asia Pa-*

cific Journal of Tourism Research 19 (2014): 890 – 912.

[187] Wang, J., Mo, H., Wang, F. and Jin, F., "Exploring the Network Structure and Nodal Centrality of China's Air Transport Network: A Complex Network Approach," *Journal of Transport Geography* 19 (2011): 712 – 721.

[188] Wang, K., Xia, W. and Zhang, A., "Should Further Expand Its High-speed Rail Network? Consider the Low-cost Carrier Factor," *Transportation Research Part A* 100 (2017): 105 – 120.

[189] Wei, K., Yao, S. and Liu, A., "Foreign Direct Investment and Regional Inequality in China," *Review of Development Economics* 13 (2009): 778 – 791.

[190] Wen, J. J. and Sinha, C., "The Spatial Distribution of Tourism in China: Trends and Impacts," *Asia Pacific Journal of Tourism Research*, 14 (2009): 93 – 104.

[191] Willigers, J. and Wee, B., "High-speed Rail and Office Location Choices. A Stated Choice Experiment for the Netherlands," *Journal of Transport Geography* 19 (2011): 745 – 754.

[192] World Bank, *Infrastructure for Development*, Oxford University Press, 1994.

[193] Xu, H., "Domestic Railroad Infrastructure and Exports: Evidence from the Silk Route," *China Economic Review* 41 (2016): 129 – 147.

[194] Yan, Y. Q., Zhang, H. Q. and Ye, B. H., "Assessing the Impacts of the High-speed Train on Tourism Demand in China," *Tourism Economics* 20 (2014): 157 – 169.

[195] Yang, X., Lin, S., Li, Y. and He, M., "Can High-speed Rail Reduce Environmental Pollution? Evidence from China," *Journal of Cleaner Production* 239 (2019): 118 – 135.

[196] Yang, Y. and Wong, K. K., "Spatial distribution of Tourist Flows to China's Cities," *Tourism Geographies* 15 (2013): 338 – 363.

[197] Yao, S., "On the Decomposition of Gini Coefficients by Population

Class and Income Source: A Spreadsheet Approach and Application," *Applied Economics* 31 (1999): 1249 – 1264.

[198] Yao, S. and Yang, X. , "Air Transport and Regional Economic Growth in China," *Asia-Pacific Journal of Accounting and Economics* 19 (2012): 318 – 29.

[199] Yao, S. , Zhomg, F. , Wang, F. and Ou, J. , "High-speed Rail and Urban Economic Growth in China after the Global Financial. Crisis," *China & World Economy* 27 (2019): 44 – 65.

[200] Yao, S. and Zhang, Z. , "On Regional Inequality and Diverging Clubs: A Case Study of Contemporary China," *Journal of Comparative Economics* 29 (2001a): 466 – 484.

[201] Yao, S. and Zhang, Z. , "Regional Growth in China under Economic Reforms," *Journal of Development Studies* 38 (2001b): 167 – 186.

[202] Yao, S. and Zhang, Z. , "Economic Growth and Diverging Clubs: A Case Study of the Chinese Regions," *Applied Economics Letters* 9 (2002): 833 – 836.

[203] Young, A. , "The Razor's Edge: Distortions and Incremental Reform in the People's Republic of China," *Quarterly Journal of Economics* 115 (2000): 1091 – 1135.

[204] Yu, M. , "Research on the Impact of Infrastructure Construction on Tourism Industry: Evidence from the Wuhan-Guangzhou High Speed Rail," *Open Journal of Social Sciences* 4 (2016): 126 – 131.

[205] Zhang, J. , Cao, X. , Du, W. and Cai, K. , "Evolution of Chinese Airport Network," *Physica A: Statistical Mechanice and Its Application* 389 (2010): 3922 – 3931.

[206] Zhang, Z. , Hao, Y. and Lu, Z. N. , "Does Environmental Pollution Affect Labor Supply? An Empirical Analysis Based on 112 Cities in China," *Journal of Cleaner Production* 190 (2018): 378 – 387.

[207] Zhang, Z. , Liu, A. and Yao, S. , "Convergence of China's Regional In-

comes: 1952 – 1997," *China Economic Review* 12 (2001): 243 – 258.

[208] Zhang, M., Meng, X., Wang, L. and Xu, T., "Transit Development Shaping Urbanization: Evidence from the Housing Market in Beijing," *Habitat International* 44 (2014): 545 – 554.

[209] Zhang, J., Wang, L. and Wang, S., "Financial Development and Economic Growth: Recent Evidence from China," *Journal of Comparative Economics* 40 (2012): 393 – 412.

[210] Zhao, S., Wu, N. and Wang, X., "Impact of Feeder Accessibility on High-Speed Rail Share: Wuhan-Guangzhou Corridor, China," *Journal of Urban Planning and Development* 144 (2018) 04018029.

[211] Zheng, S. and Kahn, M. E., "China's Bullet Trains Facilitate Market Integration and Mitigate the Cost of Megacity Growth," *Proceedings of the National Academy of Sciences of the United States of America* 110 (2013): 1248 – 1253.

[212] Zheng, S. and Saiz, A., "Introduction to the Special Issue 'China's Urbanization and Housing Market,'" *Journal of Housing Economics* 33 (2016): 1 – 3.

[213] 鲍曙明、时安卿、侯维忠:《中国人口迁移的空间形态变化分析》,《中国人口科学》2005 年第 5 期。

[214] 卞元超、吴利华、白俊红:《高速铁路开通、要素流动与区域经济差距》,《财贸经济》2018 年第 6 期。

[215] 蔡昉:《人口迁移和流动的成因、趋势与政策》,《中国人口科学》1995 年第 6 期。

[216] 蔡昉、都阳:《中国地区经济增长的趋同与差异——对西部开发战略的启示》,《经济研究》2000 年第 10 期。

[217] 蔡建明:《中国省级人口迁移及其对城市化的影响》,《地理研究》1990 年第 2 期。

[218] 蔡晓慧、茹玉骢:《地方政府基础设施投资会抑制企业技术创新吗?——基于中国制造业企业数据的经验研究》,《管理世界》2016

年第 11 期。

[219] 陈峰、吴奇兵：《轨道交通对房地产增值的定量研究》，《城市轨道交通研究》2006 年第 3 期。

[220] 陈诗一：《能源消耗、二氧化碳排放与中国工业的可持续发展》，《经济研究》2009 年第 4 期。

[221] 陈诗一：《中国的绿色工业革命：基于环境全要素生产率视角的解释（1980—2008）》，《经济研究》2010 年第 11 期。

[222] 陈夕红、张宗益、康继军、李长青：《技术空间溢出对全社会能源效率的影响分析》，《科研管理》2013 年第 2 期。

[223] 陈玉萍、吴海涛、陶大云，Sushil, P.、徐鹏、胡凤益、丁士军、王怀豫、冯璐：《基于倾向得分匹配法分析农业技术采用对农户收入的影响——以滇西南农户改良陆稻技术采用为例》，《中国农业科学》2014 年第 17 期。

[224] 程子健、张俊瑞：《交叉上市、股权性质与企业现金股利政策——基于倾向得分匹配法的分析》，《会计研究》2015 年第 7 期。

[225] 丁金学、金凤君、王姣娥、刘东：《高速铁路与民航的竞争博弈及其空间效应——以京沪高速铁路为例》，《经济地理》2013 年第 5 期。

[226] 董艳梅、朱英明：《高速铁路建设能否重塑中国的经济空间布局——基于就业、工资和经济增长的区域异质性视角》，《中国工业经济》2016a 年第 10 期。

[227] 董艳梅、朱英明：《高速铁路建设的就业效应研究——基于中国 285 个城市倾向匹配倍差法的证据》，《经济管理》2016b 年第 11 期。

[228] 杜瑞：《"一带一路"背景下兰新高速铁路对西北地区社会经济发展的影响分析》，《经营与管理》2016 年第 6 期。

[229] 杜兴强、彭妙薇：《高速铁路开通会促进企业高级人才的流动吗？》，《经济管理》2017 年第 12 期。

[230] 范九利、白暴力：《基础设施资本对经济增长的影响——二级三要素 CES 生产函数法估计》，《经济论坛》2004a 年第 11 期。

[231] 范九利、白暴力：《基础设施投资与中国经济增长的地区差异研究》，《人文地理》2004b 年第 2 期。

[232] 范欣、宋冬林、赵新宇：《基础设施建设打破了国内市场分割吗?》，《经济研究》2017 年第 2 期。

[233] 冯长春、丰学兵、刘思君：《高速铁路对中国省际可达性的影响》，《地理科学进展》2013 年第 8 期。

[234] 《旅游总收入达 7116.81 亿元! 2017 年，贵州旅游业交出一份优质成绩单!》，贵州省政府网站（2018 年 1 月 22 日），http://news. sina. com. cn/o/2018 - 01 - 22/doc - ifyqtycx1670205. shtml。

[235] 国际铁路联盟，https://uic. org/IMG/pdf/20200227_high_speed_lines_in_the_world. pdf。

[236] 高翔、龙小宁、杨广亮：《交通基础设施与服务业发展——来自县级高速公路和第二次经济普查企业数据的证据》，《管理世界》2015 年第 8 期。

[237] 龚六堂、谢丹阳：《我国省份之间的要素流动和边际生产率差异分析》，《经济研究》2004 年第 1 期。

[238] 龚秀国、邓菊秋：《贸易自由化、国内商品价格与外国商品价格》，《世界经济》2001 年第 11 期。

[239] 郭劲光、高静美：《我国基础设施建设投资的检品效果研究：1987—2006》，《农业经济问题》2009 年第 9 期。

[240] 郭庆旺、赵志耘、贾俊雪：《中国省份经济的全要素生产率分析》，《世界经济》2005 年第 5 期。

[241] 何进：《贵广高速铁路对贵州区域旅游发展的影响及其对策研究》，《当代旅游》2015 年第 9 期。

[242] 何一锋：《转型经济下的中国经济趋同研究——基于非线性时变因子模型的实证分析》，《经济研究》2008 年第 7 期。

[243] 贺剑锋：《关于中国高速铁路可达性的研究：以长三角为例》，《国际城市规划》2011 年第 6 期。

[244] 胡鞍钢、郑京海、高宇宁、张宁、许海萍：《考虑环境因素的省级

技术效率排名（1999—2005）》，《经济学》（季刊）2008 年第 3 期。

[245] 胡煜、李红昌：《交通枢纽等级的测度机器空间溢出效应——基于中国城市面板数据的空间计量分析》，《中国工业经济》2015 年第 5 期。

[246] 黄寿峰、王艺明：《我国交通基础设施发展与经济增长的关系研究——基于非线性 Granger 因果检验》，《经济学家》2012 年第 6 期。

[247] 黄新飞、陈思宇、李腾：《我国零售商品价格行为研究——来自长三角 15 个市超市的微观证据》，《管理世界》2014 年第 1 期。

[248] 黄娅娜、宗庆庆：《中国城镇居民的消费习惯形成效应》，《经济研究》2014 年第 S1 期。

[249] 黄张凯、刘津宇、马光荣：《地理位置、高速铁路与信息：来自中国 IPO 市场的证据》，《世界经济》2016 年第 10 期。

[250] 金凤君、王姣娥：《20 世纪中国铁路网扩展及其空间通达性》，《地理学报》2004 年第 2 期。

[251] 康继军、郭蒙、傅蕴英：《要想富，先修路？——交通基础设施建设、交通运输业发展与贫困减少的实证研究》，《经济问题探索》2014 年第 9 期。

[252] 康继军、吴鹏、傅蕴英：《经济转型视角下城镇化与经济增长互动关系研究》，《重庆大学学报》（社会科学版）2015 年第 1 期。

[253] 匡远凤、彭代彦：《中国环境生产效率与环境全要素生产率分析》，《经济研究》2012 年第 7 期。

[254] 来逢波、刘春梅、荣朝和：《高速铁路对区域经济发展的影响效应及实证检验》，《东岳论丛》2016 年第 6 期。

[255] 李泊溪、刘德顺：《中国基础设施水平与经济增长的区域比较分析》，《管理世界》1995 年第 2 期。

[256] 李涵、黎志刚：《交通基础设施投资对企业库存的影响——基于我国制造业企业面板数据的实证研究》，《管理世界》2009 年第 8 期。

[257] 李涵、唐丽淼：《交通基础设施投资、空间溢出效应与企业库存》，《管理世界》2015 年第 4 期。

[258] 李敬、陈澍、万广华、付陈梅：《中国区域增长的空间关联及其解释：基于网络分析方法》，《经济研究》2014 年第 11 期。

[259] 李兰冰：《中国全要素能源效率评价与解构——基于"管理—环境"双重视角》，《中国工业经济》2012 年第 6 版。

[260] 李松梁、张敬石：《二线城市房价分化的高速铁路效应》，《金融市场研究》2017 年第 2 期。

[261] 李涛、曹小曙、黄晓燕：《珠江三角洲交通通达性空间格局与人口变化关系》，《地理研究》2012 年第 9 期。

[262] 李扬、刘慧、汤青：《1985－2010 年中国省际人口迁移时空格局特征》，《地理研究》2015 年第 6 期。

[263] 李煜伟、倪鹏飞：《外部性、运输网络与城市群经济增长》，《中国社会科学》2013 年第 3 期。

[264] 李占才：《中国铁路史 1876—1949》，汕头大学出版社，1994，第 48～50 页。

[265] 林路：《新中国铁路 60 年——路网篇》，《铁道知识》2009 年第 5 期。

[266] 林晓言、石中和、吴笛、史慕天：《高速铁路对城市人才吸引力的影响分析》，《北京交通大学学报》2015 年第 3 期。

[267] 林毅夫：《投资依然是中国经济增长的动力》，《经济研究参考》2014 年第 60 期。

[268] 林毅夫、蔡昉、李周：《中国经济转型时期的地区差距分析》，《经济研究》1998 年第 6 期。

[269] 林毅夫、刘培林：《中国的经济发展战略与地区收入差距》，《经济研究》2003 年第 3 期。

[270] 林毅夫、任若恩：《东亚经济增长模式相关争论的再探讨》，《经济研究》2007 年第 8 期。

[271] 刘秉镰、刘玉海：《交通基础设施建设与中国制造业企业库存成本降低》，《中国工业经济》2011 年第 5 期。

[272] 刘秉镰、武鹏、刘玉海：《交通基础设施与中国全要素生产率增长——

基于省域数据的空间面板计量分析》,《中国工业经济》2010 年第
3 期。

[273] 刘常青、李磊、卫平:《中国地级及以上城市资本存量测度》,《城
市问题》2017 年第 10 期。

[274] 刘俊辉、曾福生:《"一带一路"沿线国家绿色全要素生产率测算与
收敛性研究——基于沿线 47 个国家面板数据分析》,《科技与经济》
2018 年第 5 期。

[275] 刘生龙:《中国跨省人口迁移的影响因素分析》,《数量经济技术经
济研究》2014 年第 4 期。

[276] 刘生龙、胡鞍钢:《基础设施的外部性在中国的检验:1988—
2007》,《经济研究》2010 年第 3 期。

[277] 刘生龙、胡鞍钢:《交通基础设施与中国区域经济一体化》,《经济
研究》2011 年第 3 期。

[278] 刘晓光、卢锋:《中国资本回报率上升之谜》,《经济学》(季刊)
2014 年第 3 期。

[279] 刘晓光、张勋、方文全:《基础设施的城乡收入分配效应:基于劳
动力转移的视角》,《世界经济》2015 年第 3 期。

[280] 刘勇政、李岩:《中国的高速铁路建设与城市经济增长》,《金融研
究》2017 年第 11 期。

[281] 刘志红、王利辉:《交通基础设施的区域经济效应与影响机制研究——
来自郑西高速铁路沿线的证据》,《经济科学》2017 年第 2 期。

[282] 罗默、吉利斯、波金斯:《发展经济学》,中国人民大学出版社,
1998,第 289 页。

[283] 鲁万波、贾婧:《高速铁路、城市发展与区域经济发展不平等》,
《华东经济管理》2018 年第 2 期。

[284] 龙玉、赵海龙、张新德、李曜:《时空压缩下的风险投资——高速
铁路通车与风险投资区域变化》,《经济研究》2017 年第 4 期。

[285] 陆雄文:《管理学大辞典》,上海辞书出版社,2013。

[286] 逯建、杜清源、孙浦阳:《时间成本、城市规模与人均经济增长——基

于铁路时刻数据的实证分析》,《管理世界》2018 年第 5 期。

[287] 马丽梅、刘生龙、张晓:《能源结构、交通模式与雾霾污染——基于空间计量模型的研究》,《财贸经济》2016 年第 1 期。

[288] 马淑琴、谢杰:《网络基础设施与制造业出口产品技术含量——跨国数据的动态面板系统 GMM 检验》,《中国工业经济》2013 年第 2 期。

[289] 毛新雅、翟振武:《中国人口流迁与区域经济增长收敛性研究》,《中国人口科学》2013 年第 1 期。

[290] 马伟、王亚华、刘生龙:《交通基础设施与中国人口迁移:基于引力模型分析》,《中国软科学》2012 年第 3 期。

[291] 孟德友、范况生、陆玉麒、高超:《铁路客运提速前后省际可达性及空间格局分析》,《地理科学进展》2010 年第 6 期。

[292] 欧阳艳艳、张光南:《基础设施供给与效率对"中国制造"的影响研究》,《管理世界》2016 年第 8 期。

[293] 乔宁宁、王新雅:《西部大开发对我国区域经济增长收敛性的影响》,《西部论坛》2010 年第 6 期。

[294] 屈小娥、胡琰欣、骆海燕:《中国对外直接投资对能源环境效率的影响——基于我国吸收能力与制度环境的视角》,《现代经济探讨》2018 年第 10 期。

[295] 阮建青、张晓波、卫龙宝:《危机与制造业产业集群的质量升级——基于浙江产业集群的研究》,《管理世界》2010 年第 2 期。

[296] 邵帅、李欣、曹建华:《中国的城市化推进与雾霾治理》,《经济研究》2019 年第 2 期。

[297] 沈坤荣、付文林:《中国的财政分权制度与地区经济增长》,《管理世界》2005 年第 1 期。

[298] 沈坤荣、马俊:《中国经济增长的"俱乐部收敛"特征及其成因研究》,《经济研究》2002 年第 1 期。

[299] 谌丽、石敏俊、郑丹:《高速铁路对我国城市经济增长的影响》,《北京联合大学学报》2017 年第 2 期。

［300］盛丹、包群、王永进：《基础设施对中国企业出口行为的影响："集约边际"还是"扩展边际"》，《世界经济》2011 年第 1 期。

［301］施震凯、邵军、浦正宁：《交通基础设施改善与生产率增长：来自铁路大提速的证据》，《世界经济》2018 年第 6 期。

［302］孙传旺、罗源、姚昕：《交通基础设施与城市空气污染——来自中国的经验证据》，《经济研究》2019 年第 8 期。

［303］孙向伟、陈斐、李峰：《五大区区域经济增长收敛性的动态空间计量分析》，《统计与决策》2017 年第 4 期。

［304］覃成林、刘万琪：《高速铁路发展与铁路沿线城市经济增长趋同》，《岭南学刊》2014 年第 6 期。

［305］覃成林、刘万琪、贾善铭：《中国铁路交通发展对沿线城市经济增长趋同的影响》，《技术经济》2015 年第 3 期。

［306］唐娟莉：《"一带一路"战略下基础设施建设与经济增长的互动效应分析》，《统计与决策》2017 年第 8 期。

［307］涂正革：《环境、资源与工业增长的协调性》，《经济研究》2008 年第 2 期。

［308］万方全：《中国的资本回报率有多高？——年份资本视角的宏观数据再估测》，《经济学》（季刊）2012 年第 2 期。

［309］汪德根：《旅游地国内客源市场空间结构的高速铁路效应》，《地理科学》2013 年第 7 期。

［310］汪德根、牛玉、王莉：《高速铁路对旅游者目的地选择的影响——以京沪高速铁路为例》，《地理研究》2015 年第 9 期。

［311］汪锋、解晋：《中国分省绿色全要素生产率增长率研究》，《中国人口科学》2015 年第 2 期。

［312］汪锋、张宗益、康继军：《企业市场化、对外开放与中国经济增长条件收敛》，《世界经济》2006 年第 6 期。

［313］汪克亮、杨力、杨宝臣、程云鹤：《能源经济效率、能源环境绩效与区域经济增长》，《管理科学》2013 年第 3 期。

［314］汪舟、汪明林：《日本新干线对旅游业发展的影响及启示》，《铁道

运输与经济》2013 年第 9 期。

[315] 王兵、吴延瑞、颜鹏飞：《中国区域环境效率与环境全要素生产率增长》，《经济研究》2010 年第 5 期。

[316] 王春杨、吴小文：《高速铁路建设对区域创新空间结构的影响——基于长江经济带的实证分析》，《重庆交通大学学报》（社会科学版）2018 年第 1 期。

[317] 王桂新：《我国省际人口迁移与距离关系之探讨》，《人口与经济》1993 年第 2 期。

[318] 王桂新、魏星、沈建法：《中国省际人口迁移对区域经济发展作用关系之研究》，《复旦学报》（社会科学版）2005 年第 3 期。

[319] 王玉红、张林、曹亚丽、殷承启、朱春游：《高速铁路建设的环境影响分析及环保策略建议——以沪宁城际铁路为例》，《环境科学与管理》2016 年第 6 期。

[320] 王焕英、石磊：《基于多水平模型的中国区域经济增长收敛性特征分析》，《统计与决策》2010 年第 17 期。

[321] 王姣娥、丁金学：《高速铁路对中国城市空间结构的影响研究》，《国际城市规划》2011 年第 6 期。

[322] 王仁飞、王进杰：《基础设施与中国经济增长：基于 VAR 方法的研究》，《世界经济》2007 年第 3 期。

[323] 王绍光、胡鞍钢：《中国：不平衡发展的政治经济学》，中国计划出版社，1999，第 77~79 页。

[324] 王小鲁、樊纲、刘鹏：《中国经济增长方式转换和增长可持续性》，《经济研究》2009 年第 1 期。

[325] 王垚、年猛：《高速铁路铁路带动了区域经济发展吗?》，《上海经济研究》2014 年第 2 期。

[326] 王雨飞、倪鹏飞：《高速铁路影响下的经济增长溢出与区域空间优化》，《中国工业经济》2016 年第 2 期。

[327] 王振波、徐建刚、朱传耿、祁毅、徐璐：《中国县域可达性区域划分及其与人口分布的关系》，《地理学报》2010 年第 4 期。

[328] 王志刚：《质疑中国经济增长的条件收敛性》，《管理世界》2004 年第 3 期。

[329] 王志凌、潘丽娟、罗蓉：《铁路建设与经济增长之间的动态关系研究——以贵州省为例》，《经济问题探索》2017 年第 7 期。

[330] 魏津生：《国内人口迁移和流动研究的几个基本问题》，《人口与经济》1984 年第 4 期。

[331] 吴康、方创琳、赵渺希、陈晨：《京津城际高速铁路影响下的跨城流动空间特征》，《地理学报》2013 年第 2 期。

[332] 徐飞：《中国高速铁路"走出去"战略：主旨·方略·举措》，《中国工程科学》2015 年第 4 期。

[333] 徐宪详、李郇：《中国省际贸易模式：基于铁路货运的研究》，《世界经济》2012 年第 9 期。

[334] 肖雁飞、张琼、曹休宁、廖双红：《武广高速铁路对湖南生产性服务业发展的影响》，《经济地理》2013 年第 10 期。

[335] 杨帆、韩传峰：《中国交通基础设施与经济增长的关系实证》，《中国人口·资源与环境》2011 年第 10 期。

[336] 姚树洁：《中国经济新常态下的经济理论研究》，《经济研究》2015 年第 12 期。

[337] 姚树洁：《中国跨越中等收入陷阱的经济理论及战略》，《国际经济评》2018 年第 1 期。

[338] 姚树洁：《"摸着石头过河"与顶层设计有效结合——中国 40 多年改革开放伟大奇迹的关键》，《人民论坛》2019 年第 19 期。

[339] 姚树洁、刘畅、欧璟华：《中国经济新常态下的发展与挑战》，《中国社会科学文摘》2016 年第 7 期。

[340] 尹伟华、张焕明：《我国区域经济增长收敛的短期性和长期性分析》，《技术经济》2007 年第 11 期。

[341] 于涛、陈昭、朱鹏宇：《高速铁路驱动中国城市郊区化的特征与机制研究——以京沪高速铁路为例》，《地理科学》2012 年第 9 期。

[342] 袁蓉丽、文雯、汪利：《风险投资和 IPO 公司董事会治理——基于

倾向评分匹配法的分析》，《中国软科学》2014 年第 5 期。

[343] 张镝、吴利华：《我国交通基础设施建设与经济增长关系实证研究》，《工业技术经济》2008 年第 8 期。

[344] 张光南、李小瑛、陈广汉：《中国基础设施的就业、产出和投资效应——基于 1998～2006 年省际工业企业面板数据研究》，《管理世界》2010 年第 4 期。

[345] 张光南、宋冉：《中国交通对"中国制造"的要素投入影响研究》，《经济研究》2013 年第 7 期。

[346] 张军、高远、傅勇、张弘：《中国为什么拥有了良好的基础设施?》，《经济研究》2007 年第 3 期。

[347] 张军、吴桂英、张吉鹏：《中国省际物质资本存量估算：1952—2000》，《经济研究》2004 年第 10 期。

[348] 张俊：《高速铁路建设与县域经济发展——基于卫星灯光数据的研究》，《经济学》（季刊）2017 年第 4 期。

[349] 张克中、陶东杰：《交通基础设施的经济分布效应——来自高速铁路开通的证据》，《经济学动态》2016 年第 6 期。

[350] 张朦、刘峰、邹明强、潘思轶：《水活度用于食品质量与安全控制的研究进展》，《食品研究与开发》2014 年第 3 期。

[351] 张敏、顾朝林：《近期中国省级经济社会要素流动的空间特征》，《地理研究》2002 年第 3 期。

[352] 张楠楠、徐逸伦：《高速铁路对沿线区域发展的影响研究》，《地域研究与开发》2005 年第 3 期。

[353] 张睿、张勋、戴若尘：《基础设施与企业生产率：市场扩张与外资竞争的视角》，《管理世界》2018 年第 1 期。

[354] 张天华、高翔、步晓宁：《中国交通基础设施建设改善了企业资源配置效率吗?——基于高速公路建设与制造业企业要素投入的分析》，《财经研究》2017 年第 8 期。

[355] 张学良：《中国交通基础设施促进了区域经济增长吗——兼论交通基础设施的空间溢出效应》，《中国社会科学》2012 年第 3 期。

［356］张勋、王旭、万广华、孙芳城：《交通基础设施促进经济增长的一个综合框架》，《经济研究》2018 年第 1 期。

［357］赵丹、张京祥：《高速铁路影响下的长三角城市群可达性空间格局演变》，《长江流域资源与环境》2012 年第 4 期。

［358］赵静、黄敬昌、刘峰：《高速铁路开通与股价崩盘风险》，《管理世界》2018 年第 1 期。

［359］赵守军、张勇、汪萱怡、高燕宁：《均衡组间差异的有效方法：倾向评分》，《中华流行病学杂志》2003 年第 6 期。

［360］郑玉歆：《全要素生产率的测算及其增长的规律——由东亚增长模式的争论谈起》，《数量经济技术经济研究》1998 年第 10 期。

［361］郑玉歆：《全要素生产率的测度及经济增长方式的"阶段性"规律》，《经济研究》1999 年第 5 期。

［362］周浩、郑筱婷：《交通基础设施质量与经济增长：来自中国铁路提速的证据》，《世界经济》2012 年第 1 期。

［363］周孝文：《高速铁路对区域经济协调发展的促进作用》，《铁道经济研究》2010 年第 6 期。

［364］周亚虹、朱保华、刘俐含：《中国经济收敛速度的估计》，《经济研究》2009 年第 6 期。

［365］钟少颖、郭叶波：《中国高速铁路建设对城市的通达性影响分析》，《地域研究与开发》2013 年第 2 期。

［366］朱传耿、顾朝林、张伟：《中国城市流动人口影响因素的定量研究》，《人口学刊》2002 年第 2 期。

图书在版编目（CIP）数据

高速铁路与中国区域经济发展 / 张帆，姚树洁著
. -- 北京：社会科学文献出版社，2020.9
ISBN 978 - 7 - 5201 - 7164 - 9

Ⅰ.①高…　Ⅱ.①张…　②姚…　Ⅲ.①高速铁路－影
响－区域经济发展－研究－中国　Ⅳ.①F127

中国版本图书馆 CIP 数据核字（2020）第 159874 号

高速铁路与中国区域经济发展

著　　者 / 张　帆　姚树洁

出 版 人 / 谢寿光
组稿编辑 / 恽　薇
责任编辑 / 颜林柯

出　　版 / 社会科学文献出版社·经济与管理分社（010）59367226
　　　　　　地址：北京市北三环中路甲 29 号院华龙大厦　邮编：100029
　　　　　　网址：www.ssap.com.cn
发　　行 / 市场营销中心（010）59367081　59367083
印　　装 / 三河市尚艺印装有限公司

规　　格 / 开　本：787mm × 1092mm　1/16
　　　　　　印　张：17　字　数：259 千字
版　　次 / 2020 年 9 月第 1 版　2020 年 9 月第 1 次印刷
书　　号 / ISBN 978 - 7 - 5201 - 7164 - 9
定　　价 / 98.00 元

本书得到国家自然科学基金面上项目（71673033）
和国家社会科学基金重大项目（18ZDA005）的资助。

AND REGIONAL ECONOMIC